Currículo na contemporaneidade: incertezas e desafios

Dados Internacionais de Catalogação na Publicação (CIP)
(Câmara Brasileira do Livro, SP, Brasil)

Currículo na contemporaneidade : incertezas e desafios / Regina Leite Garcia, Antonio Flavio Barbosa Moreira (organizadores) ; traduzido por Silvana Cobucci Leite, Beth Honorato, Dinah de Abreu Azevedo. -- 4. ed. -- São Paulo : Cortez, 2012.

Vários autores.
ISBN 978-85-249-1917-6

1. Currículos 2. Educação - Brasil - Currículos I. Garcia, Regina Leite. II. Moreira, Antonio Flavio Barbosa.

12-05196

CDD-375.001

Índices para catálogo sistemático:

1. Currículos : Construção e planejamento : Educação   375.001

Regina Leite Garcia
Antonio Flavio Barbosa Moreira
(Organizadores)

Antonio Flavio Barbosa Moreira • Beatriz Sarlo • Gunther Kress
• James G. Ladwig • Johan Muller • John Willinsky •
José Gimeno Sacristán • José Gregorio Rodríguez
• Juan Carlos Garzón • Luiza Cortesão •
Nicholas Burbules • Regina Leite Garcia
• Stephen R. Stoer • William F. Pinar

Currículo na contemporaneidade: incertezas e desafios

4ª edição
2ª reimpressão

Textos originais publicados em língua inglesa e em espanhol
Regina Leite Garcia e Antonio Flavio Barbosa Moreira (Orgs.)

Capa: Cia. de Desenho
Preparação de originais: Ana Maria Barbosa; Sandra Valenzuela
Revisão: Maria de Lourdes de Almeida
Composição: Linea Editora Ltda.
Coordenação editorial: Danilo A. Q. Morales

SACRISTÁN, Gimeno. Globalización y educación. *Revista de Educación.* Número extraordinario de 2001. p. 121-142.

MULLER, J. Progressivism redux: ethos, policy, pathos. In: KRAAK, A.; YOUNG, M. (Eds.). *Education in retrospect*: policy and implementation since 1990. Pretoria/London: Human Sciences Research Council/Institute of Education, 2001.

BURBULES, Nicholas C. A grammar of difference: some ways of rethinking difference and diversity as educational topics. *Australian Educational Researcher*, v. 24, n. 1, p. 97-116, 1997.

Nenhuma parte desta obra pode ser reproduzida ou duplicada sem autorização expressa dos autores e do editor.

© 2003 by Autores

Direitos para esta edição
CORTEZ EDITORA
Rua Monte Alegre, 1074 – Perdizes
05014-001 – São Paulo – SP
Tel.: (11) 3864-0111   Fax: (11) 3864-4290
e-mail: cortez@cortezeditora.com.br
www.cortezeditora.com.br

Impresso no Brasil – março de 2018

Sumário

A propósito de uma nova edição
Regina Leite Garcia e Antonio Flavio Barbosa Moreira............ 7

Começando uma conversa sobre currículo
Regina Leite Garcia e Antonio Flavio Barbosa Moreira 9

O significado e a função da educação na sociedade e na cultura globalizadas
José Gimeno Sacristán 45

O Estado-Nação após o globalismo
John Willinsky 89

O ensino na era da informação: entre a instabilidade e a integração
Gunther Kress.. 127

A equivocada educação do público nos Estados Unidos
William F. Pinar 153

Uma gramática da diferença: algumas formas de repensar a diferença e a diversidade como tópicos educacionais
Nicholas C. Burbules 175

A interface de educação intercultural e a gestão de diversidade na sala de aula

Luiza Cortesão e Stephen R. Stoer 207

Cooperação escola-universidade e construção de currículo

José Gregorio Rodríguez e Juan Carlos Garzón 227

Escolas

Beatriz Sarlo 277

Primeiras aproximações a uma pedagogia mundial

James G. Ladwig 287

Revisitando o progressivismo: ethos, política, pathos

Johan Muller 317

A propósito de uma nova edição

Nem todos os agentes avaliadores levam em consideração o que significa um livro, pouco tempo após seu lançamento, já ser requisitado a novas edições. Para nós, organizadores deste *Currículo na contemporaneidade*, grande importância tem um livro cuja procura leva a novas edições, pois, não fosse pela procura, não haveria a resposta editorial com novas edições.

Na contracapa da 1ª edição já afirmávamos pretender levar ao público brasileiro muito do mais significativo que vem sendo produzido no Campo do Currículo em todo o mundo. Daí termos trazido, depois de uma seleção muito criteriosa, autores latino-americanos, norte-americanos, europeus, africanos, australianos; autores de língua portuguesa, espanhola, inglesa; enfim, o que nos parecia alguns dos mais importantes intelectuais que tratam do tema Currículo.

O nosso critério de escolha em pouco tempo recebeu a confirmação dos leitores e leitoras brasileiros, melhor dito, leitores de língua portuguesa, tanto que, logo após o lançamento, foi demandada uma 2ª edição e, em seguida, uma 3ª. Agora, para grande orgulho nosso, está sendo preparada uma 4ª edição. O público leitor de *Currículo na contemporaneidade* continua a considerar a importância desta obra.

Conforme pesquisa nossa, o livro vem sendo adotado em Cursos de Formação de Professores, Cursos de Mestrado e mesmo de Doutorado em Educação, e por professores e professoras que atuam nas escolas de ensino fundamental; uns que teorizam sobre Currículo, outros e outras que vivem o currículo em ação e buscam, em nosso livro, subsídios para realizar o diálogo prática–teoria–prática de forma crítica e criativa.

É esta resposta que nos enche de alegria por confirmar nossas escolhas na organização do livro. Além da grande amizade que nos une, desde o curso de Doutorado em Educação, nas primeiras turma da UFRJ, lá nos idos de 1980, mantêm-se as afinidades eletivas, pois confirmamos nossas escolhas dentre os melhores, aqueles teóricos de currículo que continuamos a admirar.

Regina Leite Garcia
Antonio Flavio Barbosa Moreira

Começando uma conversa sobre currículo

Antonio Flavio: Podíamos começar nosso diálogo refletindo sobre as teorizações que vêm sendo elaboradas sobre questões de currículo e sobre como muitas dessas teorizações estão se afastando do que considero o tema central do campo do currículo — o conhecimento escolar. Penso que a discussão sobre o que precisamos ensinar a quem, na escola, sempre demanda novas análises, novos ângulos, novas perspectivas. É uma discussão que precisa sempre se renovar, ainda mais que nossa escola tem tido dificuldade de decidir o quê e como ensinar aos alunos de grupos sociais oprimidos. Fracasso e exclusão continuam a marcar nossa escola. As teorizações que temos produzido por meio de nossas pesquisas não têm contribuído, como gostaríamos, para enriquecer a prática curricular em nossas salas de aula e promover mais aprendizagem. Ou seja, a teoria e a prática não se encontram tanto como seria de desejar.

Regina: Mas as pesquisas, as discussões e as teorizações que vêm sendo feitas hoje nos dão dados para que entendamos como é que aconteceu a separação entre teoria e prática, como é que os saberes da prática foram desqualificados e como é que isso tem servido ao exercício do poder. Porque, quando eu desqualifico aquele que me ameaça, tiro dele, ou pelo menos diminuo, a possibilidade dele me ameaçar. Então, o que foi acontecendo e que chegou à escola, sem dúvida, é que os saberes e fazeres da prática foram sendo desqualificados, os falares foram desqualificados e todo um processo de produção de conhecimento foi sendo como que silenciado.

Vamos tomar como exemplo o Brasil. Dizia-se, por exemplo, que os indígenas não tinham condição sequer de votar, de serem considerados cidadãos. No entanto, sempre produziram tecnologias importantíssimas ligadas à agricultura; durante séculos os indígenas já tinham conhecimentos sobre as qualidades das ervas, sobre como conter a natalidade, as mulheres indígenas sempre souberam como evitar filho. O que vem acontecendo, nos últimos anos, e desde muito tempo, é que vêm os europeus, os norte-americanos, e agora também os japoneses, por exemplo, para a Amazônia, procuram as populações indígenas, propõem trocas daquilo que os indígenas sabem por aquilo que eles trazem.... migalhas para tapear os índios, que eles veem como ignorantes, embora queiram se apropriar de suas riquezas. Levam, então, esse conhecimento para a Europa, para os Estados Unidos, ou para o Japão, para os grandes centros, patenteiam, transformam em remédios, em cremes de beleza, em perfumes, e as multinacionais nos devolvem tudo isso, nos fazendo pagar alto por alguma coisa que saiu daqui.

Ora, isso e tantas outras coisas foram fazendo as pessoas pensarem: afinal de contas, quem sabe, é o técnico ou é a população indígena? É o técnico ou é o homem do campo que diz ser capaz de prever quando é que vai chover e quando haverá seca? Quem sabe, é o engenheiro da obra ou o mestre de obra? Será que uma criança das classes populares,

CURRÍCULO NA CONTEMPORANEIDADE

quando entra na escola, é *tabula rasa*, como alguns querem crer? Será que só sabe quem passou pela escola? Será que só existe um saber e um único caminho para se construir/adquirir saberes?

Vamos pensar também na questão específica da língua, naquilo que nós dizemos ser o "falar errado" das populações mais pobres. Estudos de linguística hoje vêm nos mostrando que, muitas vezes, o que nos parecem erros, são vestígios de um português arcaico. É erro, ou, quem sabe, o que Proust denominava memória involuntária? Nós vamos encontrar nos clássicos esse mesmo português. E quando se trata de clássicos, cultuados e ensinados na escola, eles são impostos aos alunos e alunas e devem ser aprendidos. Que explica essa dupla mensagem, a aceitação quando escrito pelos "grandes" e a discriminação quando falado pelos "pequenos"? Isso tudo nos faz pensar sobre o que é o conhecimento certo e o que a escola considera errado, e nos faz concluir que a escola seria um espaço bem mais rico se acolhesse o conhecimento que os alunos das classes populares trazem e que são resultado das lutas pela sobrevivência que as classes populares vivem e nas quais, sem dúvida, produzem conhecimentos.

E quanto ao conhecimento dito científico, que se diz ser função da escola transmitir? Ora, se nós acolhermos, problematizarmos e pusermos em confronto esses dois conhecimentos, o popular e o erudito, a escola, além de transmitir, irá redefinir, ressignificar, produzir conhecimentos melhores, resultado da reaproximação da prática e da teoria e, quem sabe, chegar à circularidade dos saberes, como nos ensinaram Bakhtin, Ginzburg e tantos outros.

Isto porque, se eu ponho em confronto a variedade linguística que nós falamos e a que o menino da favela fala, alguma coisa nova surge, que não é nem a imposição da linguagem que falamos, nem a imposição ou a supervalorização da linguagem que o menino fala. Nem a supervalorização da cultura que trazemos, nem a supervalorização da cultura popular, mas a possibilidade de se ter a sala de aula como um espaço de ressignificação de conhecimentos, de produção de novos conhecimentos, de problematização dos diferentes conhecimentos, tal como eles estão postos na sociedade. A língua portuguesa, na modalidade brasileira, em permanente movimento, mostra-se de forma diferente: diferentes linguagens, de acordo com o grupo que fala e de seu *status* na sociedade.

Ainda estou falando de relações mais democráticas e de uma riqueza maior. Por quê? Porque aprende quem ensina e ensina quem aprende, num rico processo de hibridização, em que a cada dia em que saem da sala de aula, a professora ou professor e cada aluno e aluna, saem diferentes. Por quê? Porque aprenderam alguma coisa que, ao entrarem, não sabiam.

Antonio Flavio: Gostaria de acrescentar algo. Creio que cabe pensarmos também no processo de transformação de conhecimento científico em conhecimento escolar. Alguns estudos têm procurado entendê-lo e têm mostrado que ele inclui, entre outras, algumas estratégias que talvez um bom professor conheça, mas tome como dadas, não pare muito para refletir sobre elas. Que estratégias são essas? Apresentar de modo diferente um conhecimento que não foi bem entendido pelos alunos, estabelecer uma comparação que ilumine aspectos antes não vislumbrados, trazer uma metáfora que ajude o aluno a perceber do que se está falando, estabelecer elos com o saber popular, estabelecer elos com os conhecimentos sistematizados, científicos. Enfim, elaborar uma série de relações, propor exemplos etc. A meu ver, só faz tudo isso bem, quem domine muito bem o conhecimento científico. Só faz isso tudo bem quem conheça com profundidade o que está ensinando. Só faz isso tudo bem quem procura refletir sobre o que está fazendo, como está fazendo e com que resultados. E, além disso, quem procura aperfeiçoar toda a forma com que costuma trabalhar, sem se acomodar à rotina, sem repetir invariavelmente o que costuma dar certo, o que costuma dar bons resultados.

Regina: Acho que falamos da mesma coisa.

Antonio Flavio: Penso o seguinte: o professor não está sendo valorizado nos dias de hoje. A maneira como o discurso oficial tem visto o professor não corresponde ao que quero valorizar. Certamente o professor não precisa dominar apenas o conteúdo que ensina. Precisa de conhecimentos didáticos, de conhecimentos mais amplos sobre o processo educativo e o papel da escola no mundo de hoje, precisa entender as relações entre o processo educativo, a escola e a cultura. Precisa pensar em como se deve responder à situação de desigualdade e à diversidade cultural que encontramos em nossa sociedade. Precisa compreender como se processa a aprendizagem, principalmente no caso do aluno concreto, real, com que lida todo dia e que difere do modelo que gostaria de encontrar na sala de aula. Precisa compreender como as novas tecnologias podem constituir um importante instrumento para democratizar o acesso aos conhecimentos e às distintas manifestações culturais e como, em muitos casos, essas novas tecnologias são apresentadas como uma varinha de condão capaz de resolver todos os problemas que o professor e a professora enfrentam em suas práticas. Precisa refletir sobre as mudanças que essas novas tecnologias têm provocado no ensinar, no aprender, no conviver. Precisa refletir sobre que valores têm sido difundidos pela escola e que valores precisariam ser difundidos. Precisa refletir sobre as identidades sociais que a escola tem ajudado a construir e que outras identidades poderiam ser pensadas.

Tudo isso já é muito e tudo isso é muito importante. Mas, quero destacar, o bom professor tem que conhecer muito bem sua disciplina, a disciplina que ensina.

Regina: Mas, eu estou de acordo. Penso que o bom professor é aquele que tem uma cultura geral ampla e um profundo conhecimento do que lhe é específico, o campo de conhecimento do qual ele diz: "sou professor disso". Então, só posso concordar com você. E aí eu não poderia deixar de trazer o Gramsci para nos ajudar. Quando ele afirma que a escola deveria, num primeiro momento, ampliar ao máximo a cultura de seus alunos, valorizando a cultura geral ampla e só no final da escolaridade ir especificando, afunilando e aprofundando as escolhas. Eu concordo plenamente com ele. Porque esse professor, ao qual você se refere e que eu também defendo, só pode fazer tudo isso se tiver uma cultura geral ampla. Tendo essa cultura geral ampla, ele terá muitos curingas, para puxar sempre que um tema novo surgir a partir de uma pergunta ou de uma situação desafiadora. Como foi a partir da cultura geral ampla que ele chegou ao específico da Matemática, da História, da Geografia, de Ciências ou do que seja, ele pode fazer essa tradução permanente entre o que tem a ensinar e o que os alunos já trazem como seus saberes. Esse é o professor com que eu sonho.

Antonio Flavio: Há uma pergunta muito comum, por parte de professores, e que pode parecer, muitas vezes, como um pedido de socorro, até, de receita. Que é que eu faço?

Alguns professores dizem: eu tenho um aluno diferente, um aluno não conhece as coisas que a escola quer ensinar, um aluno que não se importa com o que a escola quer ensinar, um aluno que não se porta como a escola gostaria que ele se portasse, um aluno que não produz o que a escola gostaria que ele produzisse. Como trabalhar com esse tipo de aluno? É uma pergunta que toda a literatura pedagógica tem abordado há tanto tempo, tem há tanto tempo discutido, que até surpreende que essa pergunta ainda esteja tão presente e se repita tanto quando nos reunimos com professores para discutir, para trocar ideias, para dialogar. Você não sente isso?

Regina: Sinto. Creio que o problema para professores e professoras, lamentavelmente, é que no seu curso de formação, em nosso curso de formação, já que não estamos falando de alguma coisa fora de nós, nós somos parte disso, em nossa formação nós aprendemos sobre uma escola que se pauta pela homogeneização e que trata o que foge à norma como anormal, como precisando ser tratado para ser reintegrado ao harmonioso mundo da "normalidade". Quem foi feito com essa cabeça tem muita dificuldade em lidar exatamente com a riqueza da diferença, porque na verdade o que caracteriza a sala de aula é a diferença, não é a semelhança. Alguns alunos nos mostram claramente a sua diferença, outros não. Mas a diferença está sempre presente no cotidiano da sala de aula.

Fomos todos formados nessa ótica da homogeneização. É mais fácil controlar o aparentemente homogêneo, porque quem foge à norma é identificado e punido, mandado para o SOE para ser "tratado", mandado para um psicólogo para ser tratado, porque todo mundo tem de estar dentro na norma. De repente, aparece um louco lá nos Estados Unidos e mata dezessete na escola. E aí? Como é que se explica? Uma sociedade tão harmoniosa [...] Mas na verdade não existe essa harmonia idealizada. Assim é na sala de aula, onde também não existe essa harmonia idealizada. Então, que acontece? Fomos todos formados para colocar todo mundo seguindo o rebanho, seguindo o mesmo caminho, aprendendo as mesmas coisas, no mesmo tempo. Por isso temos os programas, os parâmetros, ou que nome se dê. No entanto, a sala de aula deveria ser um riquíssimo espaço de diferentes saberes que se cruzam, entrecruzam, entram em conflito, produzindo novas possibilidades de compreensão do mundo e aumentando a compreensão que cada um pode ter de si mesmo. Para isso, precisamos desse professor ao qual você se referiu.

Antonio Flavio: Temos um professorado com muitos profissionais experientes, competentes, fazendo coisas inacreditáveis em condições adversas. Mas temos também profissionais que enfrentam com dificuldade os problemas que surgem que não receberam uma formação que de fato os ajude e que gostariam que as Secretarias de Educação os apoiassem no processo de aperfeiçoarem a forma como atuam na prática da sala de aula.

Regina: Mas é que temos de repensar o curso de formação de professores...

Antonio Flavio: Assim como temos de repensar a imagem do professor na sociedade, os salários, as condições de trabalho, o processo de formação continuada.

Regina: Sem dúvida.

Antonio Flavio: Queria compartilhar com você uma preocupação minha. Quando estamos falando em diferença, em lidar com a diferença, em tratar cada um segundo suas peculiaridades, penso que há um risco envolvido nessa postura. Foi Thomas Popkewitz quem de fato me alertou para ele. Ao analisar um programa de formação continuada de professores nos Estados Unidos — *Teacher for America* — Popkewitz procurou entender os discursos pedagógicos que informavam as atividades. O programa treinava professores durante 8 semanas, em um curso de verão, para uma ação multicultural em escolas norte-americanas, rurais e urbanas, que tinham em comum o fato de receberem alunos das camadas populares.

O estudo foi uma etnografia. Popkewitz observou que, na verdade, os conhecimentos pedagógicos, os sistemas de raciocínio, as categorias com que se pensava a educação acabavam construindo qualidades e capacidades da criança, constituindo um tipo de espaço social, um espaço discursivo em que o aluno seria sempre diferente do outro, seria sempre diferente do padrão, do normal, da média. A criança terminava confinada nesse espaço. E ao ficar confinada ela jamais seria como "a outra, a normal", para a qual uma série de categorias não se aplica nunca. Por exemplo, o aluno que tem dificuldade de aprender, fala-se assim dele: mas ele tem a inteligência das ruas, mas ele é rápido para fazer contas, ele é muito esperto em muitas situações práticas. Do "normal", não se diz nada. Quer dizer, Popkewitz nos diz que os sistemas de raciocínio e os discursos pedagógicos conferem certa seletividade no modo como os professores veem as crianças, refletem sobre elas, falam sobre elas. Ao agirem dessa forma, situam as crianças em um conjunto de distinções, diferenciações e categorias que dividem as crianças em diferentes espaços. E aí alguns ficam confinados nesses espaços.

E aí trabalhamos com o "diferente", de modo diferente. Por ser diferente, ele não tem aquela inteligência mais abstrata, então vamos tentar trabalhar com situações mais concretas, mais ligadas ao cotidiano do aluno, vamos aproximar a escola da vida real. É o que se diz e o que se faz com esse diferente, não?. A minha preocupação é se, quando tentamos de fato estabelecer relações pedagógicas diferentes, desenvolver experiências pedagógicas diferentes com esse aluno diferente, não estamos correndo o risco de confiná-lo? Não estaríamos fazendo com que o tiro saia pela culatra?

Regina: Se pensarmos a partir dessa lógica, estaremos correndo o risco, sim. Mas, quero trazer uma outra lógica. Em primeiro lugar, me parece uma simplificação quando se afirma que "o aluno não aprende", que "ele tem dificuldade para aprender". Porque a minha hipótese, a partir de minha própria experiência e das pesquisas que meu grupo vem desenvolvendo, é de que, frequentemente, não é dificuldade de aprender, mas sim, dificuldade de ensinar. Nós não fomos preparados, nenhum de nós, em nossos cursos de formação, a lidar com alunos de classes populares, com alunos de favela, com alunos afrodescendentes, com alunos indígenas, que pensam segundo outras lógicas. Nós aprendemos que existe **uma lógica** e não lógicas. Isso é uma primeira questão que eu queria discutir.

A outra questão é a seguinte: temos sempre um sonho de escola, apesar de todas as críticas às utopias, nós temos. Quando educamos, sempre somos direcionados por uma utopia, um sonho a ser realizado. Não se trata de um sonho que nos satisfaz pelo sonho e nos paralisa. É um sonho, uma utopia que nos move para a ação, como quer o Bloch — otimismo da ação, como ele diz. Então [...] se nós sonhamos com uma sociedade mais democrática, mais justa, mais respeitosa, mais rica, mais plural, em que as diferenças possam se expressar...

Muita coisa já aconteceu. Quando é que podíamos abrir um jornal conservador na primeira página e ver dois homens se beijando, por terem se casado [...] de acordo com a lei, como acaba de acontecer? Há 50 anos isso era impensável. Aliás, a Igreja Católica continua a afirmar ser pecado. Então, muita coisa já foi conquistada. Quando, no Brasil, podíamos pensar que a ação afirmativa fosse mobilizar toda a sociedade a se pensar e a pensar as suas relações desde a escravidão, desde a chamada "abolição da escravidão"? Então, muita coisa já mudou. Mas, e a escola, que é o que estamos discutindo aqui e que é o nosso mister? Afinal de contas, a nossa militância está sobretudo na escola, está no esforço por fazer uma escola melhor. Penso que o problema é essa nossa formação complicada, que nos encheu de preconceitos que nos impedem de ver, de nos abrirmos para o novo e de tentarmos compreender o novo. É essa formação que nos faz ver o menino e a menina, que na escola parecem estar desajustados, que parecem ser diferentes do que se convencionou como normalidade, tornando-se problemas para o professor ou a professora.

Penso, antes de tudo, ser absurdo se afirmar: *ele é bom em fazer contas fora da escola e na escola não sabe fazer contas, não consegue fazer contas porque não tem o pensamento abstrato*. Ele tem pensamento abstrato que se revela no seu cotidiano. Saberes da vida? Quando ele sabe fazer as contas de cabeça, o que a escola tem que fazer? De meu ponto de vista, em primeiro lugar, reconhecer que ele sabe fazer contas. Mas também, tem de fazê-lo compreender que é importante para ele aprender uma outra forma de fazer contas, porque isso tem a ver com a sua melhor inserção na sociedade, no mundo do trabalho. Não é que esteja errado ele fazer contas de cabeça, é que, aprendendo a fazer contas no papel, ele pode conseguir um melhor emprego, pode interagir com mais autoconfiança, com gente que o desqualifica, como se ele não soubesse nada. Logo, é uma questão política da maior importância: ele precisa se apropriar do conhecimento que a escola pode lhe ensinar. Enquanto a escola não mostrar isso para ele, ele não vai aprender, porque não compreenderá como esta aprendizagem pode lhe ser útil.

A sociolinguística já provou e comprovou e repetiu que não é que as classes populares falem errado, elas simplesmente usam uma variedade da língua que não é a hegemônica e, portanto, é considerada errada porque os que detêm o poder chamam a sua própria linguagem de a única fala correta. Isso posto, poderíamos pensar: bom, então, não vamos ensinar ao menino as regras da gramática, não vamos ensinar o menino a escrever melhor, não vamos ensinar nada para ele, vamos deixar ele falando como quiser. Não, nós vamos dizer para ele que para a sua sobrevivência, é da maior importância que ele aprenda a linguagem dos poderosos. Por quê? Porque ele vai arranjar um melhor emprego, porque falando como ele fala, ninguém vai lhe dar emprego, porque para fazer um concurso ele vai precisar escrever e, não conhecendo as regras da língua, não será aprovado.

Antonio Flavio: Mas, veja bem, o que o Popkewitz argumenta é que existe uma lógica na escola, na formação de professor, na Pedagogia, com a qual trabalhamos e é essa lógica em geral que é usada para entender os fatos que acontecem na sala de aula, para entender o aluno que está ali presente, o que obviamente afeta a forma como o professor trabalha com esse aluno. Segundo ele, essa é a lógica internalizada na formação de professores. Essa lógica acaba criando um espaço social em que a criança "diferente" é situada, essa lógica acaba funcionando para desqualificar a criança "diferente". E aí o professor vai sempre vê-lo como alguém que é diferente, que é inferior ao aluno "padrão", ao aluno normal.

Regina: Essa é a lógica na qual nós fomos formados. Mas o Popkewitz está fazendo uma generalização e toda generalização é perigosa. Porque lá na escola mesmo, esse professor ou professora, formado segundo essa lógica, começa a se questionar. Aí é que entra o professor reflexivo, o professor pesquisador. Por quê? Porque ele ou ela começa a observar alguma coisa que antes não percebia, já que via apenas o "diferente" no sentido de "anormal", que não aprende, que é desinteressado ou indisciplinado. Só via o lado negativo desse menino. De repente, alguma coisa acontece quando a escola se reúne, por exemplo, nas reuniões pedagógicas e quando essas reuniões pedagógicas se transformam efetivamente no que devem ser — reflexões sobre a prática pedagógica coletiva. Em algumas escolas existe um clima aberto, generoso, receptivo, o que convida o professor ou professora a ter coragem de colocar os impasses que vive na sala de aula, de dizer o que não está conseguindo compreender, o que fez e não deu certo, da mesma forma que traz o que fez e deu certo. Dessa discussão coletiva sobre a prática pedagógica, inevitavelmente, vão surgindo descobertas. O grupo começa a se fazer perguntas. E só descobre alguma coisa quem se faz perguntas, só descobre alguma coisa quem começa a ter dúvidas. Esta é a grande riqueza do espaço das reuniões pedagógicas, quando são efetivamente reuniões pedagógicas. E é de lá, de dentro da escola, que vem surgindo um movimento coletivo e crescente, que percebe que a lógica da escola, na qual fomos todos formados, não é a única.

Outras lógicas estão presentes na escola. É aí que surge a possibilidade de aprender alguma coisa que o nosso curso de formação não nos ensinou, ou seja, que há diferentes lógicas presentes na sala de aula e que há caminhos diferentes de chegarmos ao mesmo lugar. Não nos ensinaram que cada aluno cria o seu próprio método de aprender. Se aprendemos isso, e muitos professores vêm aprendendo em sua própria prática, podemos construir coletivamente alternativas pedagógicas que põem em questão essa lógica como a única da escola. E é por isso que aparecem tantos trabalhos, pelo Brasil e pelo mundo, que nós tanto admiramos. Que são esses trabalhos que tanto admiramos? São trabalhos que fugiram a essa lógica da escola e que se abriram para outras lógicas, conseguindo realizar o que deveria ser a função da escola, desde Comenius: ensinar tudo a todos. Que é ensinar tudo a todos? É dar a todos a possibilidade de se colocarem nesse "tudo", e deste tudo oferecido poderem melhor escolher. É compreender e expressar o mundo por meio da linguagem musical, ou da linguagem matemática, ou da linguagem pictórica, ou de outras linguagens como a fotográfica, a televisiva, a cinematográfica, e tantas outras. Não é que tenhamos uma expectativa de que da escola saiam cientistas, artistas, músicos etc. Queremos que saiam sujeitos capazes de ler e se expressar por meio de uma linguagem com a qual tenham mais afinidade, o que só podem fazer se conhecerem as diferentes linguagens postas no mundo hoje. Mais uma vez estamos a falar de formação geral ampla que a escola pode e deve oferecer.

Ou seja, porque eu compreendo o mundo por meio de sons, de ritmos, de melodias, de harmonias, isso não quer dizer que eu vou desprezar a linguagem escrita. O Egberto Gismonti disse uma vez numa entrevista: *olha aqui, quando eu vou num avião e vejo alguém lendo um livro e eu estou lendo uma partitura, penso que eu tenho um* handicap *positivo em relação a ele porque ele só sabe ler a linguagem do livro e eu posso ler a linguagem do livro e a da partitura.* Quem vive uma situação mais favorável? Sem dúvida, quem tem acesso a duas linguagens. Se a escola compreende isso, ela assume como responsabilidade sua, ampliar ao máximo o conhecimento que o aluno já traz, seja em que campo do conhecimento for, para que ele possa ter possibilidade de melhor escolher em qualquer situação de sua vida. Mas, escolher não significa abdicar de outra coisa, porque, por exemplo, eu conheci um médico cardiologista que escolhia seus assistentes pela cultura geral que eles revelassem ter. Por quê? *Porque, dizia o médico, o específico, ser cardiologista, eu vou ensinar, mas se ele não tiver uma cultura geral, não posso ensinar nada, porque ele não vai entender, como deve ser entendido, o necessário para se tornar um bom cardiologista.* E, enquanto operava, cantava áreas de óperas e isso era uma forma de estar testando o universo cultural dos seus assistentes.

Não concordo com o Popkewitz quando diz que só ocorre o confinamento do aluno e que nada pode ser feito.

Antonio Flavio: Mas ele não diz isso. Pelo contrário. O que ele diz é que primeiro devemos problematizar nosso conhecimento e nossa razão. Trata-se de apontar os erros, de desestabilizar o sistema de raciocínio que confina os alunos. Essa já é uma forma de intervenção política. Isso abre a possibilidade de pensarmos de modo diferente, de buscarmos outras lógicas, outras linguagens, outras categorias, outras maneiras de pensar. Abre a possibilidade do novo. O que ele não nos diz, mas nos estimula a buscar, é como é esse novo que pode tornar a escola mais democrática e mais justa.

Regina: Ah, aí está certo. Então, concordamos que é possível mudar.

Antonio Flavio: É que a escola tem procurado, por meio de uma série de estratégias, arranjar um lugar especial para o menino que supostamente não aprende, que não tem cultura, que não tem *background* cultural, que não tem potencial e, por isso, "não vai ser ninguém". E aí surgem a educação compensatória e algumas versões do multiculturalismo. Algumas versões do multiculturalismo acabam sendo estratégias para homogeneizar, para construir um horizonte cultural comum no qual todos acabem se encaixando. Mas na verdade nem todos se encaixarão, porque alguns serão sempre confinados a espaços socialmente inferiores, ainda que aparentemente integrados. O problema é que essa inferioridade será aceita e, muitas vezes, a subordinação e a opressão terminarão sendo aceitas pelo subordinado, pelo oprimido, que então acaba ajudando a preservar a situação que o penaliza. Termina aceitando o que o separa, que o desqualifica. Essas estratégias podem acabar criando um espaço limitado para esse aluno, apesar das boas intenções de quem as pensa e as executa.

Regina: Aí eu estou de acordo. Mas eu temo um pouco certas críticas foucaultianas que, do meu ponto de vista, são uma leitura simplificada do pensamento do Foucault. Essas críticas veem apenas o aspecto da denúncia, esquecem que Foucault era um militante, que ia para as ruas, que fazia coisas, que propunha coisas, ele não ficava apenas na denúncia do que acontece nos diferentes espaços. Eu compreendo, aceito e incorporo as críticas foucaultianas, fundamentais para, se compreendendo melhor a escola, podermos melhor atuar para mudá-la. Mas também quero olhar para a escola e pensar assim: ah, sim, mas o Foucault também falava em resistência. E aí, então, eu fico muito mais interessada em identificar as formas de resistência que identifico, que capto nas escolas desse país. Está certo, a escola é isso, mas ela é aquilo também. E é o aquilo também que me faz defender a escola como um espaço possível e importante, porque se eu achasse que a escola era só isso que é denunciado, eu diria: vamos acabar com a escola.

Antonio Flavio: E vamos para a rua fazer outra coisa, criar outro espaço.

Regina: É isso, é isso.

Antonio Flavio: Recentemente eu li um estudo em que essa discussão surgiu. Um estudo foucaultiano em que, embora o autor tivesse trabalhado a questão da resistência teoricamente, na hora da análise o que apareceu foi apenas a relação do poder, foi o poder produtivo. E muito apareceu em relação a outros rumos possíveis. Assim, fica de fato muito difícil para o professor. Já se disse em relação à teoria crítica e eu penso que a pós-crítica apresenta o mesmo problema: fazemos a denúncia, em análises extremamente inteligentes, interessantes, que nos ensinam muito, mas continuamos profundamente sovinas no que se refere a dar ao professor um pouco mais de estímulo para pensar sua realidade de forma diferente. Ou seja, ajudamos o professor a entender as relações de poder e de opressão, mas não o ajudamos tanto a pensar como é possível lutar contra essas relações, como transformá-las e como criar espaços outros, em que outras, pelos menos outras, relações de poder estejam presentes.

Regina: Essa crítica que alguns fazem é desmobilizadora.

Antonio Flavio: O professor fica de pés e mãos amarrados.

Regina: Essa crítica, do meu ponto de vista, é absolutamente desmobilizadora, e portanto, serve aos inimigos da escola. Na verdade, ela não ajuda em nada ao professor. E eu não estou falando de caridade, não é nada disso que eu estou falando...

Antonio Flavio: Nem de receita.

Regina: Nem de receita. Estou falando da realidade concreta com a qual nos deparamos na escola, nós que passamos pela escola, não só como alunos, mas como professores. Professora da escola fundamental eu, professor do ensino médio você. Nós temos uma boa vivência da escola, conhecemos o que é a escola real, e também, o que é a escola potencial. Sabemos que na escola real estão aqueles que de fato fazem tudo o que é denunciado, mas também estão aqueles que, contra tudo e todos, fazem um trabalho muito bom e importante. Então, é nesse trabalho bom e importante que nós dois nos inspiramos para discutir escola e currículo.

Antonio Flavio: Pois é, currículo tem sido nossa paixão. Há quase vinte e cinco anos que venho trabalhando com questões de currículo. Mas tenho hoje uma preocupação, sinto hoje uma dificuldade, sobre a qual tenho falado muito. A ideia de currículo se ampliou tanto que não sei mais o que ela significa. Aliás, você faz uma distinção entre currículo *stricto sensu* e currículo *lato sensu* que seria interessante discutirmos.

Regina: Eu julgo que os teóricos que tratam de currículo num sentido estrito acabam não tratando, não dando conta da questão mais ampla do currículo, da escola, da educação. Ao mesmo tempo, os que foram abrindo, abrindo e cada vez mais abrindo a noção de currículo, de tanto abrir, se perderam e deixaram lá atrás a própria concepção de currículo.

Antonio Flavio: Mas o que é para você essa visão estrita de currículo? E a aberta?

Regina: A visão estrita de currículo para mim é a visão perigosa de um especialista. Eu pessoalmente tenho problemas com os especialistas e os especialismos, porque entendo que o especialista perde a visão mais ampla, limitando-se a querer entender o seu específico sem um quadro mais geral. Então, essa discussão de um currículo *stricto sensu* me parece limitada.

Antonio Flavio: Mas, você não disse ainda. Que é currículo *stricto sensu*?

Regina: É isso que eu estou falando. É uma visão limitada de currículo, restrita apenas à escola ou até à sala de aula, aos conhecimentos que são transmitidos ou criados ou recriados na escola, ao processo ensino-aprendizagem. E disso não sai. Fica-se preso à escola. Mas os que abrem demais, caem no perigo de irem abrindo tanto, saindo da escola para o entorno da escola, para o shopping center, para a cidade, para a sociedade onde a escola está, para a cultura da qual a escola é parte, para o mundo no qual a escola está e aí surge o perigo de se perder da questão central que seria a questão do currículo na escola. Quando se trata de currículo, é claro que tudo importa .... para que melhor se compreenda e se atue no currículo.

Antonio Flavio: É, eu acho muito perigosa essa visão. Tão ampla que abrange tudo. Recentemente eu li uma concepção de um especialista americano que diz: currículo é tudo aquilo que eu resolvo fazer com os meus alunos. Ainda pensei assim: coitados dos alunos e dos professores que vão entender currículo dessa forma. Agora, acho que o entorno pode estar presente no currículo, o shopping center pode estar presente no currículo, a televisão pode estar presente no currículo quando a escola, que tem fins diferentes de todos os outros espaços, traz para dentro de si, interage, dialoga com esses espaços, critica esses espaços. Isso é uma coisa. A televisão pode ter o seu currículo, já que ela se organiza como espaço que pretende influenciar, formar. Mas é diferente do currículo da escola. É claro que a escola não pode ficar fechada nos seus muros, mas ampliar a palavra para significar todo e qualquer espaço em que ocorra a educação acaba com a especificidade que caracteriza a escola.

De qualquer modo, vamos falar em currículo escolar, que é o que me interessa. O currículo escolar que está interagindo, que está recebendo impulsos, que está dialogando, que está buscando informações, está buscando enriquecimento, que está levando o aluno a entender melhor as relações, a criticar, a se situar. Mas, de fato eu não aceito que se diga "tudo é currículo". Porque aí eu fico sem saber o que é currículo, eu não sei onde agir. Quando você fala também em especialismos e generalismos, eu penso que no caso do currículo há algo paradoxal: o especialista em currículo sempre foi visto como um generalista, porque exatamente ele não é o especialista em disciplina nenhuma. Ele não vai analisar particularmente como é que se deve pensar conhecimento escolar, ensino e aprendizagem em Física. Isso ele não faz. Ele vai dialogar com os especialistas nas disciplinas. Portanto, penso que ele tem, ou deveria ter, uma visão ampla da escola e do processo curricular.

Esse processo, a meu ver, tem como centro o conhecimento escolar. Politicamente, é importante que o conhecimento escolar esteja no centro das discussões sobre currículo. A escola está sendo acusada de não conseguir ensinar, de não

CURRÍCULO NA CONTEMPORANEIDADE

promover a aprendizagem do aluno, de estar formando pessoas sem os conhecimentos indispensáveis à luta por uma vida mais digna. O conhecimento é hoje cada vez mais importante para toda e qualquer criança, todo e qualquer adulto. Logo, eu vejo o processo curricular na escola girando em torno de conhecimento. Obviamente não é qualquer conhecimento, desprovido de qualquer sentido, mas um conhecimento que, depois de uma série de perguntas que se façam e de respostas que se deem, e com base em um posicionamento claro e consciente, tenhamos considerado importante de estar sendo trabalhado por alunos e professores.

Regina: Bom, nesse ponto estamos de acordo, então vamos seguir essa linha. Eu, como você, tenho um compromisso com a escola. Eu, como você, ainda acredito que a escola é uma instituição importante na sociedade, seja qual for. Especialmente numa sociedade como a nossa, cuja maioria da população teve negado historicamente até o direito de na escola entrar. Então, eu estou de acordo com você.

Antonio Flavio: E ainda, até hoje, de nela ficar e de nela aprender.

Regina: Eu estou falando ainda de entrar, eu estou falando ainda de ter acesso à escola. A maioria da população brasileira, por muito tempo, sequer entrou na escola. A escola era um espaço das elites e das classes médias, que sempre tiveram como modelo as elites. Agora, como você, eu defendo a escola. Eu defendo a escola, mas, quando falo de escola, estou falando da escola que me interessa politicamente, que é a escola pública, que é o único espaço possível para as classes populares de se educar, no sentido que a escola dá à educação e que ainda é considerado valor na sociedade. A educação hoje é uma questão estratégica no mundo, porque conhecimento hoje é uma questão estratégica no mundo, todas as sociedades pretendem educar a sua população. Por quê? Porque é uma possibilidade de romper essa distância entre os países mais ricos, ditos desenvolvidos, e os países mais pobres, ditos subdesenvolvidos ou não desenvolvidos. Se tomarmos como exemplo a Irlanda ou a Coreia, veremos o que pode uma sociedade que investe efetivamente em educação. Sociedades que até um tempo estavam lá atrás nos Índices de Desenvolvimento Humano, muito atrás do Brasil e que hoje estão lá na frente.

Logo, educação ainda é uma questão estratégica no mundo, talvez hoje mais do que nunca. E, como você, eu defendo a escola. Defendo uma escola de qualidade, mas que ponha em questão o que é qualidade. Qualidade para uns é algo ligado a resultados, a demandas do mercado. Qualidade para outros tem a ver com a melhoria da condição de vida da população global. Qualidade social, pelo que lutamos, é absolutamente diferente de qualidade total, o que interessa ao mercado.

Antonio Flavio: Penso que a ideia de qualidade inclui o que é necessário para essa sobrevivência, para essa luta, para conseguir dar conta de chegar às condições mínimas de sobrevivência. Tudo isso vai envolver diferentes conhecimentos, comportamentos, habilidades e técnicas. Alguns da cultura dominante, porque o adolescente precisa de elementos da cultura dominante para seguir em frente, para conseguir um emprego, para melhorar de vida. Há elementos que são indispensáveis para isso. Não concordo quando se desvaloriza esse aspecto.

Regina: Também eu, pois os que assim o fazem, para mim, fazem gol contra. Para usar um termo da moda, acho politicamente incorreto.

Antonio Flavio: Com certeza. Mas eu queria completar a ideia de qualidade, completá-la com a ideia de superação. Com a ideia de ir além de tudo isso. Com a busca de alguma coisa melhor, de um mundo melhor, de uma humanidade melhor, de um ser humano melhor. Aí, nesse terreno, chegamos a valores, se não universais, mas valores a respeito dos quais se discuta, valores que se considerem como os mais adequados para a ocasião. Chegamos também a conhecimentos não tão pragmáticos, não tão imediatistas. Certamente todas essas decisões são difíceis, não temos respostas prontas, pré-definidas, que nos ajudem.

Regina: O que você traz nos leva inevitavelmente à discussão que me parece central na escola hoje — a discussão de currículo: que conhecimento cabe à escola transmitir? Será que apenas transmitir conhecimentos é suficiente? Qual seria, efetivamente, na escola, o papel do conhecimento?.

Porque veja, até um tempo atrás era aceito que o papel da escola era apenas transmitir às novas gerações o que as gerações que as antecederam produziram. Era passar para as novas gerações tudo aquilo que foi criado, construído, produzido pelas gerações anteriores, para não se cair no perigo de cada geração estar sempre redescobrindo a roda. Mas, é evidente que, nessa ideia de transmissão de conhecimento estava embutido algo que hoje é muito contestado e que vem lá dos Iluministas. Haveria um "conhecimento elaborado", denominado universal, verdadeiro, entendido como absoluto, que negava o próprio movimento da história. Ou seja, o que é verdade num determinado momento histórico é contestado num momento imediato ou posterior. É contestado na sua validade exatamente porque a ciência não é o que foi dito por alguns e repetido por outros, *a verdade*.

O que Heisenberg disse um dia, que hoje é aceito, é ser a ciência apenas a busca da verdade, não a verdade. O cientista está permanentemente em busca da verdade, que ele pensa ter encontrado quando a sua verdade se transforma em paradigma. Mas, um paradigma é aceito como verdade enquanto é hegemônico, enquanto é aceito pela comunidade científica, que tem poder de decidir o que é o certo e o que é o errado. De repente alguém contesta essa verdade e, dentro dos cânones científicos, comprova uma outra verdade. Se aceita a nova verdade comprovada, aquela verdade anterior não é mais considerada a verdade, sendo superada por uma nova verdade.

Mas a escola, até pouco tempo, aceitava como seu papel, transmitir a verdade, a verdade da época, apresentada como a verdade de todos os tempos. Mas, hoje, com o movimento de grupos que contestaram a ordem estabelecida, com o movimento daqueles que foram subalternizados historicamente, com o movimento daqueles que foram colonizados, que foram oprimidos, que foram explorados e que se sentiram como tal, constrói-se uma outra versão da própria história. Chega-se ao ponto de vista daqueles que foram vencidos e que se apresentam, não como os definitivamente vencidos, mas como os que por um momento foram vencidos e que armazenaram forças para novas lutas. Isso muda a própria ideia do que seria conhecimento e denuncia que o que era apresentado como único conhecimento, não era outra coisa senão o conhecimento que servia aos que detinham o poder e nele desejavam se manter. Então, essa questão hoje é uma questão da maior importância e seria lamentável que alguém não levasse em consideração que o ponto de vista não é outra coisa senão a vista de um ponto. Dependendo do lugar em que me situo, eu vejo alguma coisa, se estou do outro lado, vejo outra coisa. Não é por acaso que na Índia tem um grupo que desenvolve *Subaltern Studies*, pretendendo reescrever a História da Índia. Por quê? Porque entende que a história oficial da Índia foi a história dos ingleses, escrita do ponto de vista dos ingleses ou de seus prepostos, que dominaram por tanto tempo a Índia. O grupo dos Subaltern Studies está reescrevendo essa história, e esse movimento de reescrita da história vem se espalhado pelo mundo. Não é possível que a escola não se mostre pelo menos sensível a esse movimento.

Antonio Flavio: Sim. Penso que seu argumento é bem aceito, ou mais aceito, quando se pensa em disciplinas como História, Geografia, Sociologia, Filosofia, Artes, Literatura.

Regina: Eu digo que vale para qualquer uma.

Antonio Flavio: Mas em História se torna mais evidente, não é? Um livro de História pode apresentar a voz do vencedor ou a do vencido ou ambas.

Regina: O que seria o melhor. Porque ele estaria problematizando, ele estaria dando condições para o aluno desenvolver o seu pensamento crítico. Ele veria e analisaria duas versões sobre o mesmo fato.

Antonio Flavio: Agora, quando se chega ao nível de ciência exata, para algumas pessoas se torna mais complicado de entender. Será que a Física apresentaria tanto quanto a Geografia e a História, os "vestígios" do espaço e do tempo em que é pensada?

Regina: Tanto quanto. Vou dar um exemplo. A Física que você citou. A Física newtoniana foi considerada como A Verdade por mais de um século, dela decorreu uma concepção de mundo, hegemônica à época e por muito tempo. Newton viu o que ele podia ver, dada a sua inserção no mundo num determinado momento histórico, dispondo de determinados instrumentos. As leis de Newton são válidas quando estamos falando de tempo absoluto e quando lidamos com corpos praticamente rígidos que têm um dado volume. Quando a Física Quântica aparece, que é uma outra concepção da Física, provoca uma ruptura no pensamento newtoniano. Assim também acontecera com a teoria da relatividade. Elas aparecem se contrapondo a uma visão newtoniana da Física, já que aportam estruturas conceituais novas. O que quero dizer é que a Física, como uma ciência hegemônica, influenciava todos os demais campos de conhecimento. Essa visão de ciência passou para a escola e, lamentavelmente, ainda hoje vejo vestígios de uma escola que se pensa, ainda que não o saiba, numa perspectiva newtoniana.

Antonio Flavio: Mas isso não significa abandonar o Newton.

Regina: De jeito nenhum, ele dá conta de muita coisa, mas não de tudo, como no seu tempo se acreditava.

Antonio Flavio: Então, ele não foi superado no sentido de se mostrar equivocado, errado. O que se mostrou foi a incompletude do seu pensamento.

Regina: Não só. A teoria newtoniana dá conta de uma série de problemas que ainda estão postos. O que não significa que a teoria newtoniana em sua totalidade se mantenha. Não. Muito do que o Newton pensava como a verdade, foi superado pela Física Quântica, pela Teoria da Relatividade. Portanto, alguma coisa da Física newtoniana se mantém, eu não diria que atual, mas ainda em uso.

Antonio Flavio: Ainda dando conta de uma série de questões.

Regina: Tem mais, quero dar um outro exemplo. Muito do que as Ciências Humanas defenderam durante tanto tempo — o princípio da neutralidade, o princípio da objetividade — foram superados não pelas próprias Ciências Sociais e Humanas, mas pela própria Física. Quando a Física afirma que o observador influi no fenômeno, põe por terra não só a objetividade como a neutralidade. Foi a Física que fez isso. Então, o que quero dizer é que há uma relação entre os diferentes campos do conhecimento que nem sempre é percebida. Daí a minha preocupação com as visões mais estreitas, mais específicas, melhor dizendo, que têm dificuldade em compreender que num determinado momento histórico, num determinado contexto, há uma visão de mundo que se torna hegemônica e que, por hegemônica, impregna todos os campos de conhecimento. Se alguém fica preso no seu específico, não vê a complexidade deste processo.

Antonio Flavio: Impregna tanto os mais específicos quanto os mais amplos.

Regina: Sem dúvida. Mas o perigo para mim não é alguém ser impregnado, é não perceber que está sendo.

Antonio Flavio: Voltando à escola. Penso que ela não consegue de fato transmitir ao aluno, no caso da ciência, nem mesmo a visão da ciência clássica. Ela apresenta uma noção caricata de ciência. Se trabalhasse bem a clássica já faria muito, na medida em que abriria espaço para que depois o aluno fosse avançando. Faço um paralelo com o conhecimento que se produziu na área de educação, nos cursos de pós-graduação, na década de 1970, que não chegou nem a uma postura positivista, era a celebração do empirismo, muito pouco fundamentada, muito pouco problematizada, muito simplificada.

Regina: Eu julgo que você toca num problema fundamental para a escola. É o seguinte: a escola vive se afirmando transmissora da Ciência, da Filosofia, enfim do conhecimento em seu sentido mais amplo ou no seu sentido mais estrito, mas, na verdade, ela trabalha com fragmentos. Não é a ciência que é transmitida para os alunos; são fragmentos de uma ciência que vem em pedacinhos e que, na verdade, não dá possibilidade ao aluno de entender a Ciência. A escola fala de pesquisa, ela diz que faz pesquisas, experimentos, mas ela repete experimentos que já foram testados e aprovados, ela não permite que os alunos revivam de fato o processo dos experimentos que chegaram a uma determinada descoberta, não permite que os alunos entendam o processo de descoberta. Portanto, eles não compreendem o processo, limitando-se a memorizar os resultados. A escola não permite sequer, e isso é o pior, que se vá instaurando entre os alunos o espírito científico. Ela entrega tudo pronto.

Antonio Flavio: E quando ela trabalha esses experimentos, mesmo os já conhecidos, ela o faz, em geral, segundo a ótica do indutivismo ingênuo, uma tentativa bem limitada de se entender o fenômeno científico. Então, ela não só não leva ao desconhecido, como o próprio conhecido é apresentado de uma maneira simplificada, mal interpretada. Isso se evidencia na experiência do feijãozinho no algodão, para que a criança observe o desenvolvimento, como se fazer ciência correspondesse a olhar alguma coisa ir simplesmente acontecendo. Parece que o ser humano não está presente no processo de construção da ciência.

Regina: Deixando de lado a experiência, pense nos fatos mais "corriqueiros" da vida moderna. O aluno aprende eletricidade, mas não é capaz de entender porque é que aqueles dois fios produzem luz, porque isso não é ensinado. O aluno fica sem compreender o processo fascinante de produção de conhecimentos, que é o que supostamente está sendo ensinado.

Antonio Flavio: No caso da Física, o foco na lei, no problema, na matematização acaba fazendo com que os aspectos do cotidiano em que a Física se expressa sejam totalmente ignorados na escola.

Regina: E o que se vê, hoje e sempre, é que os grandes físicos invariavelmente se aproximam da Filosofia, se aproximam da Música, se aproximam da Arte. Einstein, que tocava violino, é um exemplo já clássico. Agora, os que estão na escola, ensinando para os nossos alunos, sequer são capazes de dar sentido ao fenômeno da eletricidade.

Antonio Flavio: E aí voltamos à formação de professores, seja a inicial, seja a continuada. E aí fico pensando em uma questão que sempre se coloca em encontros de professores. Como uma Secretaria de Educação poderia contribuir mais para que o professor enfrentasse melhor esses problemas, se atualizasse, tanto em termos de seu conteúdo específico como dos conhecimentos pedagógicos. E há certamente uma outra questão associada a essa. Como uma Secretaria de Educação deve agir? Que grau de interferência uma secretaria deve ter na escola? Certamente não há um ponto ótimo que possa valer para qualquer rede. Depende da rede, do professorado, das escolas, do momento, dos propósitos que se tenha. Creio que não há uma resposta precisa para isso, creio ser impossível.

Mas acho importante ressaltar que uma Secretaria precisa dizer a que veio. Ela tem que ter princípios que quer ver implantados. Precisa defendê-los e orientar a rede para que eles se concretizem. Além disso, se a escola sente dificuldades e pede apoio, a Secretaria não pode se negar a apoiar.

Regina: Mas, e se a escola não pede?

Antonio Flavio: De qualquer modo, julgo que a Secretaria precisa ir à escola, conhecer a escola, ver o que se está fazendo, como se está fazendo, compreender a escola e seus interesses. A escola precisa aceitar que se trata de um dever da Secretaria, não é só um direito. Também considero fundamental que a Secretaria conheça os bons trabalhos que as escolas estão fazendo e que divulgue esses bons trabalhos. Mas eu tenho dúvidas a respeito.

Em algumas cidades, como Rio de Janeiro e São Paulo, as redes são enormes e há escolas situadas nos mais diferentes locais. As equipes das Secretarias por vezes são reduzidas e há também professores por vezes altamente resistentes. Enfim, nessas situações eu tenho dúvidas. Embora tenda sempre a dizer que um processo de apoio ao professor e à escola, como um processo de renovação curricular devam centrar-se na escola, uma Secretaria tem que estabelecer certos princípios, tem que estabelecer certo norte. Por que ela faz parte de um governo que veio para isso, para definir um pouco como é que vai se fazer educação no país. Ela tem que ter um projeto de educação. Ela tem que se colocar ao dispor das escolas e ela tem que ter, tem que ser também um elemento de controle da escola. Ela tem que conhecer e saber o que a escola está fazendo, o que a escola está conseguindo, o que a escola não está conseguindo e em que medida pode apoiar ou não. Não dá para deixar que a escola faça tudo que bem deseja sem nenhum diálogo com a Secretaria ou sem nenhuma interferência da Secretaria. Mas é claro que a Secretaria não poderia, nunca, interferir para dizer: Vocês estão fazendo tudo errado! Essa metodologia não se usa mais! Vocês têm que seguir a proposta curricular! Vocês têm que estudar o construtivismo! Isso seria um absurdo. Por que a escola pode trabalhar muito bem seguindo uma linha diferente da que a Secretaria valoriza. A Secretaria precisa ver, conhecer, aceitar, esperar. Sugerir: Há outras hipóteses, vocês não gostariam de se informar sobre elas? Enfim, abrir os horizontes da escola, como a escola precisa fazer com o seu aluno. Estimular a escola para ir além, pois a escola sempre pode ir mais além. Ela não pode achar que faz algo bem, pode parar nesse ponto e tudo está resolvido. Ela deve ser instigada a buscar outros caminhos.

Como você vê essa questão? Porque nós não defendemos parâmetros, diretrizes, receitas feitos em gabinetes, por melhores que sejam, e que sejam impostos às escolas como pacotes a serem digeridos. Nós sempre nos posicionamos contra tais medidas. Nós achamos que são atitudes não democráticas. Nós achamos que essa forma de reformular o currículo e aperfeiçoar o trabalho da escola não dá conta da diversidade que se encontra na escola, das diferentes realidades que constituem as escolas. Elas precisam ter um espaço, sim, para trabalhar com autonomia, com seus professores, seus alunos, sua cultura.

E aí volta a questão. Como uma Secretaria, nessa perspectiva, mais democrática, mais de apoio, mais de fazer com a escola, mais centrada na escola, deveria atuar? Essa resposta não é simples, pois a Secretaria tem obrigações junto aos que elegeram o governo de que ela é parte.

Regina: Olha, penso que você traz um impasse que todos nós, que trabalhamos de fora da escola com a escola, ou pelo menos tentamos trabalhar, vivemos. Em geral conto uma história que defende um ponto de vista que não é exatamente igual ao seu, mas apresenta algumas proximidades. Alguns anos atrás esteve no Brasil uma mulher que exercia, na Inglaterra, o similar ao cargo de Ministra da Educação. Quem a entrevistou foi José Carlos Azevedo, ex-reitor da UnB durante a ditadura militar. Guardei essa entrevista porque a considero preciosa por ser um exemplo do desencontro de concepções de mundo e de diferentes visões do papel da universidade na sociedade. Ele perguntou: *como a senhora controla o que é feito nas universidades com o dinheiro que o Estado fornece?* O mote era esse. Ela teve muita dificuldade em entender a pergunta. Finalmente, respondeu: *não me cabe avaliar. Eu vou dizer o que me cabe fazer: conseguir os recursos materiais e financeiros para que a universidade realize o seu currículo. O currículo, para mim, é o jardim privado da universidade. Eu tenho que fornecer as condições indispensáveis para que a universidade possa realizar o seu currículo.* Mas o entrevistador insistia: *Mas, quem avalia?* E ela respondeu: *Quem deve avaliar é quem sofre a ação da universidade, ou seja, a sociedade. Se a universidade é boa, ela é aprovada pela sociedade, ela é procurada pela sociedade. Os seus resultados transparecem porque dão respostas às perguntas que a sociedade faz. É essa a avaliação que eu entendo que deva acontecer, a da sociedade, não a minha. Cabe-me fornecer condições para que a universidade possa realizar o seu trabalho. Se eu não atuar nesse sentido, a universidade não pode realizar o seu projeto. É o que eu faço.*

Essa argumentação me encantou.

Então, eu diria o seguinte: Se eu tivesse algum poder, iria usá-lo assim. As Secretarias de Educação deveriam ser enxutas e não ampliadas, como frequentemente acontece. Eu jamais levaria para a Secretaria os melhores professores, os que estão realizando o que de melhor acontece nas escolas. Os professores que se destacam costumam ser chamados para a Secretaria de Educação com a justificativa de que lá eles terão uma ação mais ampla. Discordo disso. Penso que se a prioridade é a escola, é na escola que vamos colocar o que o sistema tem de melhor. Penso que o papel da Secretaria seria predominantemente fornecer condições físicas, humanas, materiais, financeiras para que a escola melhor desenvolvesse o seu currículo. Bom, como eu atuaria quando uma escola demandasse da Secretaria um diálogo mais próximo? Nós gostaríamos de ter Fulano de Tal vindo aqui para discutir conosco a questão, por exemplo, do currículo ou da avaliação ou do que seja. Entendo que a Secretaria deve propiciar isso. Deve pôr-se à disposição da escola, porque quando dois pensam, pensam melhor do que um sozinho.

Entendo que o diálogo pode ser fértil quando a Secretaria não assume uma postura autoritária, embora muitas vezes a relação Secretaria-escola seja muito autoritária. Esse autoritarismo é evidente quando se diz: *agora seremos todos construtivistas!* O que eu vi neste Brasil inteiro no início dos anos noventa foi lastimável. A professora dizia: *Bom, se agora é assim, eu não preciso fazer nada. Os alunos é que vão fazer tudo sozinhos.* Essa foi uma leitura equivocada do construtivismo, apresentada equivocadamente para as escolas. Discordo, por isto e por tanto mais, de uma Secretaria intervencionista. Mas, há um problema que você trouxe e que é o meu dilema. Um governo é eleito pelo projeto que apresenta ao povo e, se ele apresenta um projeto, ele tem de garantir que esse projeto se materialize. Mas há aspectos complicadores. Porque, radicalizando-se isso, nós não vamos mais ter eleição de diretor, vamos querer diretores afinados com o projeto vencedor, para garantir que o projeto aconteça na escola. E como fica nossa luta histórica pela eleição de diretores, que é necessária, embora não suficiente para a escola se democratizar?

Portanto, essa é uma questão complicada, não resolvida, para a qual nem você nem eu temos resposta, pois vivemos o mesmo dilema. Eu só posso dizer que, possivelmente, se eu fosse do partido que venceu a eleição, de um partido sério, que apresentasse um projeto à discussão da sociedade e, se esse projeto fosse vencedor, eu me sentiria na obrigação de fazê-lo acontecer nas escolas. Mais do que isso, não sei dizer. Sinceramente, não sei. Porque isso é perigoso, pois de repente estaremos impondo às escolas algo que elas não desejam e que irão sabotar e acabar não fazendo.

Antonio Flavio: O importante, a meu ver, é que a Secretaria consiga estimular a escola para se superar, para ir além, para experimentar outros aspectos, outras perspectivas.

Regina: Ou apenas a avançar. Porque eu não sei se precisa experimentar tanto. Acho que deva estimulá-la a avançar em busca de novos padrões de qualidade.

Antonio Flavio: Não é mesmo simples. Vejo como uma decisão muito difícil. Mas creio que aceitamos que se não deve haver imposição, também não pode haver omissão. Não pode ocorrer o *laissez-faire*. Não se pode admitir que tudo seja possível, tudo seja bom. E no caso da escola que estiver fazendo um bonito trabalho, a Secretaria vai precisar estar lá apoiando e estimulando para que ela caminhe ainda melhor.

Regina: Ajudar a caminhar melhor.

Antonio Flavio: Talvez pudéssemos discutir uma outra questão. Nos grandes centros, o problema da violência tem cada vez mais se manifestado na escola.

Regina: Mais uma vez fica evidente que a escola não é uma ilha no oceano da sociedade.

Antonio Flavio: Claro, como a sociedade está violenta, a violência aparece também na escola.

Regina: Este é um problema que a escola não pode resolver. Porque é um problema social mais amplo. Aliás, é um problema mundial.

Antonio Flavio: Mas algumas medidas se fazem necessárias. É claro que não defendo mais violência, não é violência respondida com violência.

Regina: Não, aí não. Mas há escolas que tomam certas medidas que às vezes dão certo. Há formas de canalizar a agressividade de uma forma construtiva Na escola, o esporte pode cumprir esse papel. A arte cumpre esse papel. Certos projetos que vêm da necessidade, do desejo dos alunos e da comunidade cumprem esse papel.

Antonio Flavio: Trabalhando com o apoio da comunidade.

Regina: O diálogo com a comunidade cumpre esse papel. A escola tem de se abrir para ser um espaço cultural da comunidade, não ilhas com grades, com cadeados. O que se observa pelo Brasil afora é que a escola aberta à comunidade não é atacada. Isso vem acontecendo. A escola aberta à comunidade, a escola em que a comunidade se sente com direitos e compreendeu ser um espaço cultural e educativo da comunidade, o seu espaço é usado para encontros, reuniões, festas, feiras, para muita coisa. É muito bom quando isso acontece. Mas certamente não podemos deixar de saber que esse é um problema para além do poder da escola resolver. É um problema social muito mais amplo. É um problema global, não é um problema nacional sequer, muito menos local. Mas penso haver uma conclusão nossa importante. Apesar de tudo o que acontece nessa sociedade perversa, desigual, submissa aos poderosos, apesar disso tudo, a escola tem um papel importante e não podemos abdicar dela. Na verdade, nós dois dedicamos nossa vida a isso.

Antonio Flavio: Com certeza.

Regina: Veja, isso foi um diálogo nosso. Um homem e uma mulher, ambos professores, ambos defensores da escola, embora extremamente críticos da escola como ela está sendo. Brasileiros, vivendo no Rio de Janeiro. Trabalhando em universidade e vindo de larga experiência em escola. Sempre voltados para a escola em nossas pesquisas, em nossos textos. E aí organizamos este livro, que apresenta outros depoimentos, de outros intelectuais, de outros lugares, que nos trazem as suas preocupações com a educação, com a escola, com o currículo, com o conhecimento escolar. Por isso resolvemos fazer esse livro. Para mostrar que em um mundo globalizado, a escola, afinal de contas, ainda é uma questão estratégica.

Antonio Flavio: Gostaria de acrescentar algo. Penso que a mudança na escola certamente não ocorre nem por decreto de uma Secretaria, nem pela pesquisa de alguém iluminado da universidade. O processo é bem mais complexo. Porém, eu acredito que nossas reflexões, nossas pesquisas, nossas publicações, como este livro, embora não mudem a escola e nem o mundo, podem ajudar o professor a entender melhor esse mundo, sua escola, sua prática. Nesse movimento, pode renovar suas ideias, aperfeiçoar os caminhos, buscar novos rumos. Então, trazer estes estudos, de outros autores, de outros países, reflete, de nossa parte, a intenção de estimular o professor a refletir sobre o que faz e a melhorar o que faz.

Regina: Apoiado.

O significado e a função da educação na sociedade e na cultura globalizadas

*José Gimeno Sacristán**

1. Por ocasião de uma aberrante atualidade

A proximidade da experiência que estou vivendo enquanto articulo uma série de ideias sobre o título deste trabalho oferece-me uma oportuna e muito lamentável ocasião para demonstrar alguns dos importantes desafios que a condição da globalização apresenta para a educação. Refiro-me ao ataque bárbaro contra as Torres Gêmeas de Nova York e às consequências que ele vai trazer, a curto e a longo prazo, para todo o mundo, nas esferas econômica, militar e política, nas comunicações, nas práticas de controle dos cidadãos, nas relações internacionais, nas interações entre as religiões e as culturas, na vida das cidades, nas escolas, na pesquisa, talvez no direito, em nossos medos e em nossas fobias...

---

* Traduzido por Silvana Cobucci Leite.

O atentado foi realizado no momento em que as imagens desse espetáculo tão dantesco e assustador podiam ser vistas à luz do dia, para que não perdêssemos a mensagem que tal ação implicava. Os impactos em uma e outra torre se distanciaram entre si, como se o primeiro servisse para despertar os meios de comunicação, para que transmitissem ao vivo, para todo o mundo, o segundo choque e a implosão final, deixando-nos apinhados ao redor da televisão, grudados no rádio, à espera das edições extraordinárias dos jornais. Todos éramos um pouco ou bastante nova-iorquinos em uma aldeia global particular provocada pelo fato e por sua notícia. Todos estávamos ali, "em tempo real", em nossas casas. Conhecíamos e sentíamos em uníssono com os nova-iorquinos; todos formávamos, exatamente, uma comunidade de conhecimento e de sentimentos. Boa parte de nós tememos também pelas vítimas inocentes da represália ao Afeganistão e pelas consequências imprevistas dessa represália. Laços de significados diferentes entre distintos grupos de pessoas que expressam sua solidariedade com as causas enfrentadas. Uma espécie de comunhão a distância se estabelece por meio de laços invisíveis entre pessoas que em geral não se conhecem de perto, mas que sabemos que estão aí, como pessoas iguais a nós.

Vivemos em um mundo intrincado que diz respeito a todos nós, para o bem e para o mal. Embora com diferentes graus de proximidade, formamos comunidades que compartilham experiências para além das circunstâncias locais que rodeiam a cada um de nós. Estamos com outros para além do círculo de pessoas com as quais estabelecemos vínculos diretos.

Que está por trás de toda essa barbárie? Precisamos compreender, rapidamente, o inconcebível, procurando estabelecer conexões entre fatos passados e presentes que denunciam as inter-relações entre os povos muito diferentes e desiguais da Terra, entre os conflitos que os afligem. Precisa-

CURRÍCULO NA CONTEMPORANEIDADE

mos saber como o que ocorre hoje em determinado lugar é explicado pelo que ocorreu no passado e pelo que acontece no presente em outros lugares, sem que isso implique diminuir as responsabilidades pelo desastre. Vemo-nos obrigados a compreender como uma sociedade depende solidariamente de outras e como os enfrentamentos bélicos, as divisões econômicas e a fidelidade a diferentes deuses produzem catástrofes locais que afetam a todos nós.

Identificados os autores como "árabes" ou "muçulmanos", somos informados de agressões a pessoas com essas características e a estabelecimentos de sua propriedade. A mesquita do lugar em que moro, bem distante daquele em que ocorreram os fatos, era protegida pela polícia, pois, a milhares de quilômetros do cenário real, surgiam respostas descontroladas. Pessoas diferentes dos habitantes daqui e de lá se sentiram e se sentem inseguras por sua condição étnica, cultural e por sua crença religiosa, porque todo um grupo é incriminado em função da pertença cultural dos autores. De repente, temia-se que os povos (setores deles) se enfrentassem em nome de seus deuses, corroborando as teses de Huntington (1997) sobre o *choque de civilizações* e suas consequências na configuração da ordem mundial.[1] Esses fatos subsequentes lembram-nos que podemos identificar grandes grupos com base em como percebemos determinados indivíduos e vice-versa. Os palestinos foram equiparados exatamente aos malvados que acabaram com a nossa tranquilidade e provocaram o horror; a polícia israelense aproveita a oportunidade para massacrar cidades palestinas. O conflito envolve povos distantes (um, o poderoso, avançado e rico do Norte; os outros, um exemplo da miséria do Sul).

Semanas depois, a lembrança continua em nossa memória, mas começamos a ver outras consequências. Anunciam-se prejuízos econômicos em diferentes empresas, queda do turismo, a dispensa de milhares de trabalhadores, o medo da recessão econômica. Não sabemos como se lidará com tudo isso e como isso afetará a opinião pública e o voto dos cidadãos. Parece, pois, que todos morávamos um pouco perto das Torres Gêmeas, que fazíamos parte de uma comunidade virtual em torno delas, ainda que não o soubéramos. O atentado deixou isso claro e, de qualquer modo, somos atingidos pelos escombros, mesmo que não estejamos informados do pertencimento a essa comunidade invisível ou não o sintamos. É evidente que estamos conectados uns aos outros pelo conhecimento — e mesmo pelo desconhecimento —, pelos sentimentos e pela simpatia, pela rejeição à barbárie e também pelos "inimigos" que nos ameaçam. Comprovamos que laços de intensidade desigual nos unem a pessoas diferentes, que nosso bem-estar é interdependente, ainda que vivamos em continentes afastados, e que nossa segurança pode mostrar-se precária se o mal-estar dos outros é agravado ou não é resolvido. Nossas vidas acontecem em determinados lugares, mas seus conteúdos se preenchem dos que procedem de muitos outros. "O estranho" é aquele que, por uma avaliação equivocada ou por desconhecimento, nós acreditamos que não nos afeta e ao qual, portanto, podemos permanecer indiferentes.

Em nosso pequeno e imediato mundo está o Mundo, quer o conheçamos, quer não, quer o queiramos, quer não, quer nos beneficie ou nos prejudique. Essa interdependência é uma condição da realidade que se evidencia no que ocorre e no que acontece conosco. A ideia de que estamos em uma *aldeia global* é uma forma de ressaltar a interdependência entre seres humanos, países, povos e culturas, bem como a fragilidade dos laços que nos unem. De repente, entrou em nossa casa um mundo que sabíamos existir, mas que se mantinha a uma distância que é característica da atualidade dos atuais meios de informação. Agora, não apenas sabemos que existe, mas somos atingidos por sua presença, por suas aberrações e também por seus sofrimentos e problemas. Em cada momento, lança-se mão de algumas ideias chave para tentar explicar o modo como se percebe o mundo, para dar conta de como ele é. A globalização é o termo escolhido atualmente para expressar as inter-relações econômicas, políticas, de segurança, culturais e pessoais que se estabelecem entre indivíduos, países e povos, dos mais próximos aos mais afastados lugares do planeta. Os meios de comunicação evidenciam essa realidade, ao mesmo tempo em que a constroem de uma maneira particular, de acordo com a seleção particular das informações que transmitem.

Uma dimensão do problema, mais sutil do que o trauma causado por esses fatos nos produz, reside na consciência do papel que algumas ideias — a cultura, as crenças religiosas — desempenham em fatos como esse, para além de outras considerações determinantes, históricas, geopolíticas e econômicas. A cultura é importante para dar consistência a mal-estares, infligir danos, desvalorizar os outros, sentir-se superior a outros; para justificar e preparar a ação. Nós, que temos em nosso saldo histórico particular "reconquistas", "conquistas", "cruzadas" e as mais variadas guerras de religião que puseram a espada a serviço da cruz, deveríamos saber muito a esse respeito. Os talibans destruindo as estátuas de Buda irritam-nos e nos fazem remontar a nosso passado em que levantamos novos templos nos lugares em que se cultuavam deuses dos inimigos vencidos. Na Europa atual (Irlanda do Norte e País Basco) assassina-se e morre-se por projetos políticos que servem a causas ancoradas em motivos religiosos e culturais. Por razões de diferenças culturais (não só), marginalizam-se os ciganos e escravizam-se os imigrantes. Nós temos nossos próprios talibans bárbaros.

Sem menosprezar as complexas causas econômicas e políticas para explicar os fatos que vivemos, o surpreendente desse malfadado acontecimento, que nem sequer o cinema especializado em desastres pôde imaginar (talvez o tenham feito os videogames que compramos para nossas crianças, que ultrapassam qualquer fronteira entre o possível e o impossível, entre o aceitável e o aberrante), é que o atentado tenha sido perpetrado graças à imolação dos que o realizaram, em nome do chamado de seu particular deus verdadeiro e contra os infiéis que eles determinam. Pode-se assassinar, morrer e suicidar-se por ideias, em nome da cultura erigida como única e verdadeira, evidenciando como a arquitetura de crenças que estruturam nossa mente, à qual se liga uma espessa gama de sentimentos, se converte em força motriz de nosso comportamento individual e coletivo. São ideias e sentimentos que nos constituem a ponto de ir contra nós. Não é algo original e surpreendente que tenha ocorrido pela primeira vez na história. Fica claro que a cultura é campo de conflito e de pretexto para brigar: alguns o fazem por Alá, outros proclamam o *God bless America!* (Deus salve a América!). Em sua terrível ação, os terroristas foram movidos não por uma furiosa ocorrência ou por um impulso repentino, mas por um amplo, cuidadoso, racionalizado e bem-pensado plano, fruto de mentes de seres humanos bem construídas pela educação (algo que os nazistas mostraram muito bem nos campos de concentração), que primeiro se haviam apossado de um conhecimento especializado, que tínhamos confiado que funcionasse somente em uma direção daquilo que denominamos *desenvolvimento*.

Descobrimos um dos princípios que orientam as sociedades modernas — ocidentais —: a imprevisibilidade. As sociedades abertas não têm seus rumos traçados. Só que tal insegurança não reside apenas na indeterminação que vai fechando a tomada de decisões em uma sociedade reflexiva, mas provém também dos contrastes em um mundo no qual as relações entre povos e culturas partem de tantas desigualdades, acentuadas pela globalização, que não está integrado, que aniquila comunidades que se veem obrigadas a reforçar seus laços de pertença cultural para se defender. O que admitimos como civilização e como nosso estilo de vida é para outros algo diabólico e subdesenvolvido. Do medo do enfrentamento atômico vamos começar a sentir os conflitos provocados pelas desigualdades que desalojam partes importantes da humanidade do presente e da história. O conflito entre culturas denuncia em muitos casos uma oposição entre os marginalizados e seus marginalizadores. Damo-nos conta da existência de um mundo globalizado no qual se produzem aproximações e transferências de cultura, mas no qual, ao mesmo tempo, também se tornam próximos os contrastes e os motivos para os enfrentamentos decorrentes das desigualdades.

Consideramos inverossímil que alguém se suicide com suas vítimas, derrubando um avião, para defender uma causa. Acreditamos que a sobrevivência de alguém está acima do desaparecimento do inimigo, e essa é a mínima convicção que nos resta para nos dar segurança: "o outro não fará contra mim nada que o prejudique". Nenhuma pessoa que toma um avião ou um trem suspeita da bagagem de quem está no assento ao lado. A confiança nessa lógica, base da sobrevivência em sociedade, levara a esquecer um fato muito elementar: que há indivíduos que podem deixar em segundo plano o valor que dão às suas vidas, submetendo-o a outros valores e outras representações mentais do mundo, enraizadas na cultura. É o que ocorre quando a honra do soldado se sobrepõe à fuga para sobreviver. Pedestais, estátuas comemorativas e altares estão repletos de exemplos que glorificam o fato de dar a própria vida e tirar a de outros pelos mais diversos motivos e sem motivo nenhum: a glória, a pátria, a eternidade... Só que nesses casos se racionaliza a escala de valores aduzindo causas nobres. Uma vida bárbara alimentando fanáticos ou fanatizando-os com ela é um poderoso motor na vida das pessoas, dos povos e das culturas, como bem mostra a história. As ideias influenciam a conduta das pessoas e a dos grupos sociais. Tanta preocupação dos intelectuais estadunidenses pela identidade (o que nos identifica e com o que nos identificamos) e por seu reconhecimento não chegou a fazer com que se suspeitasse de que algumas identidades de grupos religiosos fanatizados imaginam que, ao se imolarem, alcançam o paraíso.

O mercado em escala mundial (que está longe de abranger todo o intercâmbio comercial) não integrou os países e seus habitantes, nem poderá fazê-lo, dados os baixos níveis de competitividade de que muitos partem; isso é claramente insuficiente. As desigualdades na partida só podem produzir mais desigualdade, acentuada no caminho e na chegada. A globalização não pode ficar restrita a uma conexão entre "os de cima", deixando excluídos "os de baixo". Intercambiar bens e produtos cria laços de interdependência (e também de dependência), mas por si só não gera relações pessoais, laços de solidariedade, a partilha de sonhos e projetos, a compreensão e o respeito ao outro etc. A sociabilidade precisa apoiar-se em outras interdependências, em formas de integrar os indivíduos em atividades e projetos comuns. Os intercâmbios comerciais levaram à aproximação de povos e culturas, à criação de normas mais universais para seu melhor funcionamento. Também geraram enfrentamentos. Contudo, uma perspectiva neolibe-

CURRÍCULO NA CONTEMPORANEIDADE

ral de mercados mundiais descontrolados, ao não distribuir riqueza, não aproxima nem integra, mas provoca migrações, destruição de redes comunitárias, aumento das desigualdades, exclusão de países inteiros. Não se pode deixar de considerar a sociedade, as dinâmicas que "enredam" os indivíduos que a compõem: suas interdependências, conflitos, insatisfações e modos de se integrar e de se sentir não excluídos dela. Já sabíamos que o mundo está interligado; agora comprovamos como está. As Torres Gêmeas eram, para alguns, um símbolo de alguns valores essenciais para a civilização e, para outros, a objetivação do inimigo. Sem atender à sociedade, à maneira como os indivíduos nela se enredam e à cultura que os une ou os distancia, o mercado pode conectar os comerciantes, os produtores e consumidores, mas, se não atende a outras formas de inter-relação, tanto em pequena escala como em escala global, desfaz laços sociais de cooperação e o sentido de pertencer a algo junto a alguém.

Observemos uma última evidência: a racionalidade científico-tecnológica, o interesse em dominar e governar o mundo físico, a aplicação da lógica econômica, não podem, por si só, governar o mundo, dotar nossas vidas de sentido, consolidar relações harmoniosas e preencher nossas aspirações de conhecer e de ser. Uma simples arma branca manejada por uma ideia e alguns valores pode pôr fim a toda a parafernália tecnocientífica na qual se fundamenta nossa forma ocidental de ser e de viver. Não há escudo contra mísseis que nos proteja disso. É importante considerar as representações mentais dos indivíduos, as ideias sobre o outro, o entendimento das situações humanas de conflito, as imagens que elaboramos de nós mesmos em relação aos outros. E esse é o terreno da educação. A cultura é algo que caracteriza grupos humanos diferenciados e que cada indivíduo assimila de forma única.

Isso há de ser considerado pela política e pela educação no mundo inter-relacionado que nos aproxima física e simbolicamente a todos, em relação ao que nos une, mas também em relação ao que nos separa. Essa é uma lição a tirar do que ocorreu. Precisamos ficar atentos ao que vem depois, pois julga-se que algo novo nasceu. O que realmente é novo é que nos conscientizamos desse fato, porque a realidade estava aí.

Poderemos viver juntos em um mundo que, ao promover a aproximação e o encontro de culturas, dá lugar a misturas desiguais? Se os conflitos têm parte de suas causas nas crenças e na cultura, ou se articulam em torno delas, isso significa que algumas de suas raízes estão em nossas mentes, posto que as culturas não são agentes dotados de vontade e de capacidade de iniciativa para se enfrentarem. Somos nós, os sujeitos que as possuímos, que empreendemos ações. Se em nossas mentes encontra-se a chave de alguns desses conflitos e da convivência, na educação pode encontrar-se alguma segurança de poder resolver os primeiros e consolidar a segunda.

2. Que chamamos de globalização?

Uma condição da realidade de nosso mundo

Passemos a discutir alguns aspectos formais para explicar a complexidade e ambivalência que se agrupam atrás dos fatos cobertos pelo guarda-chuva semântico de um conceito novo como o de *globalização*[2]. A realidade englobada por ele não é toda a realidade do que ocorre; portanto, não podemos conferir-lhe um valor totalizador, como muitas vezes pode verificar-se em sua utilização. Refere-se a fenômenos, processos em curso, realidades e tendências muito diversas que afetam diferentes aspectos da cultura, as comunicações, a economia, o comércio, as relações internacionais, a política, o mundo do trabalho, as formas de entender o mundo e a vida cotidiana, os quais, como podemos ver, portam um significado pouco preciso. Em cada uma de suas manifestações, adquire uma peculiaridade, e por isso precisamos esclarecer a que nos referimos, embora existam inter-relações entre as dinâmicas às quais se aplica a globalização. É um conceito utilizado para caracterizar a peculiaridade do tempo presente, reconhecido como a segunda modernidade, que começou a se forjar nas duas últimas décadas do século XX. A *globalização* é uma forma de nos representar e de explicar em que consiste essa nova condição; um termo que se entrelaça com outros conceitos e expressões igualmente manejados em profusão: o *neoliberalismo*, as *novas tecnologias da comunicação e o mundo da informação*. Todos eles tratam de explicar fenômenos diferentes, embora também se entrelacem estreitamente, e por isso não podemos nos referir a qualquer um deles sem relacioná-los com os demais, embora nenhum deles esgote os outros. Na medida em que cada um envolve temas, problemas e consequências peculiares, podemos estruturar o discurso centrando-o em alguns deles. Entrelaçados, constituem um sistema intelectual para captar o sistema-mundo.

O contexto da educação em nosso tempo

É inegável que a conjunção das forças reunidas pelos quatro vetores assinalados constitui uma manifestação importante das políticas que governam a sociedade, que alteraram notavelmente o sistema produtivo e as atividades de trabalho, as culturas locais, as relações sociais e o sentido e a valoração do conhecimento. Decorrem de tudo isso mudanças importantes para o sentido e a orientação da política em geral, bem como para a educação em particular (a concepção da democracia e de suas implicações na educação, a organização do sistema educacional, a concepção e valoração do sujeito e a concepção da aprendizagem: sua finalidade, seu contexto, seu conteúdo e suas motivações). A partir das coordenadas desse contexto geral, é preciso adequar a educação às diretrizes que servem às prioridades assinaladas. Nesse contexto, é preciso também apresentar as possibilidades de sua ação transformadora. A complexidade e a incerteza no novo panorama, no momento de optar por uma narrativa para conferir sentido a nossas ações, é francamente notável.

O mundo globalizado é um mundo em rede, no qual as partes são interdependentes, constituindo uma rede de intercâmbios, empréstimos e acordos de cooperação; no qual se adotam padrões de comportamento, modelos culturais de outros ou algumas de suas características; no qual se tecem projetos e destinos (agora podemos comprovar que nossa segurança também está nessa rede). É um mundo com muitas possibilidades de comunicação, cujas partes se conhecem entre si, se influenciam reciprocamente, se apoiam ou se opõem. Temos a ideia de que constitui um todo, embora com uma fraca coesão. Essa trama é o resultado de imposições dos poderosos sobre os que estão em inferioridade de condições, de hibridizações culturais, substituições, justaposições etc. Nesse mundo, o que acontece a uma pessoa repercute sobre as demais, como se fôssemos células de um órgão ou partes de um mesmo corpo. A rede conecta sociedades, culturas, a atualidade das vidas de povos e indivíduos, a economia, a miséria, a poluição ambiental, os enfrentamentos ou a política.

O fenômeno globalizador não é novo. A criação do Império Romano, as viagens de Marco Polo ou dos vikings, o Império Inca ou a cultura ocidental, a adoção do sistema métrico e do horário de trens são fenômenos e expressões de globalização. Marx procurou explicá-lo de outra maneira; seu pensamento denunciava um mundo capitalista globalizado e prometia outro também global. Assim que tomamos consciência de que navegar em linha reta levaria ao ponto de partida, adquirimos uma visão total do mundo (do globo) e percebemos que éramos moradores da Terra e não apenas em *nossa terra*. As naves espaciais nos mostraram sua ridícula pequenez e fragilidade. As leituras, as viagens e os meios de comunicação dotaram de conteúdo a ideia do caráter esférico de sua superfície, cheia de paisagens multifacetadas afetadas por algumas forças que, do interior ou da atmosfera, marcam um funcionamento unitário do planeta. Também compreendemos que na superfície esférica viveram e continuam vivendo povos e culturas separadas, mas que se moveram, deslocaram, enfrentaram, anularam, conviveram e fundiram umas com as outras. Talvez agora a novidade do fenômeno resida no fato de se produzir em escala mais ampla, de ser mais evidente em alguns aspectos e, sobretudo, de ter se acelerado graças às tecnologias da comunicação, porque ocorre em um contexto que denominamos *sociedade do conhecimento ou da informação*.

Estamos diante de um fenômeno que apresenta algumas dificuldades para ser manipulado corretamente e de forma unívoca no discurso intelectual.

a) Possui consequências desiguais. As interdependências a que se refere são assimétricas, pois, embora todos sejamos ou estejamos nos fios de uma teia de aranha que nos prende, encontramo-nos aí de diferentes formas: alguns a tecem em maior medida que outros e outros governam, mais do que outros, o que nela acontece. Em outras palavras, há dependências, além de interdependências. Daí que, enquanto alguns (países, grupos, pessoas) dela se aproveitam (logicamente se convertem em seus militantes "globafílicos"), outros a sofrem e, se chegarem a compreender o que lhes acontece, tornam-se "globafóbicos". A globalização, tal como vem sendo desenvolvida, une e opõe.

Perceber a dinâmica globalizante como uma onda expansiva de caráter imperialista e esmagadora das singularidades que encontra pelo caminho, nos assusta e nos põe de sobreaviso, embora os críticos mais ferrenhos da globalização talvez vistam gravatas italianas de seda oriental, façam esportes com tênis de marcas norte-americanas e bebam uísque em vez do vinho tinto da terra que incentiva a economia local.

b) *É algo cada vez mais complexo que os mercados*. Há dois tipos de lógica para analisar a globalização. Uma, que concebe esse processo como se fosse algo dirigido por um poder dominante identificável, cuja referência fundamental é a transnacionalização dos recursos financeiros, a interdependência da economia desestatizada e a mundialização dos mercados. Essa orientação tem seus adeptos e seus respectivos detratores. A partir dessa perspectiva parcial, analisam-se os mecanismos que destroem o emprego, os efeitos das emigrações, os riscos da mobilidade irrestrita dos capitais etc. Uma segunda forma de focalizar o problema consiste em ver a globalização a partir de dimensões mais amplas que as relacionadas à economia, ao mercado e às políticas econômicas do capitalismo atual. Sem esquecer o efeito dessa vertente, é preciso descobrir outras manifestações de um fenômeno multifacetado no qual estão implicadas outras alterações culturais, sociais e dos sujeitos. Como afirma Beck (1999), novamente aparece essa dupla opção metodológica: a contraposição entre uma análise de base predominantemente marxista, diante de uma perspectiva weberiana, de tipo mais cultural. A União Europeia, por exemplo, tem uma moeda comum que liga as economias dos países que a compõem, mas está longe de ter uma política educativa global para toda ela. As razões da universalização do inglês no mundo não são exatamente as mesmas que as que explicam a difusão do espanhol nos Estados Unidos e a maneira como a cultura hispânica se amplia. A difusão do primeiro pode ser explicada pelo peso da potência que o respalda, mas caberia perguntar: a menor extensão da língua japonesa reflete a potência econômica do Japão?

c) Implica uma reconversão da linguagem para indicar novas formas de estabelecer "comunidades" que questionam as referências básicas do Estado e da cultura para o indivíduo. A terceira dificuldade do conceito reside em que, ao tratar de compreendê-lo metaforicamente como uma rede assimétrica, as possibilidades de poder "exportar" influências para os demais ou "globalizar" outros no que é nosso são muito desiguais: uns determinam ou impõem fluxos à rede, outros se submetem ao que vem de outros ou ao que lhes é imposto. Essa imagem de mancha em que alguns se expandem sobre outros leva-nos a acreditar que algumas características culturais, formas de expressão, a economia etc. se globalizam à custa de anular os que são engolidos: os que podem dominam, anulam ou obscurecem as singularidades de outros povos. Ou seja, a globalização aparece como se fosse uma onda expansiva que inunda, coloniza, transforma e unifica o mundo, partindo de um ponto de origem a partir do qual se coloniza os que se alcança.

Mas, onde colocamos o limite para dizer que Wall Street globaliza a economia do mundo inteiro e que um Estado qualquer *estende* (não dizemos que globaliza) suas normas a toda uma nação ou grupo de nações? Por que não qualificamos a busca da independência de um país como uma reivindicação antiglobalizante em relação ao colonizador? Por que a expansão da cinematografia de Hollywood por quase todo o planeta é uma colonização globalizante, ou por que qualificamos de temível agente de globalização o predomínio do pensamento economicista, ao passo que não consideramos assim, por exemplo, a influência cultural das religiões sobre as grandes massas de população? Entre quais tipos de totalidades a adoção de algo comum ou sua imposição são vistas como *cultura compartilhada* e entre quais se convertem em *globalização*? A unidade eleita é a dos Estados, as etnias, uma tribo amazônica...? A partir de qual referência fronteiriça condenamos ou julgamos benéfica a unificação (não necessariamente uniforme) que supõe a globalização que assimila indivíduos e grupos, suprimindo a diversidade? São essas fronteiras os Estados, as culturas, as tradições estabelecidas, ou são elas definidas pelas vontades dos indivíduos? Qual é a comunidade própria do sujeito moderno que vive, trabalha e se diverte em diferentes lugares?

Cada grupo humano globaliza ou tem generalizado algo entre seus membros, precisamente para poder se constituir como tal grupo, seja ele uma tribo, um Estado, uma nação, uma comunidade de língua ou de religião, uma civilização, um império etc. Cada um desses âmbitos comunitários e sociais se constituiu graças ao estabelecimento de laços, vínculos, interdependências e imposições. A quais fronteiras aludimos quando nos referimos à globalização que as ultrapassa? Será que uma religião que engloba países e povos em vários deles não transpõe fronteiras entre grandes coletivos humanos? Será que uma língua em uma comunidade não normaliza seu uso entre comunidades que tendem a nela diferenciar dialetos? O direito internacional não é uma proteção que ultrapassa as fronteiras de países, comunidades culturais ou religiões? Herdamos um mundo com fronteiras entre homens e mulheres, entre poderosos e despossuídos, entre fiéis de diversos deuses, entre cidadãos defendidos por distintos Estados, de devotos de altares pátrios contrapostos, temos vivido dentro de culturas que nos distinguem a uns e a outros. Com quem nos unimos e para quê? Vivemos em uma comunidade, falamos a língua de outra comunidade, temos direitos compartilhados com outra comunidade diferente, estudamos as matemáticas como todo o mundo, aprendemos a história de nosso próprio país e compartilhamos alguns conteúdos comuns com os de outros países, alimentamo-nos de forma um pouco parecida com a de muitos outros grupos. Em que casos é ou não é conveniente e tolerável ser globalizado ou se deixar "colonizar" voluntariamente com outros? Que fronteiras ultrapassar e quais preservar? Evidentemente estamos diante de um construto desafiador e estimulante.

Verdadeiramente, esta última observação sobre a dificuldade de estabelecer fronteiras (em relação a definir *o que* é admissível que se expanda e que o adotemos, e com *quem*; e o que convém não expandir e com quem), tem uma importância fundamental para a educação, ao se converter em uma referência para determinar o currículo. Sobre que conteúdos culturais devemos nos apoiar? Depende da amplitude do "nós". A educação pode ser instrumento para dar consciência dessa realidade e colaborar para desvendá-la. Esse seria o novo horizonte para o moderno princípio de "educar para a vida" que requer agora uma alfabetização cultural mais exigente, de horizontes muito mais amplos.

A globalização é uma forma de ver o mundo em que estamos

As metáforas da *sociedade de sociedades* (ou em *rede*) e a *hibridação* entre sociedades e culturas permitem-nos descobrir matizes mais sutis para entender esse fenômeno complexo de muitas faces, multidirecional e contraditório, que é a globalização. Dessa maneira, pode-se conjugar o fato de que os participantes tenham capacidade desigual de influenciar, preservando a possibilidade da reciprocidade para os que dispõem de menor capacidade de influência. O mundo em rede é um mundo diferente no qual se produzem conexões múltiplas entre distâncias variáveis e com conteúdos distintos, no qual o protagonismo dos diferentes Estados, povos e culturas é desigual. Todos os fios participam na rede, mas nem por isso cada fio deixa de ser o que é nem tem o mesmo peso. Essa maneira de ver a realidade que se globaliza por meio de dinâmicas complexas é atraente por ser mais adequada para compreender os fenômenos culturais, em que as interdependências não são tão lineares nem tão unidirecionais como nos fenômenos econômicos, por exemplo.

Um mundo com essas características precisa ser explicado por meio de alguma teoria que dê conta da rede em que se mesclam o real, os pensamentos e os projetos locais. O que é complexo e contraditório só pode ser compreendido a partir do *paradigma da complexidade*. A rede é um tecido de fios interdependentes em que as conexões são de aspectos muito distintos e na qual operam forças que atuam em direções nem sempre e necessariamente coincidentes. A educação em um mundo globalizado precisa superar as obviedades e a clareza aparente dos fenômenos, abordar os temas e problemas de uma forma interdisciplinar e abandonar a tendência à especialização que os faz em pedaços. Como sugere Morin (2001), é preciso cultivar uma "inteligência geral" que aborde de maneira multidimensional os temas que são complexos. Que tipo humano estamos formando quando um estudante sabe as regras de combinação dos elementos químicos se, ao mesmo tempo, não consegue explicar as causas e consequências da poluição no mundo ou o terror à guerra biológica? Por que não se entende que a educação secundária, por exemplo, não deve julgar os estudantes e hierarquizá-los por um conhecimento que perdeu em demasiadas ocasiões o poder de ser uma iniciação à ciência (o que proclama ser) nas matérias do currículo? Para entender o mundo interconectado, é preciso proporcionar conhecimentos vertebrados entre si.

Da necessidade de ver o mundo em rede de maneira global derivam exigências importantes para a formação e o modo de trabalhar dos professores, bem como para o planejamento do texto a partir do qual se desenvolverá o currículo, se é que desejamos que essa inteligência geral prospere. Essa é a nova forma de "educar para a vida".

A globalização como ideologia

A representação do mundo como unidade globalizada, da economia ou da cultura, é *uma* visão de que podemos gostar ou não, ao apreciar os efeitos que produz e o ideal que representa. De certo modo, constitui uma ideologia. Como tal, apresenta dois de seus traços característicos. *Primeiro*, a pretensão de erigir-se em cosmovisão totalizadora da realidade, indo além dos dados que realmente conhecemos com segurança acerca dela, o que se traduz em visões deformadas, tanto no caso dos "globafílicos" (o mundo se globaliza, mas não muito) como no dos "globafóbicos" (para os quais significa um desastre anulador do local, próximo e conhecido). *Segundo*, constitui uma visão moral da realidade, carregada de valores positivos para os defensores e de contravalores para os críticos. A globalização é tolerável, defensável e desejável, ou não é? Depende.

Muitos dos processos que as dinâmicas de globalização implicam são difíceis de avaliar, pois é complicado escolher um ponto de vista para fazer as avaliações. Suas consequências são ambivalentes (com elas, alguns podem perder e outros podem ganhar), e só a médio e longo prazo adquirimos consciência do que representam seus efeitos. É bom globalizar a justiça e julgar os tiranos em países diferentes daqueles em que cometeram suas arbitrariedades, como foi o processo empreendido contra Pinochet? É bom estender a democracia ocidental às formas de governo das comunidades indígenas? Deve-se impor a proibição da ablação das meninas em nossa sociedade, quando ela é considerada boa em sua cultura de origem? Todos devemos aprender uma mesma cultura na escola? Vamos continuar a comprar roupas fabricadas no Terceiro Mundo porque são mais baratas, mesmo se, com essa compra, tirarmos o emprego de nossos parentes e conhecidos?

Não é possível prescindir hoje da globalização que determinou a unificação do horário em escala planetária, embora saibamos que ela possui um referencial europeu. É difícil o intercâmbio de produtos sem a aceitação de um padrão-moeda, assim como a convivência entre os que são diferentes não é possível se não se universalizarem certas normas. A comunicação e os intercâmbios entre as pessoas, grupos e culturas implicam tanto a existência de algo diferente para trocar (pois do contrário não haveria nada para pedir emprestado, nada a acrescentar ao que já se tem, comprar ou vender aos outros) quanto à possibilidade de alguns instrumentos de comunicação e de regras para que os intercâmbios sejam possíveis, recíprocos, justos e voluntariamente assumidos, ao contrário do que foram os processos de colonização no passado. Como sugere Apel (1999), é preciso contrapor à universalização da globalização uma adequada contraglobalização e não a negação ou a resistência por si sós. A educação pode ser um instrumento para uma resistência criativa.

Os grandes eixos da "arquitetura" da modernidade foram abalados

Dissemos que a tendência globalizante vem atuando em um contexto no qual operam outras tendências que concorrem com ela: neoliberalismo, sociedade da informação etc. A trama de tudo isso está provocando uma série de transformações substanciais em cinco dos eixos básicos das sociedades modernas: o papel do *Estado*, a estruturação da *sociedade*, o *trabalho*, a *cultura* e o *sujeito*. As mudanças nesses eixos têm importantes projeções para a educação: para a forma de concebê-la, para a hierarquia de valores aos quais se julga que tem de servir, para as prioridades das políticas educacionais, para o entendimento da qualidade, o planejamento dos currículos, os procedimentos de controle das instituições escolares etc. Vamos resumir, em grandes traços, as alterações fundamentais que estão ocorrendo e suas consequências mais importantes.

Fenômenos concorrentes. Eixos afetados.

Consequências derivadas do novo contexto. Suas características predominantes.

Dinâmica da globalização.

Novas tecnologias.

Sociedade da informação.

Neoliberalismo político e econômico.

Estado (E).

Porosidade das fronteiras em que é possível atuar. O território sobre o que fazer a política econômica, educativa etc. é um marco sobre o que não tem todo o poder.b

Redução, diminuição e desnaturalização do setor público que era provido e dirigido pelo Estado.

Desvalorização da política como terreno de confronto de posições e alternativas em favor do mercado.

Questionamento da cidadania, de suas possibilidades e do âmbito para seu exercício.

Sociedade (So).

Individualismo dos indivíduos na vida privada e no trabalho.

Desvalorização da participação na democracia ao se desvalorizar a política. Esta perde conteúdo quando se desterritorializa o âmbito de decisões sobre o que afeta os indivíduos.

Aumento das desigualdades, da segregação e da exclusão.

Ruptura dos laços de colaboração nas comunidades.

Desvalorização da socialização das instituições fundamentais clássicas: família, escolas, igrejas, partidos políticos...

Surgimento de agentes sociais substitutos do Estado (ONGs etc.).

Surgimento de novas solidariedades: em relação com a ecologia, com as gerações futuras...

Sociedades imersas em processos de transição permanente.

Migrações que abalam o *status quo* das sociedades receptoras.

Cultura (C)

Ampliação da informação virtualmente disponível, até a saturação que leva ao desconhecimento.

A *informação* muda o sentido do conhecimento e do saber.

Acessibilidade condicionada pelo conhecimento prévio: razão da igualdade e da discriminação.

Diferenciação do conceito de cultura. Dinâmica parcialmente independente dos diferentes sentidos de cultura.

Problemas suscitados pela multiculturalidade.

O trabalho (T).

Primazia do trabalho que requer competência intelectual.

Volubilidade dos empregos e das profissões: instabilidade social e das referências para os indivíduos.

Emprego precário e instabilidade familiar e dos sujeitos.

Trabalho desestruturado: trabalho autônomo...

Transnacionalização do conhecimento e dos meios de produção, porém não dos trabalhadores.

Insegurança na formação necessária para empregos em constante transformação e voláteis.

Sujeito e construção da subjetividade (Su).

Consequências contrapostas, em muitos casos mescladas:

a) Individuação, autonomia e liberdade acentuadas (mais para uns que para outros), combinadas com a competitividade.

b) Renúncia à individualidade e entrega à massa ou à anomia. Refúgio no consumo.

c) Privacidade e independência pessoal, talvez à custa de isolamento, falta de solidariedade e de vínculo.

Indivíduos em liberdade devem ser capazes de escolher e de selecionar.

Falta de vínculos em relação às comunidades primárias.

Perda de referências seguras para a identidade pessoal. Tendência a adotar identidades coletivas.

Demanda de sujeitos polivalentes, preparados para uma mudança contínua.

Futuro problemático como vínculo seguro para um projeto pessoal.

As consequências das mudanças de cenário para a educação

Uma tendência geral subjacente parece afetar o sujeito (Su), como consequência dessas mudanças que nos levam a outro tipo de realidade, que alguns denominam segunda e nova modernidade: a acentuação da ruptura e separação das referências nas quais se enraíza sua posição no mundo e dos âmbitos em que atua. O sujeito é afetado pela desintegração dos âmbitos em que encontrava segurança: (a) a faceta de ser um *membro da comunidade social* com a qual mantém vínculos (So); (b) seu papel de cidadão amparado por um Estado que lhe garante os direitos básicos da cidadania e a segurança necessária para o desenvolvimento de um projeto de vida autônomo e livre (E); (c) seu papel de trabalhador útil em uma estrutura produtiva que o inclui como indivíduo útil e lhe proporciona uma narrativa para o desenvolvimento de sua biografia pessoal (T); e (d) na medida em que é membro de uma cultura homogênea na qual sua identidade é agora mais instável (Cu).

As rupturas das referências para os sujeitos na nova modernidade

3. A educação em um mundo no qual se produzem processos de globalização

Como a educação constitui uma característica da realidade da economia, da sociedade e da cultura, podemos pressupor que será inevitavelmente afetada pelas mudanças suscitadas pelos processos de globalização, embora não se percam as referências de caráter mais local em que vinham atuando os sistemas educativos. O fenômeno que nos ocupa projeta demandas e consequências várias e contraditórias sobre os sistemas educativos. De imediato, são denunciados porque seus objetivos e práticas se revelam disfuncionais para a nova situação (mais do que já eram). São, ao mesmo tempo, requisitados tanto para servir à ideologia e dinâmica globalizante quanto para resistir a ela.

Um primeiro efeito importante da globalização, desde os anos 80, sob a orientação ideológica e política neoliberal que tem no mercado o seu eixo de referência, foi a deslegitimação e o esvaziamento do Estado, posto a serviço da satisfação dos direitos básicos das pessoas e, em particular, o da educação em condições mínimas de igualdade. O resultado foi o solapamento do discurso e das políticas de distribuição da riqueza que sustentam os sistemas públicos de educação. Com o aumento das desigualdades, incrementaram-se a pobreza que condena à subnutrição e a falta de proteção da infância, não só no Terceiro Mundo, mas também nas sociedades ricas, constituindo o que Hewlett[3] denomina uma *orientação antiinfantil* de desatenção às crianças. As políticas neoliberais que sustentam um mercado globalizado projetaram o economicismo, no qual se apoiam para definir os critérios acerca do que se entende por qualidade da educação. Deslocaram a política educacional, de uma incumbência do Estado, para o âmbito das decisões privadas. Desvalorizaram o sistema educativo como um fator de integração e inclusão social, em favor do incremento da iniciativa privada, da ideologia que busca um maior acoplamento do sistema escolar (os fluxos da população escolar, suas especialidades, seus currículos) ao mundo do trabalho e às necessidades da produtividade econômica, apoiando-se e acentuando as desigualdades sociais. Para que a globalização não seja apenas de mercados e capitais, mas a origem de sociedades mais prósperas, o que se precisa fortalecer são as políticas integradoras, não o incremento das desigualdades excludentes.

Outros efeitos corrosivos do fenômeno que nos ocupa, em aliança com a política neoliberal, refletem-se nas novas relações que se estabelecem entre as condições sociais, a educação e o trabalho, em um mercado de trabalho que se torna precário e se desestabiliza. A precariedade repercute na deterioração do ambiente familiar em que vivem as crianças, em geral, e supõe, como assinala Chomsky (2001), uma diminuição do "tempo de alta qualidade" que os pais podem dedicar integralmente à atenção e à interação com os filhos.

CURRÍCULO NA CONTEMPORANEIDADE

Por outro lado, a volubilidade das ocupações faz com que as profissões e os empregos, ao mudarem com rapidez, deixem de ser referências seguras para alcançar e manter a identidade e realização das pessoas, assim como sua integração social (cf. Beck, 2001; Gortz, 1997 e Sennett, 2000). A educação continua a constituir um capital humano para a nova sociedade — inclusive se incrementa seu valor para o desempenho de novas profissões —, mas é um capital que não se apoia em uma moeda forte, poder-se-ia dizer, porque o capital útil muda de valor com rapidez: a educação tem de dotar alguns sujeitos de capital para reforçar e reconstruir neles uma capacitação que se desvaloriza. Embora seja discutível se a nova sociedade destrói mais emprego do que cria (cf. as teses contrapostas de Rifkin [1996] e de Carnoy [2001]), a precarização do mercado de trabalho desvaloriza os que dispõem de menos capital. Apresenta-se à educação o desafio de preparar para não se sabe muito bem o quê, uma vez que se ignoram que saberes e competências serão rentáveis no futuro dos sujeitos, e de "investir" nesses saberes e competências. Pedir ao sistema educacional maior atenção e adequação às necessidades da sociedade é uma pretensão cujo êxito solapa as relações que poderiam ter existido entre a educação e o emprego (Gimeno, 2001b), porque se está pedindo que o sistema se ponha a serviço da produtividade e da competitividade que os mercados globalizados exigem, ainda que, ao mudarem rapidamente, nos deixem sem referências claras.

Em um terceiro plano, os processos de globalização afetam a educação porque incidem sobre os *sujeitos*, os conteúdos do *currículo* e as formas de *aprender*. O conceito e a demarcação do que se vem entendendo por cultura nas escolas, na nova configuração do mundo, devem ser ampliados para que todos se sintam incluídos. É necessário, por outro lado, compreender como as fórmulas básicas de transmissão de saberes estão sendo alteradas pela preeminência adquirida pelos canais de distribuição dos saberes à margem da educação formal. Essas duas exigências têm implicações muito diretas para a organização do currículo e para a formação dos professores, que deveria ser crítica, profunda e ampla. Os professores não serão substituídos pelas novas tecnologias, mas podem ficar ultrapassados e deslegitimados no novo panorama. Na sociedade da informação, os professores precisam informar-se mais e melhor (Gimeno, 2001c), porque precisam se converter em mediadores que orientem, estabeleçam critérios, sugiram, saibam integrar a informação dispersa, para os outros.

4. A cultura em um mundo global. Consequências para a educação

A cultura é dinâmica porque é alterada por sujeitos que dela se apropriam e a subjetivam. Foi e continuará a ser submetida a processos de globalização muito antes desse conceito ficar restrito às relações econômicas e mercantis. Mais que isso, é a ruptura das referências locais, o sair e o indagar fora do meio que nos limita, conhecer o que outros fazem, a criação de redes de sujeitos conectados entre si, a expansão de determinadas características culturais (a música, por exemplo), que fazem parte da essência da cultura; e poder-se-ia dizer que é, precisamente, nesse campo que primeiro se desencadeou um processo como o que vimos comentando.

O que hoje se reconhece como o fenômeno da globalização acelera processos existentes na dinâmica das culturas, adquirindo novas dimensões. A comunicação entre culturas, a adoção e absorção de elementos culturais procedentes de outros, eventualmente sua imposição, a universalização de certos padrões civilizatórios de pensamento e de comportamento ou o confronto entre culturas diferentes não são processos novos, mas constituem algo essencial na tradição e história de cada povo, além de ser também uma dinâmica permanente nos indivíduos. Não apenas o mundo é multicultural — diverso —, mas também cada cultura e cada indivíduo culturalizado em qualquer uma delas. Tudo é impuro, mistura e hibridação. Essa condição manifesta-se de múltiplas formas e, para melhor compreendê-la, precisamos distinguir o que entendemos por cultura, pois esse é um termo com uma enorme ambiguidade.

a) Em primeiro lugar, podemos distinguir uma acepção de cultura no sentido *clássico* e moderno, que compreende o legado da memória histórica, que, em boa parte, é formada pela tradição codificada por meio da escrita (juntamente com as realizações que conservamos do passado e que enchem os museus e constituem o que se denomina de patrimônio cultural). Essa cultura "culta" é formada pelos êxitos mais apreciados em cada momento, que se vão acumulando, se estruturando e organizando-se em uma série de campos de saber, de saber fazer e de formas de expressão: as ciências, as humanidades, as belas artes, assim como as habilidades próprias de cada campo que são necessárias para penetrar nesses âmbitos da cultura, para nos apropriarmos deles e para incrementá-los. É o sentido de "o culto", ao qual, desde a Grécia e Roma clássicas, se atribuía o poder de cultivar o ser humano (*paideia*), sentido esse que o humanismo, a partir do Renascimento europeu, viria a tomar, oferecendo um modelo para uma "boa maneira de ser", e que, posteriormente, o Iluminismo tomaria.

Os componentes dessa *cultura culta* têm sua origem em um território e procedem de determinados autores, embora nem sempre identificados. Entende-se, porém, que todas as contribuições passaram a constituir um legado anônimo, valorizado globalmente como positivo e digno de ser conservado, acrescentado e melhorado. É uma cultura que tende a se desterritorializar e a se deslocalizar, do ponto de vista geográfico e social (assim que se concede o prêmio Nobel de literatura, por exemplo, o livro é traduzido para outros idiomas, se é que já não o havia sido). Esse modesto escrito é realizado por um autor que, com o que aprendeu de outros, oferece uma visão, que será interpretada de novo por outros, não se sabe quando nem onde, sob a condição de que disponham de uma língua falada por povos de culturas (agora em sentido antropológico) diferentes. Permanecerá à disposição de uma comunidade social, desde logo (é quase certo que não se restringe aos que vivem no Japão, por exemplo). Essa comunidade é potencialmente tão ampla que ninguém vai considerar que ele, pessoalmente, pertence a ela, embora esse trabalho com certeza possa pertencer a essa comunidade.

O conceito de multiculturalidade não costuma referir-se a essa acepção de cultura, a não ser que desse modo se aluda ao fato evidente de que existem e existiram diversas tradições nas manifestações literárias, artísticas, musicais, científicas etc. Isso significa que não há um só padrão, e sim múltiplos, mas com a peculiaridade de que, normalmente, a partir de cada um deles deram-se passos para se aproximar dos demais, buscando-se uns aos outros e interessando-se pelo que "o outro" sabe. Os que *cultivam* esse tipo de cultura e foram *cultivados* por ele geralmente estão inclinados a conhecer o outro, a se apropriar de suas contribuições, a mestiçar-se com o estranho, a "copiar", sem que por isso se percam todas as

CURRÍCULO NA CONTEMPORANEIDADE

singularidades locais. É assim que as culturas se fizeram heterogêneas. Assim funcionou o processo na literatura, na utilização de estilos arquitetônicos, na ciência e nas tecnologias. (Os autores do atentado às Torres Gêmeas não tiveram nenhuma objeção ao se apropriarem da cultura tecnológica estadunidense.) É preciso esforço para se apropriar dessa cultura, pois ela leva o selo da tendência universalizadora e, utilizada pela educação, pretende dotar o ser humano de uma nova natureza.

A globalização das culturas cultas, a aproximação ao que se sabe delas (o que os outros fizeram, pensaram, souberam, sua língua etc.) permitiu-nos dispor de um amplo capital cultural que está em constante processo de progressão. Somos potenciais beneficiários de um grande legado potencial. A partir de agora será muito determinante o que quero e o que posso de cada um para explorar a informação disponível. Mas a existência de um capital cultural não significa — como ocorre com o econômico, utilizando a comparação realizada por Throsby (2001) — que ele esteja ativo e, portanto, disponível. Uma grande riqueza cultural artística de um país, uma grande tradição cultural, por exemplo, podem manter-se imobilizadas se não se disponibilizam os meios para fazer com que elas circulem. Sem boas bibliotecas e museus, sem meios eficazes de armazenamento, classificação e recuperação de documentação, sem meios de divulgação dos tesouros culturais, sem acesso físico fácil aos objetos culturais, com impostos elevados para a importação de livros, com preços abusivos para esses, sem meios para adquiri-los, sem uma política facilitadora de exposições, sem bons veiculadores de informação ou mediadores (professores, bibliotecários, guias de turismo etc.), de pouco serve o capital, se ficar imobilizado. É óbvio que a existência de um alto capital não significa, em si mesma, que ele flua espontaneamente e seja acessível para que todos possam se "capitalizar" com ele. As diferenças culturais, as desigualdades quanto à posse dos meios de acesso e à primeira dotação de um capital cultural básico para os indivíduos, bem como as atitudes e hábitos desses indivíduos, fazem da sociedade que globaliza a informação uma possibilidade que é uma plataforma desigual para os diferentes países, povos e indivíduos (Gimeno, 2001a). A sociedade da informação globalizada é hoje uma realidade para poucos e uma possibilidade factível para outros poucos. Para o resto, é fonte de dominação e de desigualdade.

b) Um segundo sentido da cultura, de origem alemã, utilizado pela primeira vez por Kant, e ao qual se dedicaria maior atenção no século XIX, é o que se refere à cultura como conjunto de experiências, tradições, modos de vida, de expressão, de habilidades e formas de ser de um povo ou comunidade com as quais se identifica, de fora, esse povo ou comunidade, bem como com as quais os indivíduos particulares *se identificam* como seres que os unem a outros e *são* da mesma cultura. Essa acepção é a que possibilitou que se falasse de *culturas nacionais* e depois deu margem à sua acepção *étnica* ou antropológica, que está subjacente às expressões: "cultura alemã", "cultura basca", "cultura guarani", "cultura rural", "cultura cristã" etc.

Nessa segunda acepção ampliam-se os âmbitos ou conteúdos da cultura, englobando traços e aspectos muito diferentes (entre os que se incluem os da *cultura culta*, pois tudo o que não é pura natureza no ser humano é cultura). Mas o essencial é que a cultura adquire uma *referência territorial* (tem sua origem, suas raízes e sua expressão fundamentalmente em um território delimitado com mais ou menos precisão) e uma *demarcação social* (referida ao grupo de pessoas que se costuma considerar como *pertencentes* a essa cultura, embora geralmente não pertença só a elas). O importante dessa acepção é que em torno da cultura se constitui uma comunidade social, uma forma de pertença e alguns vínculos com os outros. Ao mesmo tempo delimitam-se "os outros", que são vistos como diferentes. Acentua-se, assim, o aspecto vivenciado da cultura e seu papel na construção da subjetividade. Ela está nos sujeitos, em seus modos de viver; graças a ela, eles se relacionam e se comunicam, constituem comunidades; por meio dela, dão sentido a tudo o que acontece e ao que ocorre com eles. Vivemos de acordo com uma cultura: com a cultura que tornamos nossa.

A globalização opera em relação a essa segunda acepção de cultura, de maneira peculiar nas circunstâncias atuais, tem efeitos contraditórios e é avaliada de forma muito desigual. Assinalaremos três cenários bem diferentes nos quais ocorrem processos relacionados com a globalização da cultura étnica.

1) Em primeiro lugar, graças às comunicações a distância e ao intercâmbio de produtos, os membros de comunidades culturais distintas podem se conhecer uns aos outros e intercambiar os traços, objetos, usos etc. que os caracterizam, sem necessidade de se deslocarem. Determinados elementos de algumas culturas se deslocam com muita facilidade entre territórios e grupos sociais, impregnando a vida cotidiana. Os processos de hibridação que podem ocorrer permitem que cada grupo cultural, ancorado em seu território, possa continuar a manter uma especificidade, ao mesmo tempo que recebe e assimila influências de outros, o que permite a deslocalização de traços culturais, sem que exista comunicação social entre grupos culturais. É uma amostra da separação entre o cultural e o social de que falamos. Criam-se vínculos socioculturais quando se compartilham traços de cultura:

quando se fala um mesmo idioma ou se pertence à mesma religião, o que se transforma em tênues vínculos sociais que podem propiciar outros contatos. Cada cultura local, em sentido antropológico, se contamina com outras, até o ponto de não poder evitar essa contaminação, a não ser que se proíba ver os outros, ouvi-los ou saber deles.

Esses processos não são novos. Iniciaram-se com o correio, experimentaram um grande impulso com a difusão da escrita, graças à imprensa, continuaram a se incrementar de maneira exponencial com o telégrafo, o telefone, a televisão, e agora se ampliam e se aceleram mais com as novas tecnologias aplicadas à comunicação. A aceleração e extensão desses processos ampliam o âmbito de irradiação das influências das culturas dominantes no mundo em rede, incrementam os fluxos de informação, vão contaminando e hibridizando as culturas, de modo que o local, sem perder sua identidade, vai-se emaranhando nessa rede que nos aproxima de outros e que também nos contrapõe mais diretamente a eles, pelas diferenças que nos separam. Estabelecem-se proximidades e aproximam-se as diferenças. Os conflitos raciais de base cultural, entre religiões e comunidades linguísticas, por exemplo, são mostras de confrontações provocadas pela "aproximação" física de seus portadores. Porque quem se enfrenta, não o esqueçamos, são eles e as ações que empreendem, não as culturas. Os conflitos entre crenças ou os conflitos linguísticos ocorrem entre os fiéis e os que falam aquela língua, por se sentirem incompatíveis com o "outro".

Essa aproximação e essa comunicação entre culturas foram e são produtos naturais dos contatos naturais, podendo ser apreciadas e desejadas ou não; embora saibamos muito bem que podem ser forçadas, impostas e agressivas.

CURRÍCULO NA CONTEMPORANEIDADE

2) Essa mescla cultural, sem intercâmbio social do tipo pessoal entre seres humanos, é paralela à que ocorre graças aos deslocamentos facilitados pelos meios de transporte, às trocas comerciais, ao turismo, ao intercâmbio de especialistas ou de artistas, graças às organizações internacionais, ao trabalho em empresas multinacionais etc. O visitante de outra cidade e de outra cultura abre-se aos outros, assimila algo deles, pode conhecê-los melhor, assim como se reconhece a si mesmo de outra maneira. Ao menos, é provocado pela evidência de sua própria identidade e de que não está só nem é o único no mundo. Os abundantes e frequentes deslocamentos provocam a deslocalização das culturas graças à qual os indivíduos se desterritorializam, mesmo que o façam só em momentos pontuais de suas vidas. Assentam-se desse modo as bases para desenvolver um cosmopolitismo em determinados setores sociais, que vivem em forma real no âmbito da globalização, dela se beneficiam dela e a desfrutam. Contudo, essas possibilidades não devem fazer-nos esquecer de que a maioria dos seres humanos não pode exercer esse cosmopolitismo, e por isso lhes será difícil sentirem-se cidadãos do mundo globalizado, ainda que sua vida venha a ficar marcada, mesmo sem que o saibam, por uma realidade que os ultrapassa e os afeta, embora não os inclua.

3) A revolução industrial produziu o êxodo da população dos núcleos rurais para as grandes cidades, provocando ruptura de raízes; separações que supuseram mudanças importantes para os deslocados, obrigados a assimilar novos elementos e traços culturais das sociedades que os acolheram. Foram migrações, no início, dentro de zonas econômicas relativamente homogêneas do ponto de vista cultural, pois ocorriam no interior das fronteiras dos Estados nacionais, embora começassem a mobilizar mão de obra "estran-

geira" (palavra que significa estranho). Agora, a globalização econômica em nível mundial destrói o tecido produtivo de povos e países inteiros, provocando movimentos migratórios em maior escala e em direção a espaços mais afastados culturalmente.

Em ambos os casos, tanto dos deslocamentos voluntários como das migrações forçadas, o certo é que o reconhecimento de que a multiculturalidade existe já não provém do fato de saber que existem outras culturas por meio de relatos de viajantes ou de reportagens do *National Geographic*, mas sim do fato de constituir uma vivência para os cosmopolitas que se deslocam, para os emigrantes forçados e para seus receptores.

A globalização cultural, nesse sentido, tem consequências ambivalentes que demandam atenção contraditória por parte da educação. Supõem possibilidades de ter acesso ao estranho, de se enriquecer com o estranho, de rever e relativizar o que é próprio, de adquirir novas competências, estímulos que complementam e melhoram a cultura escolar etc. A recomendação seria fazer todo o necessário para ampliar o conhecimento sobre o outro e aprofundar-se nele.

Na medida em que a mistura tenha agrupe um número excessivo de elementos, seja imposta, forçada, compulsória ou traumática pode provocar alterações na identidade das pessoas, desenraizamento, insegurança e submissão, o que se traduz em uma globalização moralmente negativa que costuma ser agravada para os que a sofrem pela rejeição das sociedades receptoras. Ao lado disso, a perda da variedade cultural que costuma ser atribuída à globalização parece-nos uma objeção secundária, uma vez que há variedades culturais de que seus possuidores são os primeiros a quererem se livrar para poderem viver mais dignamente ou de outra maneira.

CURRÍCULO NA CONTEMPORANEIDADE 81

A heterogeneidade cultural não é um bem em si mesma, como tampouco o é a diversidade biológica em termos absolutos (quem salvaria certos vírus se pudéssemos suprimi-los?). O importante da diversidade é que há seres humanos vivendo-a, e eles são dignos de respeito ao vivê-la, tolerando sua diversidade. A heterogeneidade não deve ser fomentada ou preservada com políticas e práticas dedicadas a isso. Deve-se deixar que as opções continuem evoluindo, conhecendo-se mais entre si. Para julgar as perdas de heterogeneidade é preciso perguntar aos que a possuem se se sentem livres para fazê-lo ou se ficam mutilados ao deixarem alguns traços culturais e adotarem outros. O ser humano é a medida das coisas e também das culturas.

A educação pode continuar circunscrita à sua pretensão genuína de cultivar e desenvolver com suas práticas os conteúdos deduzidos do sentido "culto" da acepção de cultura, mas está atuando sempre com sujeitos transformados pelos processos que estão ocorrendo neste segundo sentido da cultura, pois é essa a base antropológica do ser humano. Trata-se de processos que não têm nas escolas o cenário principal de sua realização, mas sim na rua, no trabalho, nas igrejas e nos meios de comunicação. Às escolas chegam os conflitos e, como espaço social que são, elas são também cenários das relações interculturais entre grupos de diferentes classes sociais, religiões ou etnias. Nos casos de choque cultural, o multiculturalismo é um desafio a ser abordado, em caráter de urgência.

c) Finalmente, lida-se com um terceiro sentido da cultura: a de *massas*, que faz alusão a uma mescla de componentes amplamente difundidos entre a população: de símbolos, objetos, atividades culturais de lazer, assistência a espetáculos, aquisição de elementos artísticos ou expressivos que se popularizam (literatura popular, *best-sellers*, cinema, gravações musicais amplamente divulgadas, produtos publicitários, artesanato etc.). Os meios de comunicação de massa poderiam ser considerados por antonomásia como os instrumentos que criam e difundem uma cultura na qual se mesclam e fundem conteúdos correspondentes a outras culturas (em sentido étnico).

Não pretendemos que essas três acepções de cultura sejam entendidas como categorias totalmente autônomas e independentes entre si, pois seus conteúdos ou significados se entrecruzam. Assim, por exemplo, determinados elementos da cultura clássica, como um quadro de Murillo, são incorporados como objeto de referência de uma forma de ser religiosa de um povo e passam a ser imagens decorativas populares nos calendários tradicionais. O mesmo ocorre com uma escultura móvel de Calder, que é imitada de mil formas e oferecida nos mercados de rua. Poderíamos confundir determinadas esculturas de Picasso (produto cultural *culto*) com outras figuras africanas (produto popular étnico) que são oferecidas nesses mesmos mercados, se o objeto culto não aparecesse no contexto de um museu, enquanto os populares estão dispostos no chão, aos pés de seus vendedores. Na verdade, produzem-se continuidades, substituições e empréstimos entre os diferentes sentidos da cultura. Como afirma Serres (2001), a cultura é porosa e não tem fronteiras delimitadas. A anunciada batalha entre o local e o global, que se estabelece entre um sentido de cultura como caracterizadora de um grupo humano determinado e uma cultura global mercantilizada que negaria tudo e demoliria a diversidade, é a expressão — segundo esse autor — de um temor que manifesta uma profunda incompreensão do que é o espaço cultural.

5. Algumas chaves para refazer o projeto da educação

Se consideramos que a educação deve continuar a propor modelos de ser humano e de sociedade, sem se limitar a se adaptar às demandas do momento (o que não significa desconsiderá-las), não podemos ficar à espera do que nos seja demandado do exterior e reclamado pelo mercado, mas devemos defender determinada atitude comprometida com um projeto democraticamente elaborado, que sirva a um modelo flexível de indivíduo e de sociedade. Se considerarmos que a tendência que vimos discutindo, como outras, deve ser determinada pela sociedade que não vê em tudo isso uma fatalidade ou uma condição inexorável — pelo menos do modo como funciona —, mas julga que se podem tomar as rédeas do processo, então devemos nos perguntar o que podemos fazer em educação, que cidadão temos de formar, em que condições, que cultura é preciso facilitar, para que tipo de sociedade, para qual mundo do trabalho etc. Em outras palavras, devemos partir da intuição do que deveria ser uma sociedade convenientemente globalizada. Isso não é nada fácil, tendo em vista que as instituições educativas são precisamente algumas das deslegitimadas e relegadas pela dinâmica da globalização. É preciso resgatar a ideia de que os sistemas de educação precisam estar a serviço de um tipo de sociedade aceitável, um princípio que caiu por terra com a decadência dos sistemas públicos. Se não há um projeto geral, é difícil dar uma resposta coerente à nova situação. A globalização, configurando realidades mais complexas e novas fontes de desigualdade, precisa de mais intervenção para "domesticá-la" em benefício de todos, não de que nos abstenhamos como se ela constituísse um processo desencadeado por extraterrestres.

Dadas as abundantes e controvertidas consequências que, do que foi comentado, se deduzem para a educação, optamos por enunciar neste limitado espaço, algumas epígrafes do que precisa ser planejado e revisto em relação aos sentidos de cultura que descrevemos.

Sentido ou tipos da cultura como objeto. Consequências educativas.

A cultura *culta* como legado da memória histórica: as ciências, as artes, as ciências, as humanidades, a tecnologia... É importante proporcionar a todos as ferramentas de acesso à informação disponível: línguas, tecnologias...

Fortalecer o papel cultural das escolas na *sociedade de sociedades* e como fonte de capital humano na sociedade da informação.

Progressivo incremento da exigência de um alto nível de competência na "inteligência geral", que exige uma educação geral profunda.

Atualização constante do conhecimento. Uma vida de aprendizagem permanente que exige repensar o papel e o funcionamento das instituições educativas, da educação fundamental até a universidade.

Importância das atitudes críticas para navegar em um mundo de informação dispersa e variada, sem "hierarquizar". Capacidade para se orientar, analisar e optar.

Valorização da universalidade das contribuições particulares ao legado comum.

Analisar a heterogeneidade de procedências da cultura que valorizamos com base em nosso padrão cultural particular.

Fomentar a aprendizagem interdisciplinar necessária para fundamentar a "inteligência geral" capaz de compreender e atuar no mundo complexo.

A cultura como formas de vida e expressão. O sentido étnico da cultura e os processos de globalização.

Considerar a condição da diversidade entre as sociedades modernas e a pluralidade no interior de cada uma delas.

Como estamos desterritorializados, viver juntos exige:

a) A abertura ao conhecimento de outras culturas e a descentralização da visão da própria cultura, compreendendo-a como um produto e um processo vivo de mestiçagem.

b) Respeito e tolerância ativa em relação às formas de pensar e de ser dos "outros", dos que vemos como diferentes.

Crítica e revisão das opções culturais próprias, sem cair no relativismo.

Refazer o currículo, evitando as deformações a respeito do que acreditamos ser e a respeito de quem procedemos.

Necessidade do reconhecimento daquelas diferenças culturais que não se mostrem atentatórias para a dignidade das pessoas e cuja negação seria considerada como uma mutilação por parte dos afetados.

Despotencializar as "identidades fortes" e unidimensionais, aceitando as que são tolerantes.

Enfrentar os problemas da multiculturalidade a partir da perspectiva da cidadania democrática.

Explorar e aproveitar as possibilidades dos meios clássicos e das novas tecnologias para beneficiar-nos da extraterritorialidade da cultura como meio de nos tornarmos plurais e de nos aproximarmos dos outros.

O respeito à singularidade do indivíduo como ponto de partida para respeitar, tolerar e conviver com os grupos de indivíduos que possuem características culturais semelhantes.

Cultura de massas.

Considerar o que constitui a fonte de novas referências para as culturas dos estudantes.

Mescla de estímulos, visões, realidades e ficções que diluem a realidade em que cada um se encontra.

Fonte de mitos e ideais juvenis de vida, em competição com os que são transmitidos pelas escolas.

Preencher de conteúdos mais substantivos a cultura convertida em objeto dos hábitos de consumo.

Prestar atenção ao cotidiano que preenche nossas vidas e no qual investimos nossas afeições, ao passo que a escolaridade, pretensamente centrada no substantivo e no racional, não fundamenta hábitos nem atividades para tornar a vida cotidiana interessante.

Necessidade de fortalecer o sujeito para que avalie e saiba decidir em meio a apelos de modos de vida fáceis e supérfluos.

Quadro resumo das implicações dos diferentes sentidos da cultura.

Notas

1. Algumas editoras de livros aproveitaram a oportunidade que o acontecimento lhes proporcionava para relançar a obra com a chamada "ele tinha razão", "antecipou-se aos acontecimentos", com a qual certamente as vendas aumentaram. Tudo pode ser aproveitado.

2. No meio francófono adota-se o termo "mundialização".

3. No relatório da Unicef: *Child neglect in rich societies*, 1993.

Referências bibliográficas

APEL, K. O. Globalización y la necesidad de una ética universal. *Debats*, n. 66, p. 49-67, 1999.

BECK, U. *¿Qué es la globalización?* Barcelona: Paidós, 1998.

CURRÍCULO NA CONTEMPORANEIDADE

BECK, U. *Un nuevo mundo feliz*. Barcelona: Paidós, 2001.

CARNOY, M. *El trabajo flexible*. Madrid: Alianza, 2001.

CHOMSKY, N. *La (des)educación*. Barcelona: Crítica, 2001.

GIMENO, J. *Educar y convivir en la cultura global*. Madrid: Morata, 2001a.

_____. Conocimiento, escolaridad y vida activa. In: LÓPEZ, A.; HERNÁNDEZ ARISTU, J. (Orgs.). *Jóvenes más allá del empleo*. Valencia: Nau Llibres, 2001b. p. 63-89.

GIMENO, J. ¿Debe informar la escuela en la sociedad de la información? *Investigación en la escuela*, n. 43, p. 15-25, 2001c.

GORZ, A. *Metamorfosis del trabajo*. Madrid: Ediciones Sistema, 1997.

MORIN, E. *Los siete saberes necesarios para la educación del futuro*. Buenos Aires: Nueva Visión, 2001.

RIFKIN, J. *Fin del trabajo. Nuevas tecnologías contra puestos de trabajo: el nacimiento de una nueva era*. Barcelona: Paidós, 1996.

SENNETT, R. *La corrosión del carácter*. Barcelona: Anagrama, 2000.

SERRES, M. Cultura globalizada y cultura global. *Le Monde Diplomatique*, n. 71, set. 2001.

THROSBY, D. *Economía y cultura*. Madrid: Cambridge University Press, 2001.

O Estado-Nação após o globalismo[*1]

John Willinsky

Este ensaio teve origem em uma conferência proferida para a Associação Americana de Estudos Educacionais (American Educational Studies Association — AESA), em Vancouver — onde moro e leciono há uma década —, com o objetivo de dar algum sentido de enraizamento ao que possivelmente parece ser o cosmopolitismo desarraigado do circuito acadêmico de conferências. Tendo crescido em outro lugar, não me destaquei pelo brilho da cor local, talvez como reconhecimento de que pode haver um *aqui* neste lugar, por contraposição à percepção acurada de Gertrude Stein de que não há um *ali* em outro lugar. Apesar disso, não sou a pessoa indicada para proferir conferências aos que *aqui* vêm. Não sou a pessoa indicada para fazê-los sair dos hotéis de conferência, usuais em quase toda parte, onde talvez encontrem um solo firme onde pisar. Contudo, provavelmente posso citar alguém capaz disso.

---

[*] Traduzido por Beth Honorato.

Quando estava escrevendo este ensaio, Vincent Stogan (pai) faleceu. Vince era certamente local; porém, o mais importante é o que ele fazia, pelo menos desde que o conheci, para tornar o local familiar tanto para aqueles que aqui viviam quanto para os visitantes. Vince era um ancião *musqueam*. Os aborígenes *musqueam* vivem aqui há muito tempo. Eles participaram de uma fase muito inicial da globalização, tendo rompido, pela primeira vez, os limites leste-oeste. Vince foi convidado a abrir conferências e outros eventos especiais no auditório principal da Casa de Aprendizagem Primeira Nação (First Nation House of Learning), na Universidade da Colúmbia Britânica. Assim que se convencia da importância do evento, ele ia, vestido como um homem que trabalhava com as mãos para ganhar a vida, e fazia uma oração e uma invocação entre os engravatados que em geral aparecem na abertura das conferências.

Ele começava falando em inglês, saudando a todos e pedindo que ficassem à vontade na terra dos índios *musqueam* e que conduzisssem suas importantes atividades de uma maneira frutífera. Fui pego de surpresa na primeira vez em que ouvi a afirmação de que os índios *musqueam* seriam os donos das terras em que a universidade está situada. Sem ironia ou o menor tremor de ressentimento em sua voz, ele nos dava boas-vindas à sua terra natal, passando para nós a tarefa de lembrar a história sepultada no âmago de uma benevolência ainda insuficientemente recompensada. Não há nenhuma dúvida, de acordo com todas as convenções de direito internacional, de que essa terra pertence aos índios *musqueam*. Ela vem sendo o território do povo *musqueam* por 10 mil anos e até hoje não foi transferida, por nenhum tratado ou acordo, àqueles que a ocupam ou nela comercializam, aos mais altos preços pagos na América do Norte, aquilo que

CURRÍCULO NA CONTEMPORANEIDADE   91

ainda não é deles. Há bem pouco tempo, toda essa província situava-se em terras não cedidas pelas Primeiras Nações. Os tribunais por fim concordaram em admitir esse fato, abrindo um processo de negociação que finalmente conseguiu as primeiras transferências de propriedade e cujo andamento ainda continuará durante uma geração ou mais.

Vince nos pediria que déssemos as mãos. E antes de pregar demoradamente em *Hun'q'umin'un*, explicaria em inglês como homenagearia nossos antepassados, solicitando que nós, participantes da conferência, recebêssemos suas bênçãos à sabedoria, paz, amizade e coragem. Mãos dadas com ele, deveríamos virar a palma da mão esquerda para cima, para recebermos os ensinamentos dos antepassados, e a palma da mão direita para baixo, para devolvermos esses ensinamentos aos nossos filhos. Em seguida a conferência começaria, de acordo com sua maneira peculiar de venerar os antepassados, prestando homenagens a Hegel e Kant, Woolf e de Beauvoir, Barthes e Foucault, Dewey e Green. E então Vince pegaria uma carona de volta para casa, mais adiante da divisa do *campus*, perto do que conhecemos como as "terras doadas" da universidade.

Porém, esse não é o único legado de Vince no que se refere à fragilidade das reivindicações da nação. O povo Musqueam faz parte da Assembleia das Primeiras Nações. Aqueles que são considerados os povos nativos dessa terra identificam-se, em conjunto, como Primeiras Nações. Essa autodenominação é, evidentemente, um ato linguístico profundo e político, que põe por terra o nomear presunçoso, equivocado, por outros. É uma declaração de que são os *primeiros* entre as *nações*. Isso desafia a soberania do Canadá e evidencia sua falha como nação, por não honrar os princípios de igualdade e justiça democrática que, se fosse ao contrário, reivindicaria para si mesma. Na minha opinião, pelo menos, o título Primeiras Nações não tem relação com raça ou cultura. O nome atribuído anteriormente pretendia abranger tudo isso. Essa afirmativa da "condição de ser nação" [nationhood] tem tudo a ver com a retomada do controle sobre a educação, o governo e o país, tirando-o à força do altamente paternalista e colonialista Departamento de Assuntos Indígenas, do Canadá. As políticas desestabilizadoras da "condição de ser nação", nas boas-vindas de Vince, representam uma forma de indicar como poderíamos fazer algo novo da nação, em termos educacionais, se cumpríssemos sua promessa original de respeitar todos os seus cidadãos.

Há ainda um segundo aspecto nesse questionamento da nação. Para participar da conferência AESA, muitos atravessaram a fronteira, não precisando, para isso, senão mostrar o passaporte. Essa facilidade para entrar no Canadá é de certo modo maior do que a maioria dos estudantes que frequentam escolas em Vancouver pode ter. O motivo é que eles estão aprendendo a falar inglês no mínimo como sua segunda língua. Sua língua materna não é nenhum dos dois idiomas oficiais da nação. Mais de uma centena de idiomas são falados pelos estudantes — por cantoneses, mandarins, vietnamitas e espanhóis (Gunderson & Clarke, 1998, p. 266). Esses idiomas maternos os situam diferentemente, em um outro local e em uma outra nacionalidade. Nossas escolas os acolhem, mas não os ouvem como sendo totalmente daqui. Esse fato também desestabiliza o que aceitamos pacificamente em relação à nossa nação.

Para alguns, essa diversidade ameaça deslocar e desorganizar toda a cidade, se considerarmos uma previsão publicada no *Globe and Mail* — o "jornal nacional" original do Canadá — há mais ou menos uma década, em que se afirma

CURRÍCULO NA CONTEMPORANEIDADE

que Vancouver "vai se tornar uma cidade asiática". O artigo teve uma manchete claramente enviesada em termos de raça: "A Cara de Vancouver Será Radicalmente Mudada".[2] Se o rosto do povo modificar-se radicalmente e, portanto, não houver mais a predominância dos brancos, Vancouver não se situará mais aqui, no Canadá. A cidade tem-se rendido ao "gigante adormecido" da Ásia, como expressa um texto escolar (Willinsky, 1998, p. 128). O fato de que a Ásia se encontra aqui, e não apenas lá, poderia, aparentemente, evidenciar a sensibilidade cosmopolita de um mundo sem fronteiras. Contudo, de acordo com o que se proclamou aqui, em Vancouver, isso está ferindo a suscetibilidade referente a questões de nação, no pânico dos brancos.

Esse é, portanto, um bom momento para refletir sobre como a nação tem servido como um estratagema educacional para posicionar as pessoas, para ensinar aos jovens e idosos quem-é-de-que-lugar. Esse é o momento adequado para imaginar não apenas possíveis futuros para a nação, mas também para avaliar, como discutirei a seguir, nossas responsabilidades educacionais de conduzir esse futuro em direção ao que sempre foi prometido em nome da nação, ou seja, o direito de participar da construção de um mundo melhor.

Desse modo, eu estou *aqui*, nessas terras contestadas, em um lugar que talvez não esteja aqui (mas na Ásia), para avaliar o que nós, nessa conferência sobre as escolas, temos a ver com essa ideia de *nação*. Que deve ser feito a respeito dessa junção crítica de globalismo multinacional, transnacional e pós-nacional? Dentre os recentes indícios de mudança estão as discussões das Nações Unidas que avaliam os direitos humanos em comparação com os direitos nacionais, que desafiam a proteção tradicional de interesses nacionais das Nações Unidas. O ministro do Exterior do Canadá, Lloyd Axworthy, encomendou um estudo internacional sobre como seria possível começar a pensar além da nação, no que diz respeito à proteção dos direitos humanos: "Nossa interpretação é que desde o fim da Guerra Fria nós temos de nos concentrar nos indivíduos, nas pessoas. Isso tanto na Constituição quanto na soberania" (Crossette, 2000, p. A11).

Talvez a nação ainda permaneça como a demarcação básica do espaço geográfico, a principal organização do espaço ocupado. Mas o significado do fim da Guerra Fria é que a nação não é mais *o* dominó* no único jogo na cidade. A nação não é mais a principal unidade ideológica, a se posicionar como amigo ou inimigo, na grande luta contra o mal. Forças globais conectam o mundo de uma maneira virtual e literal que presta pouca atenção às fronteiras nacionais. Faz menos sentido, portanto, pensar na nação definindo quem são as pessoas, como elas vivem e de onde são. Para alguns, como John Tomlinson, da Universidade de Nottingham Trent, talvez seja apropriado considerar que a globalização "enfraquece a coerência cultural de todos os Estados-nação, inclusive dos economicamente poderosos", mas eu sustentaria que esse significado de coerência cultural no interior da nação sempre foi um estado questionável (perdoe-me o trocadilho). O que esse fluxo transnacional cada vez maior de pessoas, capital e bens permite-nos fazer é questionar de modo vigo-

---

* Aqui, o autor se refere à "teoria do dominó". Segundo essa teoria, um evento provoca um evento similar, que por sua vez provoca outro evento, e assim por diante. Assim, o dominó seria o país que reagiria politicamente, de modo previsível, a um dado acontecimento. (N. da T.)

roso tanto essa suposta coerência, como o prejuízo desnecessário que ela causa (1991, p. 175).

Portanto, não deixemos que essa aparente perda de distinções nacionais nos faça ficar melancólicos. Saibamos aproveitar a oportunidade, tanto em termos educacionais como éticos. Vamos perguntar como podemos conduzir essa ligeira virada da nação em direção a um bem maior, em primeiro lugar, talvez, para os jovens transnacionais que procuram se encontrar a si mesmos em nossas escolas. Vamos tentar corrigir os excessos educacionais que poderiam vincular intimamente a identidade nacional com raça, cultura e gênero.[3] Vamos ver se somos capazes de ensinar o jovem a manter a nação democrática atrelada às suas promessas, desafiando suas deficiências e apoiando uma contínua experimentação civil e política na deliberação pública. Isso implica persuadi-lo a interessar-se pela experimentação que está realizando, dando-lhe um sentido de responsabilidade, não para viver um destino nacionail até o fim de sua vida, mas para aperfeiçoar, em nível local e global, a maneira como as pessoas vivem e trabalham em conjunto. Isso significa ensiná-lo a manter a nação responsável por princípios que vão além da nação e do nacionalismo.[4]

Atualmente, esse otimismo educacional pode parecer uma bobagem injustificável. Afinal de contas, eu de fato leio os jornais. As manchetes regularmente oferecem espetáculos de nacionalismo étnico. Sei que estamos longe de perceber como enxergamos a nacionalidade por meio de lentes de raça, cultura e gênero, longe de permitir que todos tenham direito igual e inequívoco de estar *aqui*, em uma nação, tal como a imagino.

Contudo, precisamos começar de algum lugar, e estou propondo que comecemos por enfatizar menos a nação como definidora do que é inerentemente comum a todos nós, a fim de que possamos vê-la mais plenamente como um mecanismo civil e político para lidar com as diferenças. Esse não é um passo insignificante, visto que há apenas duas décadas o renomado teórico social Ernest Gellner tentou definir o nacionalismo como "o princípio de unidades culturais homogêneas (que constitui o fundamento da vida política), assim como o princípio da unidade cultural obrigatória de governantes e governados", concepção essa inerente "ao panorama de nossa época" (1983, p. 125). Se o nacionalismo não era um estado natural nem uma "precondição para a vida social", então, segundo Gellner, era conduzido pela industrialização, o que criava um "imperativo nacional" de homogeneidade cultural. Essa homogeneidade era necessariamente apoiada por sistemas escolares nacionais que asseguravam um idioma e uma sensibilidade comuns. São exatamente essas grandes teorias sobre a identidade nacional que nossos alunos devem testar, levando em conta as experiências de seus próprios vizinhos, bem como as economias que os vestem, alimentam e entretêm. Eles precisam verificar até que ponto a nação tem a tradição de tropeçar nos pressupostos relativos a coerência cultural.

No caso do Canadá, por exemplo, eles podiam muito bem recorrer aos estudos de Sunera Thobani, nos Estudos da Mulher na Universidade Simon Fraser. Ela descobriu que, "historicamente, o Estado do Canadá tem procurado lidar com os interesses conflitantes de preservar a 'branquidade' da nação e, simultaneamente, garantir uma oferta adequada de mão de obra" (2000, p. 34). Se isso já ocorria antes, que dizer de hoje, visto que raça tem sido ostensivamente removida das políticas de imigração do país e os privilégios de votar, desde a Segunda Guerra Mundial, foram estendidos para os imigrantes da China e da Índia e, igualmente, para os povos aborígenes? "A construção da nação canadense", acredita Thobani, "baseia-se, em grande medida, na atuação dos imigrantes em geral, e das mulheres imigrantes em particular, o que constitui uma das ameaças mais enérgicas à prosperidade e ao bem-estar da nação" (ibid.). Essa pode ser uma era de globalização, mas é evidente que temos muito a fazer no que diz respeito a organizar nossas ideias sobre a nação.

Minha proposta educacional questiona o próprio conceito de nação. Ela tem em vista desenvolver as qualidades civis e democráticas da nação por meio de duas etapas. *Primeiramente, precisamos investigar junto com os estudantes em que sentido a promessa original da nação moderna, como uma livre associação de iguais, é a finalidade de uma luta econômica, social e filosófica contínua, mesmo em um momento em que o status da nação está mudando em decorrência da globalização. Em segundo lugar, precisamos explorar junto com os estudantes variados meios de desenvolver essa experimentação democrática, não apenas com o Estado-nação, mas também no nível local e global em que hoje vivemos.*

Esse repensar da nação com os estudantes poderia começar com o exame do modo como o Estado-nação tem sido, há tempos, puxado em duas direções — étnica e civil. Ou seja, a nação como uma fonte de identidade cultural e a nação como uma forma de associação política voluntária. A meta, nesse contexto, não é necessariamente atingir um equilíbrio entre a nação como um destino compartilhado e o engajamento político, visto que ambas as ideias podem facilmente trabalhar uma contra a outra. Como Amy Gutman, filósofo político da Universidade de Princeton, argumentou, se a democracia de fato exigisse esse sentimento étnico nacionalista de cultura compartilhada e de um conjunto comum de valores entre os cidadãos (além de um compromisso com os processos democráticos), estaria bem longe de ser uma democracia, bem longe da esperança de nos ensinar algo sobre nós mesmos e sobre os outros por meio da deliberação e do debate (1999, p. 11). Na realidade, o Estado democrático foi fundado, pelo menos em seu sentido político formal, com base em um princípio mínimo de associação, pautado em uma humanidade comum, com pessoas comprometidas a encontrar em conjunto formas de desenvolver seus interesses diversos e comuns.

Tomando um exemplo bem próximo, os Estados Unidos, seguramente, foram impulsionados segundo o princípio espiritual da nação política, mais que da nação étnica. A contribuição pública inicial do país, conhecida como *Declaração da Independência*, cita a "nação" apenas uma única vez, quando fala sobre como o rei George III é indigno como chefe de uma nação civilizada. A declaração na verdade fala sobre "os grupos políticos" que "uniam" as pessoas entre si e cuja união era mantida pelas verdades patentes da igualdade fundamental do povo e seus direitos inalienáveis: "Para assegurar esses direitos, os Governos são instituídos entre os Homens, obtendo seus poderes legítimos do consentimento dos governados". Esse significado de Estado, como uma coligação secular de pessoas interessadas em garantir seus direitos, precisa orientar nossos esforços educacionais, que devem, fundamentalmente, capacitar os jovens tanto a avaliar as grandes falhas nos eforços por assegurar direitos, como a perseguir um poder legítimo obtido do consentimento dos governados.[5]

Esse modelo secular e civil de nação quase sempre se tem rendido à sua reputação de "princípio espiritual", segundo o historiador Ernest Renan. Em sua palestra "Que é uma nação?" ("What is a Nation?"), proferida na Sorbonne, em 1882, Renan mostra-se interessado, já nessa época, em despojar a nação de suas pretensões metafísicas. Ele sugere que o "esquecimento" e os "erros históricos" são críticos para a "criação da nação", especialmente porque essa unidade nacional é "sempre afetada por meio da brutalidade" (p. 11). Renan prossegue, rejeitando os princípios, comumente reconhecidos como nacionais, de raça, idioma e religião comuns, unicamente para admitir, como um bom historiador talvez devesse, que a nação é "o resultado das profundas convoluções históricas" (p. 18). "Isso pressupõe um passado", acrescenta ele, "condensado no presente por um fato tangível, ou seja, o consentimento, o desejo nitidamente expresso de continuar uma vida comum" (p. 19). Em face do "princípio espiritual" da nação, ele procura constantemente identificar a maneira como a existência contínua desse princípio reflete, verdadeiramente, "um plebiscito cotidiano" (ibid.). Da mesma forma, ele apoia a nação como um objeto amado, como quando "se ama a casa que se construiu e que se deixou de herança", mesmo quando tenta distanciar-se de seus princípios raciais e culturais (ibid.). É provável que você pergunte de que modo isso é possível, tendo em vista como a intensa mistura de nativismo patriótico se inflamou em grande parte do século XX, com horrendas associações entre nação e raça, enquanto as nações fracassavam terrivelmente na proteção de todos aqueles que acabaram por morar em seus territórios.

Além disso, os estudantes precisam examinar como esse espírito de nacionalismo étnico também se mostrou um instrumento eficaz contra o colonialismo e a submissão de culturas minoritárias no interior das nações existentes. O historiador Partha Chatterjee, ao falar sobre as lutas da Índia contra o imperialismo britânico, salienta que "aqui o nacionalismo lança seu projeto mais poderoso, criativo e historicamente significativo: modelar uma cultura nacional 'moderna' que, não obstante, não é Ocidental" (1993, p. 6). Além disso, Chatterjee reconhece que "os elementos dominantes de sua autodefinição, pelo menos na Índia pós-colonial, foram desenhados conforme a ideologia do Estado liberal democrata" (p. 10), ao mesmo tempo que apresenta uma visão do que vem depois do triunfo desse nacionalismo na Índia. "A crítica ao discurso nacionalista deve encontrar por si própria os meios ideológicos de vincular a força comum das lutas populares com a consciência de uma nova universalidade" (1986, p. 170).

No Canadá pós-colonial, tantos os povos aborígenes, como já indiquei, quanto os quebequenses recorreram a um nacionalismo autodefinido para lutar por direitos previamente negados na nação como um todo. Pierre Elliot Trudeau, que está entre os mais notáveis primeiros-ministros dessa nação e constitui outra de nossas recentes perdas, foi, como um quebequense, levado politicamente a combater o nacionalismo de Quebec, que julgava ser inimigo de uma tradição liberal-democrática. Como se viu, obviamente, Trudeau tentou manter o espírito separatista de Quebec à distância, por meio de uma composição política questionável: suspendendo liberdades civis durante o ato legislativo Medidas de Guerra (War Measures) em 1970 e, ao mesmo tempo, continuando a manter o país oficialmente bilíngue e multicultural e instituindo uma Carta Nacional de Direitos e Liberdades.

Embora o futuro de Quebec não esteja de nenhuma maneira estabelecido, os estudantes poderiam muito bem apreciar como Trudeau procurou opor-se ao nacionalismo étnico fortalecendo o Estado civil fundamentado nos direitos. Mais importante ainda, e animador para a minha proposta, essa estratégia civil tem estado em alta, no mundo inteiro, nos últimos anos. No decorrer da última década, de acordo com Ted Robert Gurr, líder do Projeto das Minorias em Risco (Minorities at Risk Project) da Universidade de Maryland, tem havido "um nítido declínio das guerras étnicas, um acordo entre várias das antigas guerras e tentativas proativas de Estados e organizações internacionais de reconhecer direitos de grupos e canalizar disputas étnicas para políticas convencionais" (2000, p. 52). Essa canalização de disputas étnicas para processos políticos nacionais tem ocorrido, entre os recentes governos democráticos na Europa, na Ásia e na América Latina, na medida em que eles formalmente reconhecem e garantem os direitos políticos e culturais das minorias em seus territórios. Na minha opinião, isso contém lições importantes sobre o Estado-nação em mudança. Em bem poucos casos, a nação está sendo definida como uma unidade étnica por aqueles que nela vivem. Embora o derramamento de sangue das guerras étnicas persista em Israel, Sri Lanka e em outros lugares, o declínio da violência ao longo da última década, argumenta Gurr, mostra que soluções políticas e civis têm sido encontradas para a questão referente ao que define a nação.[6]

Os ensinamentos históricos que precisam ser refinados dizem respeito ao motivo por que as melhores esperanças da nação de participação equitativa e de direitos inalienáveis têm, repetidamente, deixado de ser cumpridas, mesmo nos momentos em que a nação possivelmente tenha dado pequenos passos gradativos em direção a essa meta. Os estudantes precisam, igualmente, entender como essa visão da igualdade fundamental da humanidade nem sempre tem feito parte do que foi e continua sendo ensinado na escola. Eles precisam examinar como o papel crítico das escolas, de modelar nossa maneira de perceber quem-é-de-que-lugar com base na nacionalidade, assim como seus próprios livros-textos, tanto quanto os livros mais antigos que talvez ainda descansem na biblioteca, formam um excelente ponto de partida para compreendermos o quanto necessitamos redefinir nossa concepção de nação, redirecionando-a para a ideia de um espaço civil como uma associação de iguais.[7]

II

Após esse exame histórico bastante breve do Estado-nação e antes de considerar o meu segundo princípio educacional, que diz respeito ao modo como as escolas podem apoiar uma maior deliberação civil e política entre os estudantes, gostaria de propor um intervalo. Consigo ver prontamente quatro prováveis objeções ao meu foco educacional na nação. São elas: (1) estou admitindo, de modo antidemocrático, uma abordagem particularmente ocidental para discutir o Estado-nação; (2) o Estado-nação já é um conceito ultrapassado; (3) a nação deveria ser posta à parte em favor do cosmopolitismo; e, por fim, (4) toda essa preocupação com o Estado-nação hoje é, sem sombra de dúvida, irrelevante do ponto de vista educacional.

Se essa preocupação com o Estado-nação expressar-se, fundamentalmente, pelo respeito às diferenças, que dizer da acusação de que essa convicção na razão e na democracia representa um estratagema ocidental para apoiar sua antiga e declinante predominância? Seria melhor abandonar, como experiências fracassadas, esses ideais nacionais? Não se trata

CURRÍCULO NA CONTEMPORANEIDADE

apenas de rejeitar a opinião ocidental sobre a nação. É enganoso e sem dúvida arrogante imaginar, como ressaltou recentemente Amartya Sen, prêmio Nobel de economia, que a razão seja estritamente um ideal ocidental (2000). Ele ataca a ideia de se estabelecer um conjunto seletivo e singular de "valores asiáticos" em favor da disciplina e da ordem, contra os "valores ocidentais" de liberdade e razão (p. 36). Ele prossegue, argumentando que "quando reconhecemos que várias ideias consideradas fundamentalmente ocidentais também floresceram em outras civilizações [...], não precisamos partir para o pessimismo, pelo menos por esse motivo, quanto às perspectivas, no mundo, do humanismo centrado na razão" (ibid.). Tendo rejeitado o domínio exclusivo do Ocidente sobre a razão, não nos resta senão investigar como as ideias sobre nação podem funcionar de acordo com a lógica dos processos democráticos e deliberativos.[8]

Isso me leva a uma segunda preocupação, a de que a nação já é uma causa perdida e que precisamos mais do que depressa superá-la. Essa é a visão, por exemplo, de Mohammed Bamyeh, da Universidade de Nova York e editor de um periódico de "estudos transnacionais e transculturais". Ele sustenta, em sua crítica ao novo imperialismo, que "a vitória final do capitalismo em toda parte significa [...] que o Estado capitalista perdeu sua missão e seu significado" (2000, p. 2). Bamyeh deposita sua convicção em "intervenções voluntárias organizadas" dos grupos sociais e em uma "'sociedade civil global' nascente" (p. 24).[9] Bernardo Gallegos, similarmente, sustenta que, no caso do México e dos Estados Unidos, a nação pode ser "uma categoria discursiva desqualificadora" que leva à "destruição das identidades indígenas". Ao mesmo tempo, ele defende uma nova concepção de espaços e arranjos sociais, oferecendo como exemplo o movimento zapatista indígena no Estado de Chiapas, no sul do México (1998, p. 237).

É certo que essa é uma era de novas políticas, que afronta antigas formas de interpretar a nação. Segundo Anne-Christine Habbard, secretária-geral adjunta da Federação Internacional das Ligas dos Direitos do Homem (FIDH), essas políticas significam que "a nossa cidadania é uma nova cidadania planetária, que reflete o fato de as decisões terem migrado do plano do Estado. Votar em representantes nacionais, uma antiga expressão de cidadania, não leva a nada, pois seu poder é insuficiente" (Cohen, 2000, p. WK1). Não há dúvida de que essas decisões, de consequências significativas, estão cada vez mais comuns no cenário global, na maioria das vezes nos bastidores da Organização Mundial do Comércio (World Trade Organization — WTO), do Fundo Monetário Internacional (FMI) e das principais sociedades financeiras. Mesmo o presidente do Banco Mundial, James D. Wolfensohn, sabe o bastante para declarar que "algo está errado quando os 20% mais ricos da população recebem mais de 80% da renda global" (Khan, 2000, p. A6). Portanto, a dúvida é o que fazer diante de um problema de tamanha amplitude. Como podemos, citando ainda o que o presidente Wolfensohn propõe, "tornar a globalização um instrumento de oportunidade e inclusão — não de temor" (ibid.)? Em face de uma questão como essa, em vez de simplesmente fazer parte do coro que chora a morte da nação e demoniza a expansão da globalização, seria bem mais vantajoso, penso eu, identificar projetos específicos que apresentem alguma chance de promover a oportunidade e a inclusão, sejamos nós presidentes de banco ou professores universitários.

Acredito que seja prematuro desistir dos Estados, acusando-os de "vacuidades extremamente amplas", como Bamyeh

CURRÍCULO NA CONTEMPORANEIDADE

o faz (2000, p. 25). Acredito que seja o momento, de acordo com Gallegos, de reconceituar os espaços e os arranjos sociais da nação. Vamos pelo menos recorrer aos sistemas escolares e às universidade do Estado para examinar se podemos preparar melhor os jovens e nós mesmos para um trabalho em conjunto com os movimentos sociais a fim de promover uma sociedade mais civil em todos os aspectos. A civilidade não pode simplesmente acontecer em nível global; ela tem de materializar-se também em todos os níveis abaixo. Para mim, essa é uma oportunidade de as escolas e universidades intensificarem o foco na política do Estado, a fim de colocar a razão pública a serviço de questões de interesse global e local. O que está em jogo é o Estado capitalista ter uma missão e um significado. Precisamos examinar de que forma nosso trabalho como educadores pode fazer mais do que expandir, se não restaurar, o escopo da esfera pública no âmbito de processos democráticos nacionais.[10]

Nesse sentido, eu me abro para a terceira possível objeção à minha preocupação aparentemente provinciana com a nação. Na verdade, torço para que ganhemos certa distância crítica no que diz respeito ao modo como a educação divide o mundo. Esse me parece o primeiro passo para sermos mais fiéis, como propõe Martha Nussbaum (1996, p. 7), à razão e à capacidade moral da humanidade. Essa renomada filósofa da Universidade de Chicago é mais conhecida por ter tão seriamente mantido viva a antiga sabedoria dos gregos em obras como *Fragility of Goodness* e *Love's Knowledge*. Contudo, ela publicou em 2000 uma obra mais prosaicamente intitulada *Women and Human Development: The Capabilities Approach*. Esse livro mostra-a bem longe do Partenon, sentada no chão na zona rural de Bihar no nordeste da Índia, dando-se conta do quanto o programa de alfabetização Adithi está conseguindo beneficiar grande quantidade de mulheres (2000). Ela insistentemente nos convida a apoiar o desenvolvimento, no mundo inteiro, da educação de mulheres, como uma resposta humanitária às forças da globalização que, de outras formas, nos têm beneficiado.

Além disso, Nussbaum, em outro texto, defendeu a necessidade de uma educação cosmopolita, em vez de nacionalista, em que aprendamos a nos ver como cidadãos do mundo, incitados pelos valores universais de uma humanidade comum (1996). Sua provocadora rejeição do patriotismo nacional deu origem a uma discussão notável sobre se podemos nos afastar de nossos compromissos nacionais, visto que não há nenhum Estado mais amplo do qual possamos ser cidadãos, nem qualquer acordo claro em relação a que valores compartilhados oferecem uma base para essa causa comum (Walzer, 1996; Putman, 1996). Afora isso, não precisamos escolher entre nação ou mundo, em termos de nossas lealdades, sustenta a autora, contestando críticas recebidas, que acabam por criar dicotomizações. Precisamos superar o chauvinismo particular que prejudica a estatura política da nação, reconhecendo que aquilo que me une aos meus vizinhos me une a toda a humanidade.

Portanto, como podemos honrar melhor esse princípio do cosmopolitismo, tanto no interior de nossas famílias e na vizinhança quanto entre aqueles que vivem em países aparentemente distantes? O problema, como Nussbaum identifica, é que "concebemos os chineses como nossos pares no momento em que eles estão residindo em um determinado lugar, isto é, os Estados Unidos, mas não quando estão residindo em um outro lugar, isto é, a China" (p. 14).[11] O termo "chinês" (e "asiático", nesse aspecto) funciona como uma designação racial, cultural e nacional matizada que necessi-

CURRÍCULO NA CONTEMPORANEIDADE 107

tamos analisar criticamente com os estudantes. O rótulo de "outro", dado por um outro, é um dos principais legados sociais do imperialismo, com base no qual cada um de nós continua a viver.[12]

Neste momento, chego à quarta (porém, jamais a última) objeção ao meu interesse em repensar a nação, que me convida, simplesmente, a "cair na real". Pois é provável que você esteja abanando a cabeça negativamente, perguntando-se como pude negligenciar a Grande Discussão Educacional do Momento, que é, sem dúvida, a elevação dos padrões educacionais nas escolas. (Isso *não* implica reduzir o espírito de nacionalismo das escolas.)[13] Se não estou falando sobre formas de melhorar as notas das provas, seja por meio de incentivos, *vouchers*, privatização ou computadores, não estou falando para pais, professores, administradores, políticos ou qualquer outra pessoa que pretenda exercer alguma influência sobre as escolas.

Face a essas preocupações, gostaria ainda de indagar se, com essa meta de suma importância — uma quantidade maior de estudantes aprendendo mais em todos os graus —, estamos dedicando alguma atenção ao *que* eles estão aprendendo mais. Creio que existem lições sobre nação e nacionalidade, há muito tempo ensinadas, que não são úteis aos nossos alunos. Se é nosso objetivo elevar os padrões para uma quantidade maior de estudantes, devemos refletir também sobre o que eles aprendem e o quanto isso beneficia o mundo que eles vão herdar. Se a proposta desses padrões elevados for melhorar a qualidade de vida, examinemos as implicações do que os estudantes aprendem e praticam, seja em estudos sociais, tecnologias da informação ou artes, com vistas a uma participação democrática em nível local, nacional e global. Do contrário, continuar supondo que a principal meta educacional é elevar as notas dos alunos nas provas parece referendar o que fazemos nas salas de aula, sem levar em conta o grande despreparo dos alunos.

Diria que os especialistas em educação têm a responsabilidade de encontrar formas de ampliar a conversa pública sobre educação, para que se continue a abordar a questão relativa ao que estamos aprendendo e como esse aprendizado contribui para esse mundo em constante mudança. As escolas, em toda parte e por muito tempo, têm reforçado o conceito de identidade nacional singular em que o mundo é claramente dividido em nações codificadas por cor, cada uma delas com características, moeda e costumes particulares. Esse enfoque tem sido amenizado pela introdução do multiculturalismo no currículo, permitindo que os alunos vejam como sua nação é enriquecida por outras nacionalidades e culturas. Entretanto, isso pode sustentar a visão de que as pessoas carregam nas costas, como um caracol, uma nação domiciliar — ou seria apenas uma cultura e uma raça? —, na medida em que constroem seus caminhos no mundo.

O currículo também tem-se tornado mais global, e me encorajo a dizer, com base em relatórios de pesquisas, que um sentido maior da interligação do mundo pode ser encontrado em algumas aulas de estudos sociais, pelo menos nos Estados Unidos (Merryfield, no prelo). Ao mesmo tempo, Merry M. Merrifield, professora de currículo na Ohio State University, também concluiu que esse globalismo envolve pressupostos subjacentes tanto sobre o triunfo do capitalismo quanto sobre a predominância permanente dos Estados Unidos. Não surpreendentemente, ela defende a necessidade de "mover o centro da educação global das divisões institucionalizadas de pessoas e ideias para a complexidade da interação e do *sincretismo* da experiência humana global" (no

CURRÍCULO NA CONTEMPORANEIDADE

prelo). Essa mudança de posição ajudaria o currículo escolar a acertar o passo com o que o mundo tem significado.

Ah, mas existe a força continuada dessas divisões institucionalizadas! A complexidade que os estudantes também precisam desvendar, hoje tanto quanto antes, é como essa ideia ainda extremamente poderosa de nação pode moldar a própria forma como nos vemos e compreendemos uns aos outros. Os estudantes precisam avaliar como a ideia de nação tem funcionado ao longo da história a favor ou contra sua própria promessa de autodeterminação e autodefinição, sua promessa de deliberação e acordo político. Eles precisam examinar como a globalização pode representar uma ameaça a formas democráticas de governo do Estado, duramente conquistadas. Essa ameaça não é menor na área de educação do que nas áreas de comércio e direito.[14]

III

Minha meta educacional, portanto, é investigar junto com os estudantes como o Estado-nação, há muito tempo, tem incluído tanto um apelo patriótico por lealdade, como um compromisso explícito de proteger a dissenção e outros processos democráticos. Gostaria de saber como podemos começar a examinar o Estado-nação de forma, por um lado, a reduzir nosso chauvinismo e nossa fixação em saber quem-é-de-que-lugar, e, por outro, a aumentar nossas chances de ver como a nação pode ampliar os processos democráticos e civis em nossa vida e em nosso trabalho. As escolas há muito tempo têm difundido a tendência tanto civil quanto nativista da nação, ensinando os direitos e as liberdades da participação democrática e, ao mesmo tempo, celebrando a lealdade à nação, com suas bandeiras, hinos e promessas, assim como seus mapas, histórias e fábulas. As escolas têm sempre procurado instilar o espírito de patriotismo nos jovens com base em um legado cultural comum. Como os proponentes do multiculturalismo têm tornado evidente, isso tem implicado a exclusão e a alienação de inúmeros alunos. Sustento que todos os estudantes precisam compreender como a ideia de nação tem sido dividida de um modo que vai contra suas próprias promessas democráticas, como se observa tanto na maneira de aprender sobre outras nações como na maneira de aprender sobre a nação na qual vivemos.

Um dos significados de repensar quem-é-de-que lugar é prestar atenção àqueles que já são de vários lugares. A classe dominante emergente transnacional pode ser um importante alvo dessa atenção (Robinson & Harris, 2000). Talvez o mesmo se aplique às classes migrantes transnacionais. Pois ninguém pode nos dizer mais sobre a multiplicidade de raízes que os indivíduos têm, sobre ser de vários locais, do que as pessoas que se movimentam livremente entre inúmeras nações. Esse *jet set* é composto por trabalhadores que "desenvolvem redes de comunicações, atividades, padrões de vida e ideologias que se estendem através de seu próprio lar e da sociedade anfitriã", conforme o trabalho antropológico de Linda Basch, Nina Glick Schiller e Cristina Szanton Blanc (1994, p. 4). Contudo, as distinções entre "lar" e sociedade "anfitriã" de fato não funcionam para esses "transmigrantes". Eles não imigram, eles circulam. Eles se sentem em casa nas ruas de Nova York e em uma aldeia de Trinidad. Suas raízes em ambas as nações são tanto sociais, como econômicas, políticas e religiosas. Essa co-existência põe em xeque conceitos tradicionais de nação e nacionalidade, como se pode observar nos esforços altruístas de enviar dinheiro aos familiares necessitados, para compensar as desigualdades nacionais que suas famílias vivenciam. Essa é, portanto, a maneira como as pessoas vivem e trabalham em nível global e de uma nação para outra. Desse modo elas contribuem para a vitalidade de duas nações e ao mesmo tempo desafiam as exigências de uma nacionalidade necessária e permanente. Esse é o modelo de nação como um lugar para as pessoas que estão aqui e em outro lugar, uma ideia de nação não tão plenamente concentrada em si mesma, um conjunto de comunidades espalhadas, devotadas a trabalhar em conjunto para compartilhar suas oportunidades cambiantes.

Esse significado transnacional e transmigrante de conexão e apoio, de responsabilidade e oportunidade, poderia adequadamente equilibrar nossa concepção bem mais estreita de nacionalidade. Precisamos abandonar a tentativa de fixar pessoas em nações, ao aprendermos e ensinarmos o que somos, o que são culturas e nações e quais são nossos deveres e obrigações recíprocos na circulação de bens e conhecimentos. Precisamos refletir sobre a nação como definidora dos esforços de um grupo por expandir e aprimorar formas democráticas de justiça e governo.

A nação não precisa ser concebida como um lugar especial no qual somos fixados. O que a nação precisa mais, na verdade, é ser um lugar no qual nos reunimos de modo equitativo para imaginar e trabalhar em conjunto o que queremos fazer desse mundo. A nação não é senão uma unidade que organiza o modo como vivemos. Precisamos — tendo em vista sua proporção, suas estruturas administrativas, sua história — pensar no que melhor pode ser feito para reduzir o malefício que somos capazes de causar um ao outro, especialmente, no passado e no presente, em nome de nacionalidade e nacionalismo.

Ao mesmo tempo, ao trazer à tona a importância de reflexões sobre por que e como o conceito de nação tem operado, não é minha intenção negar a necessidade de raízes.[15] Não há como abandonar nosso sentimento de pertencer, nossos sentimentos profundos e permanentes por um lugar ou, mais provavelmente, por uma série de lugares, demarcados pela memória de ruas, morros, alamedas, contorno de um rio, bem como pela maneira de falar e cozinhar, pela cor dos ônibus, pela música tocando na loja da esquina. Mas há momentos, também, em que esse país tem enviado tropas a outro país. Nesses lugares repousam aspectos de nossa identidade e, portanto, do que levamos para as deliberações sobre a nação. Esse sentimento de lugar, repleto de memórias, talvez possa significar que eu quero manter minhas ruas como elas eram e sempre pareceram ser. Esses sentimentos, às vezes, dão lugar a restrições à imigração, e aqui, em Vancouver, um bom tempo atrás, acabaram dando lugar à regra de não vender propriedades, em determinados bairros, a judeus e asiáticos.

E esse é o motivo, eu diria, por que precisamos ajudar os estudantes a enxergar que a nação é um lugar em que nossas ligações com memórias e identidades não podem nos levar a ignorar princípios democráticos fundamentais referentes às nossas obrigações e aos nossos deveres mútuos. Isso requer uma análise crítica, com os estudantes, de como essa ideia de nação funciona. Significa explicar por que estamos, a essa altura, tanto nos ocupando da nação como um meio de realizar nossos direitos e obrigações de cidadãos, como nos preocupando com a grande probabilidade de tudo isso servir como fonte para um nativismo e uma nacionalidade sentimentais e ocasionalmente hostis.

Precisamos investigar junto com nossos alunos como esse conceito de nação implica reivindicações inevitavelmente in-

CURRÍCULO NA CONTEMPORANEIDADE

seguras a um povo e ao lugar em que vive. Na medida em que algumas pessoas que vivem na nação são vistas como tendo suas raízes em um outro lugar, por sua nacionalidade ou raça, sua participação plena e equitativa nessa nação democrática é solapada. Ou seja, as premissas básicas do Estado democrático não se materializam. Podemos perguntar aos alunos quão menos verdadeiro isso é nos dias de hoje do que foi em 1903, quando W. E. B. Du Bois afirmou que os afro-americanos sempre tiveram de sentir que possuíam essa "dupla consciência", sempre tiveram de sentir essa "duplicidade — ser americano e ser negro; duas almas, dois pensamentos, duas lutas irreconciliáveis" (1989, p. 5). Por que motivo essa nação é a tal ponto identificada com uma determinada raça que as outras pessoas são obrigadas a levar vidas divididas? Será que finalmente não chegou o momento em que um americano possa ser visto apenas como alguém que vive na América? Isso sempre tem sido uma verdade, em certo nível, mas agora passou a ser um imperativo político moral, se desejarmos que a qualidade democrática da nação continue a avançar.

Precisamos investigar como ideias prevalentes da "condição de ser nação" estão mudando em face de uma série enorme de forças que incluem a globalização, mas também a difusão da democracia, do feminismo e do ambientalismo. Precisamos pressionar essas novas tecnologias globais de comunicação para que favoreçam interesses públicos no âmbito dessa crescente economia do conhecimento. Precisamos perguntar, a cada passo, como nossa participação no estudo da educação ajuda a identificar e a evidenciar formas de expandir os princípios democráticos do Estado. Precisamos especificar projetos de intervenção educacional, em vez de participarmos do repetitivo coro que atualmente se ocupa em denunciar os infortúnios da globalização.

Considere o problema crítico do idioma — de programas de ensino bilíngues ao movimento do Inglês oficial nos Estados Unidos. Não há dúvida de que o acesso ao Inglês é hoje uma questão global. Porém, contra a hegemonia desse idioma, podemos investigar junto com os estudantes como os processos democráticos funcionam em comunidades multilíngues? Será que conseguiríamos avaliar junto com eles os pressupostos que algumas vezes orientam os programas ESL* (Norton, 2000)? Será que podemos investigar o papel da tradução nessas comunidades e como ela poderia ser melhor apoiada pelas escolas e pelos próprios alunos? Quais são as fontes de informações políticas, os processos de deliberação local e pública? Como são exercidos os direitos nas comunidades multilíngues? Como eles podem se ampliar como parte de um processo educacional? Será que mais espaço para literatura e artes multilíngues nas escolas e nas comunidades apoia a ideia de nação e de suas escolas como um ponto de encontro, de investigação e de intercâmbio?

Ou então considere as novas tecnologias da informação. Essas máquinas podem ser o esteio de uma economia global fundamentada no conhecimento, mas podem também ser usadas para divulgar a promessa nacional de ações democráticas e de acesso à democracia. O problema, portanto, é como essa tecnologia pode expandir ainda mais a esfera pública, oferecendo oportunidade para uma maior consciência, compreensão e participação, tanto em nível nacional quanto global. Como, então, os estudantes estão sendo preparados para se beneficiar desse maior acesso público a documentos governamentais, análises políticas e resultados de pesquisa? Até que ponto eles estão prontos para utilizar essas novas fontes de

---

* English as a Second Language (Inglês como segunda língua). (N. da T.)

CURRÍCULO NA CONTEMPORANEIDADE

informações de modo a promover maiores deliberação e participação pública? Será que esses novos sistemas de informação conseguem estender os processos democráticos para o local de trabalho e para outras posições sociais e profissionais?

Exemplifico com minha própria luta com as novas tecnologias. Tenho conseguido, com meu projeto, melhorar o valor público da pesquisa, como forma de fazer avançar os princípios democráticos da nação. O Projeto do Conhecimento Público (Public Knowledge Project), como o chamamos, está investigando como nossas atividades acadêmicas poderiam apoiar mais as qualidades deliberativas do Estado democrático e difundir esse espírito de deliberação a outros âmbitos de nossa vida.[16] Esse é o trabalho que inspira Dorothy Smith quando ela defende a ciência social "que expandiria o conhecimento apropriado das pessoas sobre as práticas e os espaços locais de sua vida diária/noturna, aumentando o escopo do que se torna visível de uma posição e mapeando as relações que unem uma posição a outra. Como um mapa, isso se tornaria cada vez mais um índice para os espaços locais das experiências das pessoas, explicitando o modo como estamos ligados às ampliadas relações sociais dominantes e à economia" (1999, p. 94-95). O desafio do Projeto do Conhecimento Público é situar e apoiar esse amplo e denso conjunto de pesquisas de forma que as pessoas possam prontamente associar compreensões locais e relações dominantes. Smith oferece um princípio norteador útil para esse trabalho quando admite que, "embora parte do trabalho de investigação possa ser técnico, como a elaboração de um mapa também é, seu produto poderia ser, assim como o mapa, comumente acessível e utilizável" (p. 95).

Além disso, podemos também concluir que apenas facilitar o acesso a esse corpo de conhecimentos não será suficiente.

Como Smith reitera, "o conhecimento deve ser escrito diferentemente e planejado diferentemente se seu objetivo for produzir outras relações sociais que não as de dominação" (p. 94). Estamos convictos de que podemos de fato facilitar um maior envolvimento público com as pesquisas e os pesquisadores nas ciências sociais, na medida em que os pesquisadores começarem a observar como o trabalho que eles realizam pode servir mais adequadamente aos que desejam ajudar. A ideia é mudar o modo como as pesquisas são conduzidas e escritas, estimulando, por exemplo, uma maior atenção à coerência e à conexão, não apenas no âmbito das pesquisas, mas com o trabalho em andamento nesse domínio público mais amplo. Empregar a pesquisa das ciências sociais para provocar discussões nacionais sobre os direitos das Primeiras Nações, imigração, educação e bem-estar social é, sem dúvida, apenas uma das formas de usar esse trabalho. Contudo, minha dúvida é se a nação propicia oportunidade e motivo quando se trata de repensar o modo como ela tem posicionado quem-é-de-que-lugar, nas escolas e em outros espaços, de uma maneira que funciona decisivamente contra suas aspirações democráticas.

Uma das razões para ressaltar a necessidade de trabalharmos mais diretamente no exame de processos democráticos é a notável perda de fé e confiança nos governos democráticos da Europa, da América do Norte e do Japão no decorrer das últimas três décadas (Pharr, Putman e Dalton, 2000). Pode ser que estejamos falando sozinhos neste momento, mas há hoje muito mais informação e possibilidade de aplicá-la, ao menos nas áreas de saúde, finanças, esporte e "compras pela internet" [*comparison shopping*].* Não há

---

* O autor refere-se à habilidade da rede de permitir aos consumidores a rápida comparação de preços.

CURRÍCULO NA CONTEMPORANEIDADE

dúvida de que existem lições políticas a serem aprendidas da economia do conhecimento. Observe esta declaração de independência, de 6 de outubro de 2000: "Ocorreu uma revolução... A vitória é sua. Nunca antes os indivíduos [...] tiveram o poder e o acesso que têm hoje. As informações e as oportunidades anteriormente disponíveis apenas para as grandes instituições, bem como a própria riqueza hoje estão nas mãos do povo — em suas mãos". Essa declaração de fato parece anunciar um significado renovado do Estado político. Mas, é claro, essa declaração é um anúncio de página dupla da E*TRADE,* orientado pelo princípio democrático fundamental "É o seu dinheiro".

Imaginemos pelo menos um sistema de ensino que preparasse os alunos com "informações e oportunidades anteriormente disponíveis apenas a grandes instituições e a própria riqueza" e apoiasse sua participação em uma nação interessada, principalmente, na deliberação democrática. Na medida em que a democracia é, para nós, uma experiência em curso, talvez haja uma oportunidade de trabalhar mais uma vez a forma pela qual ela é desenvolvida no Estado-nação. Eis uma chance de examinar se a educação, nas nações democráticas, por estar menos voltada para questões de nacionalidade e identidade nacional, pode contribuir mais para o exercício do debate público. As lições do passado e do presente aprendidas nesse fórum nacional, em defesa dos direitos das minorias, sobre a arte do compromisso político e sobre o estabelecimento de sistemas de controle e avaliação, podem ser aplicadas a todas as inúmeras demarcações políticas que enfrentamos, o que poderia, em um caso, ser direcionado aos

---

* Firma de corretagem *on-line* que procura cooptar a linguagem da revolução para seu trabalho com a tecnologia. [N. do T.]

esforços da vizinhança para aumentar os espaços verdes ou, em outro, às iniciativas globais contra as *sweatshops*.*

O moderno Estado-nação tem uma história que nos diz respeito. Será necessário mais do que a ciberpublicidade da globalização para apagar essa história. Porém, não estou muito interessado em que nos tornemos de uma hora para outra cidadãos do mundo — visto a facilidade com que somos distraídos por todo esse resplendor —, pelo menos não antes de aprendermos de fato a ser cidadãos dessa experiência democrática anterior tão promissora. A nação não deve, assim, ser descartada. Entretanto, está pronta para mover-se, não para uma condição mais elevada, mas sim para tornar-se menos que um estado de ser e mais um lugar em que nos unimos para reconhecer nossos deveres para cada um de nós e para com essa terra. Isso começa com um desafio às nossas percepções aparentemente naturais sobre quem-é-de-que-lugar. Isso significa compreender por que temos a necessidade de constantemente posicionar as pessoas, de fixá-las, de modo distinto do que fazemos conosco, por categorias de nacionalidade e todas as suas nuanças raciais. A nação é um hábito intelectual que é reforçado pela escola e pela mídia, um hábito que parece estar fundamentado em nossas experiências e viagens. Porém, se a mente precisa de formas de organização acabadas sobre como o mundo chega a isso, rotulando os papéis e as pessoas, então precisamos investigar como esses rótulos funcionam a favor e contra o que nós queremos do mundo. Precisamos desafiar e checar esses hábitos da mente, para, se não os eliminarmos, ao menos amenizarmos suas consequências.

---

* Lojas ou fábricas nas quais os funcionários trabalham longas horas, por salários baixos e em péssimas condições ambientais. [N. da T.]

Esse é o motivo por que nós, como educadores, precisamos nos apoderar dessa ideia de nação, questionando o atual Estado em nossas pesquisas e com nossos alunos. Precisamos perguntar como nosso trabalho pode fazer a nação ir além de um fórum político e um espaço civil interessados em criar mundos locais e mais abrangentes. Precisamos compreender melhor como o Estado-nação pode facilitar e estruturar um acordo justo e cooperativo entre as pessoas, para o trabalho e a vida em conjunto, assim como tudo isso pode funcionar como um mediador entre os interesses locais e os globais. Muito frequentemente temos aceito a nação sem questionamento, como um produto da história e uma fonte de identidade. A nação moderna, como uma associação de pessoas que têm concordado em trabalhar em conjunto para aperfeiçoar a qualidade e o grau de autogoverno, tem estado desde o princípio ao nosso alcance e é nossa responsabilidade garantir que ela cumpra grande parte de suas promessas e atenda a grande parte de nossas expectativas em relação a ela. *Aqui* estamos, portanto, para demonstrar, com a pesquisa e o trabalho acadêmico, que temos os instrumentos e a força de vontade de dar as boas vindas a um repensar do que poderia ser melhor feito, como Vince Stogan provavelmente nos teria dado as boas vindas a um lugar que de nenhum modo é nosso para ser aceito como dado.

Notas

1. Primeiramente publicado em *Educational Studies*, 33(1), p. 35-53, 2002.

2. Trata-se de citação da geógrafa Katharyne Mitchell (1996), da Universidade de Washington, que oferece uma excelente interpretação da cidade, no âmbito das tensões do global e do local e, acrescentaria, da nação e da questão racial.

3. Consultar Anthony D. Smith (1991) para uma discussão detalhada dos elementos da identidade nacional.

4. Tratando da nação, sem dedicar maior atenção a algo mais amplo, Amy Gutman cita o discurso de Martin Luther King Jr. em oposição à guerra do Vietnã, no qual ele afirma: "nós que nos julgamos unidos por uma fidelidade e lealdade mais ampla e profunda do que o nacionalismo e superior às metas e às posições definidas da nação [...]" (1999, p. 310).

5. Os princípios liberais de livre associação e consentimento fundamentado, entre pares que se uniram para proteger os direitos e as liberdades de todos, estão assegurados na tradição ocidental por Locke e Mill: "O que dá origem e de fato constitui qualquer sociedade política", sustentou John Locke, em sua posição como a voz legítima da razão no século XVII, "nada mais é que o consentimento de uma quantidade qualquer de homens livres, suscetíveis de serem a maioria, de se unirem e se incorporarem nessa sociedade" (p. 166). Ou como John Stuart Mills afirmou aproximadamente dois séculos mais tarde: "O sistema de governo idealmente melhor é aquele no qual a soberania ou o poder supremo de controle, em última instância, cabe ao conjunto da comunidade, tendo cada cidadão não apenas voz no exercício dessa soberania suprema, mas podendo, pelo menos ocasionalmente, ser instigado a participar de fato do governo, pelo exercício pessoal de alguma função pública, local ou geral" (1910, p. 207).

6. Há mais ou menos três décadas, Walker Connor previu que apenas uma parcela extremamente pequena dos Estados-nações — ele citou 10% — era capaz de alinhar-se com uma única etnicidade (1972). Essa mudança em direção ao Estado civil está sendo também retomada por Jean-Marie Guéhenno, embaixador da França da União Europeia: "A nação não é mais uma camuflagem para a tribo, mas um espaço político no qual a democracia pode ser construída" (1995, p. 3).

7. Para exemplos em história, geografia, ciências, linguagem e literatura, consultar meu livro *Learning to divide the world: education at empire's end*, 1998a.

8. Seria também um engano negligenciar as influências não ocidentais sobre o que consideramos o pensamento ocidental. George Siuoi (1992), por exemplo, demonstra influências ameríndias no pensamento democrático de Rousseau, Diderot e outros (1992). Consultar também a análise que Tu Wei-Ming faz do pensamento confuciano: "Parece razoável que se

CURRÍCULO NA CONTEMPORANEIDADE 121

possa endossar um *insight* sobre o eu como fundamento para a igualdade e a liberdade, sem aceitar a ideia de Locke acerca da propriedade privada, a ideia de Adam Smith e Hobbes a respeito do interesse particular, a ideia de John Stuart Mills sobre privacidade, a ideia de Kierkegaard sobre solidão ou a recente ideia de Sartre sobre liberdade" (1985, p. 78).

9. Consultar também Dirlik (1996) sobre as organizações locais como fonte de esperança contra as forças globais.

10. Discuto essas questões da esfera pública em outros textos (2000, p. 195-220; 1999b, p. 126-152). Consultar também Calhoun (1997).

11. Entretanto, a recente evidência esboçada pelo Laboratório Nacional de Los Alamos indica o contrário, pelo menos para o FBI, o Departamento de Justiça americano e o *New York Times*, no caso de Wen Ho Lee. Em 26 de setembro de 2000, o *New York Times* publicou uma extraordinária apreciação crítica de seu tratamento do caso de Wen Lo Hee, no qual Lee recebeu várias acusações de lidar mal com os segredos atômicos americanos, supostamente os revelando para a China (p. A2).

12. Embora eu esteja examinando apenas o aspecto nacional neste ensaio, analiso essa combinação em outra obra (1999a).

13. Nessa província, o estudo sobre a nação, como um conceito, tem lugar formalmente na nona série de estudos sociais, na qual se supõe que os alunos, no decorrer dos estudos sobre a Europa e a América do Norte, 1500-1815, "definam colonialismo, imperialismo e nacionalismo; analisem os fatores que contribuem para revoluções e conflitos; e analisem as contribuições das revoluções inglesa, francesa e americana para o desenvolvimento de conceitos democráticos". Resultados de Aprendizagem Prescritos, 9ª série, Ministro da Educação da Colúmbia Britânica, http://www.bced.gov.bc.ca/irp/curric/sslo810/lo2.htm.

14. Na introdução de recente livro sobre globalização e educação, Nicholas Burbules e Carlos Torres advertem que, se a educação pública ignorar a globalização, "correrá o risco de se tornar cada vez mais suplantada por influências educacionais que não estão mais atribuídas à administração e ao controle público", e acrescentam (com base na interpretação errônea de que é o atual Estado-nação que precisa ser protegido): "em nossa opinião, está em jogo nada menos que a sobrevivência do sistema democrático de governo e o papel da educação pública nesse empreendimento" (2000, p. 23).

15. Essa alusão à necessidade de raízes é tomada de empréstimo a Simone Weil, cujo trabalho a respeito desse assunto eu abordo em outro texto (1998b).

16. Consultar Willinsky (1999b; 2000).

Referências bibliográficas

ANDERSON, B. Imagined communities: reflections on the origins and spread of nationalism (revised ed.). *Reflections on the origins and spread of nationalism*. London: Verso, 1983.

BASCH, L., SCHILLER, N. G.; BLANC, C. S. *Nations unbound*: transnational projects, postcolonial predicaments and deterritorialized nation-states. Basel: Gordon and Breach, 1994.

BAMYEH, M. A. The new imperialism: six theses. *Social Text 62*, v. 18, n. 1, p. 3-29, 2000.

BURBULES, N.; TORRES, C. Globalization and education: an introduction. In: BURBULES, N.; TORRES, C. (Eds.). *Globalization and education*: critical perspectives [1-26]. New York: Routledge, 1990. p. 8-22.

CALHOUN, C. (Ed.) *Habermas and the public sphere*. Cambridge, MA: MIT Press, 1992.

CHATTERJEE, P. *The nation and its fragments*. Princeton, NJ: Princeton University Press, 1999.

_____. *Nationalist thought and the colonial world*. Delhi: Oxford University Press, 1986.

COHEN, R. Growing up and getting practical since Seattle. *New York Times*, 24 set. 2000, p. WK1-16.

CONNOR, W. Nation-building or nation-destroying? *World Politics*, n. 24, p. 319-55, 1972.

CROSSETTE, B. Canada tries to define line between human and national rights. *New York Times*, 14 set. 2000, p. A11.

CURRÍCULO NA CONTEMPORANEIDADE 123

DIRLIK, A. The global in the local. In: WILSON, R.; DISSANAYAKE, W. (Eds.). *Global/Local*: Cultural Production and the Transnational Imaginary [21-45]. Durham, NC: Princeton University Press, 1996. p. 219-251.

DU BOIS, W. E. B. *The soul of black folk* (originalmente publicado em 1903). Harmondsworth: Penguin, 1983.

GALLEGOS, B. AESA Presidential Address-1997. Remember the Alamo: imperialism, memory and postcolonial educational studies. *Educational Studies*, v. 29, n. 3, p. 132-247, 1998.

GELLNER, E. *Nations and nationalism*. Oxford: Blackwell, 1983.

GUÉHENNO, J.-M. *The end of the nation-State*. Trad. V. Elliott. Minneapolis: University of Minnesota Press, 1998a.

GUNDERSON, L.; CLARKE, D. An exploration of the relationship between esl students' backgrounds and their english and academic achievement. In: SHANAHAN, T.; RODRIGUEZ BROWN, F. V. (Eds.). *National Reading Conference Yearbook*. Chicago: National Reading Conference, n. 47, p. 164-273, 1998.

GUTMANN, A. *Democratic education* (originalmente publicado em 1987). Princeton, NJ: Princeton University Press, 1999.

GURR, T. R. Ethnic warfare on the wane. *Foreign Affairs*, v. 79, n. 3, p. 52-64, 2000.

LOCKE, J. Of Civil Government: *Two treatises* [originalmente publicado em 1690]. London: J. M. Dent, 1924.

MERRYFIELD, M. M. Moving the center of global education: from imperial world views that divide the world to double consciousness, contrapuntal pedagogy, hybridity, and cross-cultural competence. In: STANLEY, W. B. (Ed.). *Social studies*: research, priorities and prospects. Greenwich, CT: Information Age Publishing. [No prelo.]

MILLS, J. S. Of representative government. In: *Utilitarianism, Liberty and Representative Government* [originalmente publicado em 1861]. London: Dent, p. 171-393, 1910.

MITCHELL, K. In: Whose interest? Transnational capitalism and the production of multiculturalism in Canada. In: WILSON, R.;

DISSANAYAKE, W. (Eds.). *Global/Local*: cultural production and the transnational imaginary. Durham, NC: Princeton University Press, 1996. p. 219-251.

NORTON, B. *Identity and language learning*. London: Longman, 2000.

NUSSBAUM, M. Women and development: *The capabilities approach*. Cambridge: Princeton University Press, 2000.

_____. Patriotism and cosmopolitanism. In: COHEN, J. (Ed.). *For love of country*: Debating the Limits of Patriotism [2-20]. Boston: Beacon, 1999b.

PHARR, S. J., PUTMAN, R. D.; DALTON, R. J. A quarter century of declining confidence. *Journal of democracy*, v. 11, n. 2, p. 5-21, 2000.

PUTMAN, H. Must we choose between patriotism and universal reason. In: COHEN, J. (Ed.). *For love of country*: debating the limits of patriotism [91-97]. Boston: Beacon, 1999b.

PUTMAN, R. D. *Bowling alone*: the collapse and revival of american community. New York: Simon and Schuster, 2000.

RENAN, E. What is a nation? In: BHABHA, H. K. (Ed.) *Narration and Nation*. [originalmente publicado em 1882]. New York: Routledge, 1990, p. 8-22.

SEN, A. East and west: the reach of reason. *New York Review of Books*, p. 33-38, 20 jul. 2000.

SHAPIRO, I. *Democratic justice*. New Haven, CN: Yale University Press, 1999.

SIUOI, G. E. *For an amerindian autohistory*: an essay in the foundations of a social ethic. Trad. S. Fischman. Montreal: McGill-Queen's University Press, 1992.

SMITH, A. D. *National identity*. Reno, NE: University of Nevada Press, 1991.

SMITH, D. The ruling relations. Writing the social: *Critique, Theory, and Investigations*. Toronto, ON: University of Toronto Press, 1999. p. 73-95.

CURRÍCULO NA CONTEMPORANEIDADE

THOBANI, S. Closing ranks: racism and sexism in Canada's immigrant policy. *Race & Class*, v. 42, n. 1, p. 35-55, 2000.

TOMLINSON, J. Cultural imperialism. Baltimore, MD: Johns Hopkins University Press, 1991.

TU, W.-M. Confucian thoughts: *Selfhood as creative transformation*. Albany, NY: SUNY Press, 1985.

WALZER, M. Spheres of affection. In: COHEN, J. (Ed.). *For love of country*: debating the limits of patriotism. Boston: Beacon, 1999b. p. 125-127

WILLINSKY, J. *If only we knew*: increasing the public value of social science research. New York: Routledge, 1990. p. 8-22.

_____. Curriculum after culture, race, nation. Discourse: *Studies in the cultural politics of education*, v. 20, n. 1, p. 89-112, 1999a.

_____. *Technologies of knowing*: a proposal for the human sciences. Boston: Beacon, 1999b.

_____. Learning to divide the world: *Education at empire's end*. Minneapolis: University of Minnesota Press, 1998a.

_____. The educational politics of identity and category. *Interchange*, v. 29, n. 4, p. 385-402, 1998b.

Observação

Gostaria de reconhecer como este artigo se beneficiou dos trabalhos de Kara Macdonald e Airini, bem como das discussões com esses autores. Este ensaio foi apoiado, em parte, pelo Instituto de Estudos Avançados Peter Wall, da Universidade da Colúmbia Britânica.

O ensino na era da informação: entre a instabilidade e a integração[*]

Gunther Kress

Informação, integração e inovação

Educação, seja institucionalizada ou não, diz respeito à construção da subjetividade. Em tempos de relativa estabilidade social, isso dificilmente aparece como um problema, pois as subjetividades que serviram no passado e servem no presente também servirão no futuro e, portanto, o problema permanece invisível. No entanto, outras questões emergem — sobre tipos de subjetividade, sobre hierarquias sociais nas quais elas estão integradas, sobre a associação de indivíduos a propósitos, e tudo isso pode se tornar problemático. Hoje, quando temos de tudo, menos estabilidade, os objetivos da educação e sua própria continuidade sob a forma institucional estão sendo desafiados.

---

[*] Traduzido por Beth Honorato.

Precisamos perguntar o que é socialmente crucial na construção da subjetividade? Que formas de subjetividade a educação deveria prover?

Ultimamente, a subjetividade desenvolveu-se em torno dos conteúdos mais conspícuos de uma cultura. Tais conteúdos eram seleções estáveis que exprimiam e definiam a cultura das elites. Os *processos* de formação do sujeito podiam ser deixados implícitos. O que mais importava era a "conformação" — como *"Bildung"*, "Formação" — do indivíduo por meio dos contornos dos conteúdos valorizados da cultura. O *conteúdo* tinha importância. As subjetividades individuais eram construídas a partir desses conteúdos e da ética e da estética que os acompanhavam. Os *processos* poderiam ser deixados por conta própria — eles decorreriam do engajamento com os conteúdos. Hoje, os *processos* são colocados em primeiro plano. Numa era de radical instabilidade, os valores e significados dos conteúdos tornaram-se instáveis; eles não são confiáveis. As definições de cultura em torno dos conteúdos não mais são possíveis; elas são demasiadamente instáveis.

Agora, os *processos* são centrais: mas processos focados em quê? É possível ter *Bildung* sem conteúdos? É possível *Bildung* fundamentado em processos? E o que seriam sua ética e sua estética?

Esse novo período instável é nomeado de modo variado, como "era da informação" ou "economia do conhecimento": paradoxalmente, visto que o período anterior, sob todas as formas, contou tanto como este com a informação e o conhecimento; e, mais paradoxalmente ainda, visto que as próprias noções de informação e conhecimento tornaram-se absolutamente inseguras. "Naquele tempo", a informação e o conhecimento existiam no marco de uma ordem

CURRÍCULO NA CONTEMPORANEIDADE

social e econômica estável: tanto a informação quanto o conhecimento estavam estreitamente ligados à economia e à ordem social, das quais decorria sua estabilidade. O conhecimento era "adquirido" e trabalhado, de acordo com procedimentos bem compreendidos e estava, em todos os sentidos, ligado à estrutura social e econômica vigente e seus propósitos. Atualmente, é muito mais difícil concordar com objetivos sociais; portanto, a segurança ontológica dos tipos de Conhecimento — e até o próprio conceito de conhecimento — está entrando em grave crise. Nas situações em que antes a autoridade era evidente, hoje isso deixou de ser verdadeiro: os autores pararam de fazer uso da autoridade; ela lhes foi tomada. A autoria deixou de ser rara e dela não flui mais nenhuma autoridade. A "leitura" (no modo de *escrever* associado ao formato *livro*) mudou da busca da *fidelidade ao original* para o *"design"* (no modo *de imagem* associada ao *formato das (novas) telas imagéticas*), uma busca de *fidelidade ao self* — a afirmação definitiva do poder do leitor.

Uma relação proposta teoricamente há mais ou menos 25 anos por Roland Barthes tornou-se uma realidade corriqueira por meio da tecnologia da mídia das novas telas imagéticas. Os locais e as fontes de autoridade são hoje inapreensíveis e as atribuições de responsabilidade são em grande medida impossíveis. O conhecimento fundamentou-se nisso e, embora de forma problemática e contenciosa, já teve uma estabilidade considerável. Atualmente, as questões acerca da informação e do conhecimento tornaram-se centrais, em particular no que se refere ao recente e distinto assunto da *inovação*, e ambos são totalmente instáveis. Nesse ambiente cada vez mais fragmentado, em que lugar se encontram os princípios de integração para a Escola?

"Para Que Serve a Educação?"

Estamos em tempos de profundas mudanças. "A escola" e "a educação" estão à frente das instituições afetadas. Neste ensaio, meu objetivo é examinar algumas das mudanças mais abrangentes que impactaram "a escola" (daqui em diante usarei "escola", abreviadamente, para todas as formas de educação institucionalizada); especularei sobre alguns dos consequentes efeitos específicos dessas mudanças e sugerirei caminhos por meio dos quais poderíamos refletir novamente sobre locais institucionais ou institucionalizados de (ensinar e) aprender e, em particular, sobre os princípios que poderiam servir como orientação para pensar sobre a escola nesses ambientes. Eu assumo que "nossa" meta continue sendo promover a educação no sentido mais amplo, atendendo a esse conceito vago (e hoje frequentemente ridicularizado) de "potencial humano", mais próximo dos conceitos de *Bildung* e Formação. Essa é uma suposição que não pode ser tomada como certa num período em que conceitos instrumentais da educação, como "treinamento", são dominantes em vários lugares.

Inevitavelmente, eu escrevo de um lugar específico — do "Ocidente" anglófono — de minha posição disciplinar, preocupado com a representação e a comunicação (onde os anglófonos passam a significar "neoliberal"). Tudo isso junto dá forma à minha "tomada de cena" e significa que os leitores precisam fazer a tradução necessária de minha posição para a deles.

Um primeiro passo é fazer aquela pergunta radical: "Desejamos de fato continuar, de qualquer maneira, com a instituição escola?" Não está mais claro se a resposta continuará a ser um ambíguo "sim" da parte do Estado, ou da-

CURRÍCULO NA CONTEMPORANEIDADE

queles com poder e influência num futuro próximo, no Ocidente anglófono. Sabemos que a escola, de acordo com a sua conformação atual no Ocidente, é uma instituição cuja história é relativamente recente. Além disso, a escola não é, de forma alguma, uma instituição que exista em todas as sociedades. Embora todas as sociedades eduquem seus filhos, "a escola" é apenas um dos meios de fazer isso. Porém, supondo um "sim" para a minha resposta, as perguntas subsequentes são: "Quais são, então, os motivos atuais e permanentes que justificam a existência da escola? Quais são suas funções essenciais hoje e no futuro?" Em resumo, "Para que serve a escola?".

Não responderei a essa pergunta em função dos objetivos específicos de disciplinas do currículo escolar (tentei esboçar uma resposta em meu artigo publicado em *Linguistics and Education*, 2001), mas em termos gerais, talvez recorrendo a princípios "mais profundos", no nível das disposições, das características, dos conhecimentos, das habilidades e práticas essenciais para a plena participação produtiva na vida social.

As mudanças que marcam o presente

Qualquer discussão dessa magnitude tem de ser estabelecida no ambiente social, econômico, político e cultural mais amplo, pois ela determina tanto o que deixou de funcionar quanto o que necessita e poderia ser feito. Um currículo é um planejamento para o futuro. De acordo com o que propõe no momento, como recursos essenciais para os jovens, o currículo projeta a forma provável do futuro no qual eles atuarão. Desse modo, nosso sentido do meio ambiente precisa projetar para o futuro; precisa ter uma ideia da forma provável desse futuro para o qual o currículo constitui o projeto. Vários dos fatores do presente e alguns do futuro são bem conhecidos, mesmo quando não tão bem compreendidos. Vou me concentrar em cinco desses fatores: (1) a mudança do poder do Estado para o Mercado; (2) a consequente mudança na subjetividade do indivíduo, de cidadão para consumidor; (3) a mudança da concepção de sociedade monocultural para a de sociedade multicultural, abordando tanto a questão de recursos quanto a da equidade; (4) uma mudança na economia, da produção industrial de massa para a produção de nichos, por um lado, e da indústria secundária e terciária à indústria da informação/conhecimento, por outro; e (5) mudanças de dois tipos na representação e comunicação: no potencial de produção/autoria de textos e, portanto, de mudanças nas relações de autoridade; e mudanças nas formas canônicas de representação e nos meios de difusão e comunicação, envolvendo uma mudança da dominância da escrita para um uso crescente da imagem, e um deslocamento da dominância do livro e da página para a dominância da tela imagética.

Gostaria de discutir brevemente essas mudanças, tendo em vista seus efeitos sobre a "escolarização". O deslocamento do poder do Estado para o Mercado trouxe as mais profundas consequências. O Estado garantia uma estrutura ética e, com ela, conjuntos de valores cujos efeitos se estendiam de todos os aspectos do "privado" para todos os aspectos do domínio público. Mais que tudo, ao aproveitar a educação para produzir "cidadãos", o Estado persistia na uniformização de práticas, valores, conhecimentos e disposições. Isso foi expresso tanto em formas pedagógicas — o nível macro de relações da sociedade — espelhadas no nível micro de relações sociais da pedagogia na sala de aula, assim como no currículo,

CURRÍCULO NA CONTEMPORANEIDADE 133

na "segurança" ontológica dos conteúdos do currículo e, igualmente, na fragmentação dos conteúdos curriculares. Embora tenha havido sérias críticas aos propósitos do Estado, a segurança de sua estrutura social e institucional apoiou e viabilizou, de uma forma paradoxal, a possibilidade dessa própria crítica.

O mercado tem suas práticas e seus valores, e sem dúvida, sua ética. No entanto, eles tomam direções muito diferentes, e certamente, não a da uniformidade ou a da segurança ontológica. O Estado proveu uma variedade de tipos de instituições relativamente estáveis, assim como suas práticas e valores, nas quais a subjetividade de um indivíduo podia ser estabelecida. O mercado oferece as práticas e valores do consumo, que não são de forma alguma comparáveis. Na era do domínio do Estado relativamente integral e estável, os indivíduos encontravam seu lugar associando-se e identificando-se com essas estruturas. A subjetividade derivava da posição do indivíduo nessas estruturas: de afiliações de classe, gênero, trabalho, região, idade e assim por diante. No mercado, a subjetividade é definida com base na participação do indivíduo no consumo — seja potencial ou real. Isso gera a subjetividade do "estilo de vida". Contudo, os estilos de vida são organizados de acordo com princípios bastante diferentes, dentre os quais a necessidade de constante diferenciação, embora espúria —, o mercado de nichos —, é essencial. Se a subjetividade antes originava-se dessas estruturas estáveis, agora os sujeitos humanos encontram-se em situações frequentes de fragmentação radical. Essa fragmentação, como diferenciação, é organizada de acordo com o *gosto* expresso como *estilo*.

O consumo baseado na estética (individual) — como a política do estilo — substituiu formalmente as seguras estruturas sociais como a base para a formação da subjetividade. Quem eu sou agora é determinado por *o quê* e *como* eu consumo. Esse é um "trabalho" diferente do trabalho anteriormente necessário para construir a subjetividade; e é um trabalho realizado pelo indivíduo em benefício do mercado. Esta é a minha segunda questão: e requer que a escola reconheça isso como uma exigência essencial em seu novo currículo. Nos currículos, com os quais estou familiarizado, estética tem ocupado um lugar especial: na inculcação das características do "bom gosto", inicialmente para a própria elite, como a educação de uma certa sensibilidade, que era a marca definidora da "pessoa educada" e um passaporte para a elite. Essa estética era, ao mesmo tempo, uma maneira de naturalizar os efeitos do poder da elite e, por conseguinte, de usá-lo como meio tanto para a inclusão quanto para a exclusão — "o melhor" era aquele que assim o era naturalmente.

Agora, a subjetividade é dependente do exercício constante de escolha em ambientes instáveis. Isso se manifesta como/no estilo. Portanto, hoje existe uma nova e diferente necessidade de uma estética, que envolva objetos e hábitos do dia a dia, do banal tanto quanto do raro, do sublime e do excepcional. E nas situações em que antes a estética da elite apresentava seus objetos selecionados, e também disseminava uma ética — o esteticamente melhor como o eticamente a ser desejado: o melhor na literatura como o que é "refinado" e "enobrecedor" — agora a estética do cotidiano precisa basear-se em critérios claros para uma avaliação de todos os objetos encontrados numa compreensão clara dos princípios do mercado. Esses critérios devem permitir que os jovens compreendam os valores, práticas e ética do mercado, e lidem com eles de acordo com o que desejarem. Esta deve ser a característica básica dos novos currículos das Artes, Humanidades e Ciências Sociais.

A mudança de concepção da sociedade monocultural para a sociedade multicultural afeta profundamente a escolarização, tocando em questões relacionadas com "recursos", "segurança" dos valores e equidade. De uma perspectiva curricular, o problema da valorização da diferença aparece imediatamente. Em que grau é possível tornar equivalentes as perspectivas intimamente diferentes dos grupos étnico/culturais representados na escola? Como é possível tornar essa diferenciação educacionalmente, culturalmente e economicamente produtiva? É a essa altura que surge o problema da inovação e da criatividade. Na aproximação e no confronto das distintas visões de mundo das diferentes culturas reside uma das fontes de inovação. Esse ponto de vista fomenta uma nova postura de equidade, não uma postura de concessão. Não se trata, então, de dizer: "respeitosamente, vamos admiti-lo para o 'bem' do nosso grupo" — mas "sua cultura tem riquezas e recursos que podem ser tão valiosos para nós quanto os nossos são para vocês, e gostaríamos de usá-los tanto quanto gostaríamos de lhes dar acesso aos nossos". A reconciliação das diferenças enriquecerá inevitavelmente todos os grupos, enfraquece a "segurança" dos valores de todos os grupos, não apenas aqueles do grupo dominante e, portanto, desnaturaliza os valores, questionando-os e possibilitando que sejam submetidos a uma avaliação crítica.

A mudança na economia, da produção industrial em massa para a produção de mercados de nicho, interrompeu a antiga coarticulação da escolarização com a indústria e as profissões. As escolas do Ocidente industrializado e "desenvolvido" tinham relações bem estabelecidas e ajustadas com a economia: as estruturas da escolarização enquadravam-se ao mercado de mão de obra da economia, tanto no caso do trabalho manual não qualificado quanto no caso do trabalho manual qualificado ou profissional. Os currículos dos sistemas escolares, igualmente, enquadravam-se nas demandas por conhecimentos da economia, em todos os níveis. O conhecimento escolar era legitimado por meio de suas origens nas ciências — humana ou natural — tanto quanto por meio do poder da instituição escolar, mas também por meio de sua utilidade comprovável na economia, novamente em todos os níveis, fosse nos "negócios" fosse nas profissões.

Nas sociedades anglófonas hoje, esse elo tem sido em grande medida rompido por trabalhadores manuais qualificados e está sendo severamente desestabilizado e desafiado em vários setores profissionais, em especial os da nova economia. Na verdade, o que essas mudanças têm produzido mais imediatamente nesse aspecto é uma crise de confiança: tanto da parte dos responsáveis pela escolarização quanto da parte dos que experienciam a escolarização — como alunos. Esses últimos identificam uma irrelevância, uma falta de adequação entre o que a escola ainda faz e valoriza e o que o mundo ao redor da escola é e o que ele exige. Isso tem levado a uma perda de energia por parte daqueles que são responsáveis pela escola, e essa perda se manifesta de inúmeras formas e em todos os níveis — das concepções de currículo ao exame dos materiais de ensino.

A mudança da predominância da indústria secundária e terciária para a predominância da economia da informação/conhecimento toca profundamente na questão da informação e do conhecimento. É um tanto curioso que as novas formas da economia devam ser denominadas "informação" ou "economia do conhecimento", como se a era precedente tivesse passado sem ambas. No entanto, é verdade que as formas precedentes valeram-se de tipos específicos de conhecimento — a fabricação do aço na metalurgia; a farmacêutica na

CURRÍCULO NA CONTEMPORANEIDADE

química e na biologia; ser um encanador ou um peleteiro na aritmética, e assim por diante. O conhecimento encontrava-se em toda parte, crucial e centralmente. Porém, era um conhecimento específico, seguro e já existente, associado a práticas igualmente seguras: foi o afastamento da (relativa) confiança no conhecimento específico existente que abriu espaço para uma mudança de percepção e gerou um novo significado de "conhecimento". O conhecimento das novas economias do conhecimento é conhecimento que deve ser produzido novamente, para uma ocasião específica; e isso lhe concede uma nova relevância.

Seria enganoso afirmar que essas mudanças não foram percebidas pela Escola: nas recentes formas de qualificação vocacional, por exemplo, e em seus novos critérios de avaliação. Surpreendentemente, entretanto, essas qualificações têm sido planejadas para níveis inferiores de trabalho e, portanto, para estudantes com níveis de "habilidades" sem dúvida mais baixos, e seu *status*, em consequência disso, tem permanecido marginal e baixo.

Dois foram os tipos de mudança na representação e na comunicação: por um lado, nos novos potenciais dos meios de comunicação e disseminação de produção/autoria de textos e, consequentemente, no potencial de ser "um autor". Por outro lado, e a partir daí, nas relações de autoridade e nas formas canônicas de representação. A primeira mudança parece ter sido viabilizada inteiramente por fatores tecnológicos: os novos meios de comunicação — devo chamá-los de a mídia das novas telas imagéticas — são, simultaneamente, meios de disseminação e comunicação, de produção e de "armazenamento". Eles oferecem acesso a um repertório quase infinito de "coisas" (não "informações", como devo ressaltar daqui a pouco); eles fornecem os meios de representação como a produção textual e, ao mesmo tempo, os meios de disseminação. Ao tornar a autoria totalmente acessível e normal, e associando-a com a disseminação instantânea, esses meios oferecem o que antes era raro — a profissão de escritor e a publicação — a todos (que têm acesso à tecnologia). Contudo, quando a autoria ou profissão de escritor deixa de ser rara, a autoridade que dela se origina deixa de existir. Isso traz à tona a questão sobre o que é conhecimento hoje e, como parte disso, também a questão da informação. Podemos dizer que a Internet não oferece acesso nem à informação nem ao conhecimento, considerados em sua forma mais antiga. A Internet oferece acesso a "coisas" com o potencial de serem processadas para se transformarem em informações essenciais e, por conseguinte, com um trabalho mais extenso, transformarem-se em conhecimento. Eis um novo desafio para o novo currículo.

A mudança da dominância do livro e da página para a dominância recente da tela imagética é, ao mesmo tempo, associada e paralela, e não dependente, a uma mudança nas formas canônicas de representação, o que envolve um distanciamento da dominância da escrita para o uso crescente da imagem. A "autoria", em seu antigo sentido, ainda tem seu lugar na transferência institucionalmente sancionada dos direitos à produção de textos significativos e do conhecimento de uma minoria para uma maioria, por meio da página — o livro, predominantemente — na forma canônica de representação, a escrita. A autoria assegurou o *status* do conhecimento como conhecimento: sua confiabilidade, fidedignidade e capacidade de ser usado. A essa altura, posso afirmar sem rodeios que, além da forma canônica ter sido suplantada por uma nova forma não ainda canonizada, o potencial de representação de ambas difere profundamente. O engajamento

CURRÍCULO NA CONTEMPORANEIDADE 139

com o mundo, que cada uma possibilita, produz conhecimento de modos profundamentes diferentes.

Autoridade, conhecimento e informação

As mudanças em torno da autoria, autoridade, informação e conhecimento que afetam o presente e, portanto, a escola, são imensas. As relações fortemente estruturadas do Estado-nação do século XIX chegaram ao fim, ainda que haja tentativas de restabelecê-las ou reintegrá-las em determinadas reformas educacionais. Como mencionei anteriormente, quando todos podem ser um autor, a autoria terá deixado de ser rara e sua relação com o conhecimento autoritário prescreverá. A fim de tornar minha ideia mais concreta, vou discutir e comparar dois exemplos. Um é o livro-texto publicado em 1922, *The Boy Electrician*, e o outro é um "livro" factual contemporâneo para o mesmo grupo etário.

O livro *Boy Electrician* foi republicado pela última vez em 1948, data da publicação da minha edição. As páginas de conteúdo apresentam, em estilo literário, o que o menino eletricista encontrará no livro. É conhecimento reunido e organizado tendo em vista as necessidades de um público específico. No prefácio da edição de 1922, o autor afirma que: "... Se deixado por conta própria (o menino), ele fará coisas com tal material, na medida em que o tenha à disposição... aos 7 anos, ele instalará em toda a casa a fiação de seu sistema telefônico... seu irmão mais velho aperfeiçoará esse sistema comprando um cristal..." (p. 5) O autor sabe, ele tem conhecimento, por cuja produção (de certa forma) ele é responsável.

Ele trabalhou em favor do leitor para reunir esse conhecimento. Cada capítulo é um elemento coerente do conhecimento nessa montagem ordenada e a ordem dos capítulos importa tanto quanto a ordem das páginas para ter acesso a esse conhecimento. A tarefa do leitor é "adquirir", "absorver", não apenas interpretar, mas também decodificar fielmente. O autor trabalhou em favor do leitor, e é responsabilidade do leitor respeitar a obra do autor em todos os sentidos.

O autor, além de saber o que apresenta, sabe — como aqui — suficientemente sobre as circunstâncias do leitor, sobre sua situação social e cultural, as demandas de sua vida, para ter certeza que de modo significativo, seu livro e o conhecimento nele contido, responderão a alguns propósitos verdadeiros da vida desse leitor.

Nesse ambiente, "leitura" é a tarefa de seguir a ordem estabelecida inteiramente pelo autor, de ter familiaridade com o código que o autor usou a fim de "decodificar" o significado que ele imprimiu no texto. Essa ordem origina-se da sequenciação dos elementos (palavras) na linha, seguindo a ordem das linhas, das páginas e dos capítulos. Ordem e autoridade estão absolutamente entretecidas.

Se pegarmos o último livro para comparação — o livro-texto de Dorling e Kindersley para o mesmo grupo etário — encontraremos uma organização totalmente diferente. Não que o autor (hoje, em geral uma equipe de projeto) não tenha pensado no leitor. Na verdade, é o interesse menos previsível do leitor que provê o/um principal princípio organizador dessa página, em geral dupla. Esta é uma página dupla na qual a maior parte das informações é passada em imagem e na qual a função da linguagem é dar um falso brilho, rotular e talvez ampliar e encadear. É uma página para "passar os olhos". Esse termo, contudo, obscurece o que hoje é, de fato, um modo diferente de leitura e igualmente uma atitude bem diferente em relação à informação e ao conhecimento. Esta

CURRÍCULO NA CONTEMPORANEIDADE

leitura nasce, não com a organização intencional do autor para o leitor, mas com o próprio interesse do leitor: o que parece ser uma passagem de olhos, é uma busca do leitor na página, de modo a obter informação para ser transformada em conhecimento, de acordo com seus interesses. As páginas deste livro — de qualquer modo não apenas organizadas de modo diferente — não têm capítulo, nem página após página, retardando o desenvolvimento de uma apresentação coerente e ordenada do conhecimento. Essas páginas duplas são um recurso para apresentar material que possa se tornar informação e ser transformado em conhecimento.

Nesse processo, o leitor examina o que é apresentado na página — o que a essa altura talvez nem seja informação — seleciona o que poderá servir como informação em relação a um interesse e questão específicos e integra e transforma isso no que, para ele, agora, torna-se conhecimento. No caso anterior, o conhecimento é aquilo que é montado e produzido para o leitor por um autor que sabe quais são as necessidades do leitor; no último caso, o conhecimento é aquilo que o leitor produz para si mesmo, extraindo do que foi selecionado como informação.

Vejamos mais um exemplo sobre isso: vou examinar uma página de conteúdo e uma página de texto de um prospecto (1992) do Instituto de Educação, instituição na qual trabalho atualmente.

Em vários aspectos, as similaridades são aparentes: a instituição como autor estabelece o que sabe que o leitor do prospecto necessita saber, na sequência determinada pela instituição — nesse caso, muito determinada pela organização interna da instituição: sua estrutura departamental, seus cursos etc. A instituição sabe o que o leitor precisará e monta o conhecimento de acordo com seu próprio princípio de ordem.

Se pensarmos sobre o processo de leitura, o caminho de leitura que o leitor deve seguir é claramente estabelecido. Não há qualquer possibilidade de desvio deste caminho: o caminho da leitura é detalhadamente planejado pela instituição, de acordo com seus princípios de organização, com seu senso do que o leitor necessitará. Se olharmos, por contraste, o *web-site* dessa instituição, agora descobriremos uma organização inteiramente diferente.

O prospecto impresso, assim como cada uma de suas seções, tinha uma ordem definitiva que o leitor deveria seguir. Aqui, ao contrário, o princípio ordenador é completamente diferente; agora, há cerca de 12 ou 13 "pontos de entrada" para esta página de abertura, ao contrário de um ponto de entrada fixo. Agora, o princípio ordenador não é o da instituição e suas estruturas e ordens, mas, ao contrário, uma tentativa de imaginar a variedade de interesses dos possíveis "visitantes" desse *site*. Desses pontos de entrada, que são orientados para esses interesses imaginados, o visitante pode ir em qualquer número de direções — ele ou ela pode "navegar" também — e essas direções são determinadas por seus interesses. Eles examinam os dados, procurando o que pode se transformar em informação em relação a seus próprios propósitos, que eles então transformarão no conhecimento que é o instrumento que resolverá seu problema específico.

Essa é uma completa mudança, uma inversão da situação anterior e suas consequências para as práticas são enormes. Isso deve ser reconhecido e incorporado em qualquer novo planejamento curricular.

Usarei aqui uma definição que resume essa nova situação: "informação é um material que é selecionado pelos indivíduos, a ser transformado por eles em conhecimento, a fim de resolver um problema em seu mundo da vida"

CURRÍCULO NA CONTEMPORANEIDADE

(Boeck, 2003). Essa definição permite-nos reconhecer o que sempre foi a questão, ou seja, que o conhecimento está relacionado aos problemas que surgem em domínios sociais específicos — os "mundos da vida" de Schultz. A razão disso não ter sido — ou ter sido menos — reconhecido antes, se deve agora, ao fato de, no período de dominância do Estado, o mito dominante nos dizia haver apenas um mundo da vida relevante. Agora, com a dominância do mercado de nichos, sabemos que não se trata disso, e, de fato, nunca foi: a fragmentação que caracteriza a presente era significa que não podemos pretender conhecer as necessidades e as exigências dos outros. Porém significativamente, a direcionalidade da autoridade em relação ao conhecimento e à construção do conhecimento inverteu-se: agora, é o indivíduo quem tem essa responsabilidade. Anteriormente, o conhecimento era "distribuído" por aqueles que tinham o poder para aqueles que não o tinham. Hoje, o Conhecimento nasce em consequência da atitude transformativa dos indivíduos agindo face aos problemas que eles encontram em seu mundo de vida. É claro que "problema", aqui, inclui tudo o que é essencial à sobrevivência do indivíduo ou de um grupo, e não apenas acontecimentos raros, significativos e extraordinários.

Detendo-me apenas por um instante ao ato e ao processo de leitura, diria o seguinte: na situação anterior, o propósito da leitura era a fidelidade à autoridade original do texto e essa verdade portava o conhecimento; hoje, a leitura busca a verdade que decorre do interesse do indivíduo. É improvável, hoje, que a leitura anterior gere conhecimento relevante; mas a nova leitura o faz. Na realidade, a leitura hoje é ligada à elaboração do texto: ela é codificada de acordo com o entrosamento com os materiais existentes "no mundo". A própria leitura tornou-se a atividade do *design*, tanto quanto a realização da produção "originária".

Está claro que a escola não pode se esquivar desses novos dados; esses novos princípios sobre o conhecimento devem formar a base do currículo e, do mesmo modo, da pedagogia. Anteriormente, o propósito da escolarização era comunicar o conhecimento existente (e útil) à juventude, fazê-la adaptar-se e se conformar a esse conhecimento, para configurá-la ao seu mundo. Agora, o propósito da escolarização talvez seja oferecer à juventude os princípios com base nos quais os jovens possam construir o conhecimento de que necessitam à medida que se defrontam com os problemas de seu próprio mundo; construir o conhecimento que os capacite a criar seu próprio mundo de acordo com seus propósitos. Estes são princípios da escolarização absolutamente fundamentais, profundamente diferentes. Eles precisam ser acompanhados por princípios de avaliação, por princípios de navegação epistemológica e outros. Esse é o motivo pelos quais a escola precisará, novamente, envolver-se com a ética. No momento, pelo menos no Reino Unido, nada disso é reconhecido e, analisando-se retrospectivamente as agendas educacionais, parecem estar fora de cogitação.

Novas Teorias sobre Significado: Semiose, Significado, Aprendizagem

As atuais teorias sobre o conhecimento, e também sobre assuntos relacionados com o significado em geral, chegaram a nós virtualmente inalteradas desde a escola do século XIX e seus objetivos sociais e econômicos. O principal em tudo isso são os princípios em torno da construção de significados. Na realidade, "construção de significados" é um termo contemporâneo: frases como "negociação" de significados, "intercâmbio" de significados, têm se tornado mais comuns,

CURRÍCULO NA CONTEMPORANEIDADE 145

assim como "comunicação" de significados. Todos eles, *negociação, intercâmbio, comunicação* implicam e apoiam-se em noções de estabilidade do significado: na *negociação*, temos entidades estáveis cujas fronteiras poderiam ser redefinidas; no *intercâmbio*, a estabilidade das entidades que estão sendo intercambiadas não é um problema; e, na *comunicação*, temos entidades similarmente estáveis que constituem a base de nossas mensagens. Tudo isso chega até nós precisamente pela estabilidade do Estado-nação do século XIX e de suas instituições e ideologias. Para esse Estado, tanto quanto para sua economia, a estabilidade era uma necessidade essencial e, conquanto fossem teorias sobre o significado, elas serviam bem mais amplamente como potentes metáforas da e para estabilidade social. As economias de produção industrial em massa, exatamente como os inúmeros mecanismos burocráticos desse período, dependiam da estabilidade, da "replicabilidade". Contudo, é igualmente óbvio que, em um período em que o conhecimento é criado pelo indivíduo, para si mesmo, os conceitos de aprendizagem como mera aquisição, ou de significado como algo estável, simplesmente não serão suficientes.

Do ponto de vista educacional, pedagógico, há duas questões em jogo: por um lado, há a questão da subjetividade do estudante tanto como aluno quanto no sentido mais amplo; por outro lado, existe a necessidade premente da "comunidade" de disposições humanas, que levarão à propagação da inovação e da criatividade. Se examinarmos, primeiramente, a questão da subjetividade dos alunos, podemos afirmar que, em um período em que a vida fora da escola é uma vida de constante mudança em todos os aspectos, em que os alunos, como participantes de seu mundo social e cultural, defrontam-se com a mudança para onde quer que olhem, e onde se supõe que eles respondam flexivelmente às demandas desse ambiente, a expectativa de que eles possam aprender apenas absorvendo passivamente ou apenas "adquirindo" a matéria, não é de forma alguma plausível.

Nesse contexto, precisamos de teorias sobre a semiose, sobre a "produção de significados", na qual o significado é tratado como *de fato produzido*, na qual os produtores do significado são agentes e na qual o trabalho de produzir significados tem o efeito de transformar o que foi trabalhado, aquilo com o que o trabalho é feito, assim como o trabalhador. Isso implica vermos a produção de significados como um trabalho real, um trabalho semiótico, e, da mesma forma que todos os trabalhos, como transformação do mundo, no qual e sobre o qual o trabalho é realizado. Nessa concepção, a produção de significados provoca constantemente a produção do novo: todo ato de produção de significados leva a uma mudança nos recursos e a uma mudança naqueles que participaram. Nessa teoria, a inovação é normal, é tida como certa, é o efeito comum da ação humana semiótica. A inovação e, portanto, a criatividade, não seriam, nesse caso, raras, incomuns, o domínio daqueles designados a suplantar as convenções — os poetas, os pintores, os escultores, os diretores de cinema — mas o domínio do cotidiano, do trivial, do comum. Nessa teoria, os alunos são vistos, portanto, como sempre criativos e inovadores, como o é o trabalho que eles realizam. A aprendizagem seria integrada nessa teoria como a transformação interna constante do indivíduo em consequência de seu trabalho.

A ação humana seria reconhecida e a necessidade de inovação e criatividade seria atendida, embora de uma forma até certo ponto inesperada. Isso exigiria sérios empreendimentos para examinar novamente, para avaliar diferentemente e para apreciar segundo critérios bem diferentes, cri-

CURRÍCULO NA CONTEMPORANEIDADE

térios mais concentrados no indivíduo e em seus interesses do que nas metas dos que ensinam.

Da interpretação à integração

As antigas formas de leitura exigiam que o indivíduo aderisse a uma ordem preestabelecida. Para ser um pouco mais preciso, em um texto escrito há uma direção de leitura estabelecida, culturalmente dada, e isso institui a "trajetória de leitura" que o leitor deve seguir. Ao longo dessa trajetória, o leitor encontra elementos — palavras — os quais necessitam ser interpretados e cuja relação entre si é ordenada não apenas pela sequência na qual eles ocorrem — embora isso seja significativo — mas pela elaboração cultural da "sintaxe". Reafirmando, a tarefa é seguir uma ordem rígida e fixa e interpretar os elementos com os quais o leitor se depara. A ordem é fixa, os significados das entidades são abertos a uma variedade de níveis (por exemplo, o que "velho" significa ou que tipo de "carro" é o carro em "Eu vi um carro velho").

Se pegarmos a página da Web, da qual nos ocupamos há pouco, não encontraremos essa trajetória de leitura. Não está claro se existe uma trajetória de leitura, embora, para visitantes individuais, possa haver um significado suficientemente claro no modo como eles preferem "ler" essa tela imagética. Se pedirmos aos visitantes desse *site* para "ler" a tela como uma entidade única, eles podem, por outro lado, achar isso incomum, ou tolo, ou mesmo uma tarefa impossível. Se eles persistissem, acabariam estabelecendo sua própria ordem nessa entidade textual e, uma vez que estabelecessem essa ordem, é provável que em seguida fossem capazes de se organizar como em uma "leitura", ou seja, de tentar conseguir uma explicação integrada e coerente do significado dessa entidade.

Uma vez mais, faço questão de chamar a atenção aqui para os tipos fundamentalmente diferentes de solicitação, de formas de trabalho e de estruturas do mundo com o qual estamos lidando hoje. Porém, em todo caso, a nova tarefa, gostaria de deixar claro, é de "integração", enquanto a antiga tarefa era de interpretação. A interpretação pede que respeitemos a verdade do autor; a integração solicita que reconheçamos a verdade do leitor, do escritor, do produtor de significados em geral. À medida que as estruturas antigas desaparecerem — se é que já não desapareceram — e, ao mesmo tempo, uma série caleidoscópica de apetrechos inundar nosso campo de interesse ou de trabalho, a seleção e a integração serão as novas habilidades indispensáveis. As novas tecnologias, tanto quanto a maior parte do mundo, estão organizadas nesse sentido. A escola não está organizada assim; tampouco a universidade, onde se abrem discussões constantes sobre questões que sempre estiveram lá, mas não foram pressionadas quando outras estruturas as mantiveram no seu lugar: questões como "qual é o próprio texto do aluno", o problema do plágio, da "edição", e assim por diante. Tudo isso indica que, de inúmeras maneiras, estamos em alto-mar, sem mapas ou remos ou com mapas antigos e remos que perderam a serventia.

Ajuda de navegação: A ética e a estética

Os princípios que forneceram os meios de avaliação têm sua origem nos propósitos do Estado (nação), que havia, ele mesmo, é claro, adotado e adaptado essas formas a uma variedade de determinantes ideológicos. Pelos motivos que

CURRÍCULO NA CONTEMPORANEIDADE

mencionei — e igualmente por outras razões —, esses princípios tornaram-se não confiáveis, instáveis, desacreditados ou, seja como for, desapareceram. É evidente que a escola tem de continuar a fazer de conta que funciona com um sistema de valores; porém, isso está se tornando cada vez mais difícil, na medida em que nem o Estado nem a sociedade ao redor da escola sentem-se capazes ou dispostos a apoiar qualquer sistema como esse. É óbvio que, em reação a essa situação, há uma pletora de novas escolas — fundamentalistas em vários aspectos — que prometem essa segurança, mas na Grã-Bretanha, de um modo geral, assim como em outras sociedades anglófonas, essas escolas já são minoria.

Nesse contexto, torna-se imperativo à escola reinstituir uma preocupação com os princípios éticos e étnicos de tomada de decisão — embora isso, de modo algum, deva ser confundido com a adoção de sistemas éticos. Eles devem fundamentar-se em critérios para discutir valor(es) no mais amplo sentido: que empresta um valor a esse objeto, a esse método, aqui, agora, para esse grupo? E como essa valorização afeta outras pessoas ao meu redor, indivíduos e grupos sociais? Como minha valorização sobre este objeto e esta prática está relacionada com meus propósitos e como isso se enquadra no ambiente no qual estou atuando? Quais são os recursos que estou usando no momento, de onde eles vêm, que história os marca, que grupo social fez que trabalho a fim de produzi-los? E em que combinações esses objetos e práticas da minha vida ocorrem, como os organizo e estendo ao que considero minha valorização preferida, meu estilo? Dessas perguntas poderíamos, portanto, depreender uma política de avaliação e de ação e, dessa política de ação e avaliação, uma política de estilo — uma estética do trivial e do cotidiano tanto quanto do extraordinário, do raro, do que deve ser apreciado.

Se até hoje a estética, como política de estilo, foi a expressão do poder dos grupos dominantes, certamente na forma pela qual ela surgiu na escola, digamos, na sala de aula de literatura, artes, música, mas do mesmo modo em outras classes, poderíamos, no momento, criar uma estética com base nos julgamentos reflexivos de todos aqueles que precisam estar aptos a fazer essas apreciações como forma de conduzir sua vida habitual, na escola ou fora dela. Isso poderia fornecer a base para formas de avaliação como apreciação da necessidade de ações transformadoras e, portanto, inovadoras e criativas, que são as novas necessidades das disciplinas escolares da era da sociedade da informação e da economia do conhecimento. A partir daí, viriam os novos princípios e práticas de integração em fase de delineamento, essenciais para uma vida social produtiva.

Referências bibliográficas

BARNET, R. *Beyond all reason*. Buckingham: Open University Press, 2003.

BARTHES, R. The death of the author. In: *Image Music Text*. London: Fontana, 1968/1972.

BOECK, M. Information, wissen und medialer wandel (Information, knowledge and the changing media). In: *Medien Journal*, 2003. [no prelo.]

COWEN, R. Comparing futures or comparing pasts. *Comparative Education*, v. 36, n. 3, p. 333-342, 2000.

KRESS, G. R. *Writing the future*: english and the making of a culture of innovation. Sheffield: National Association of Teachers of English, 1995.

KRESS, G. R. Before writing: *Rethinking the paths to literacy*. London: Routledge, 1997.

KRESS, G. R. A curriculum for the future. *Cambridge Journal of Education*, v. 30, n. 1, p. 133-145, 2000.

KRESS, G. R. You've just got to learn how to see: curriculum subjects, young people and schooled engagement with the world. *Linguistics and Education*, v. 11, n. 4, p. 401-415, 2001.

KRESS, G. R. *Literacy in the new media age*. London: Routledge, 2003.

KRESS, G. R.; VAN LEEUWEN. *Multimodal discourse*: the modes and media of contemporary communication.

SIMS, J. W. *The boy electrician*. London: George G. Harrap and Co., 1920.

A equivocada educação do público nos Estados Unidos[*]

William F. Pinar

> *O currículo é um tópico importante para o debate público. Conforma a sociedade que constituímos e a sociedade que esperamos constituir.*
>
> — Frank H. T. Rhodes (2001, B10)
>
> *Os processos de modernização e industrialização transformaram e redefiniram todos os elementos do plano social.*
>
> A sociedade transformou-se numa fábrica.
> Michael Hardt e Antonio Negri (2000, 284)

Se educação pública é a educação do público, então educação pública é, por definição, uma reconstrução política, psicossocial e fundamentalmente intelectual do eu e da sociedade, um processo em que os educadores ocupam espaços

---

[*] Tradução de Dinah de Abreu Azevedo.

públicos e privados entre as disciplinas acadêmicas e o estado (e problemas) da cultura de massa, entre o desenvolvimento intelectual e o engajamento social, entre a erudição e a vida cotidiana. Embora a educação do público se baseie significativamente nas disciplinas acadêmicas, não coincide, necessariamente, com elas.

Nessa época de vocacionalismo generalizado, inclusive de vocacionalismo acadêmico, quando se supõe que o currículo deva ser constituído de cursos que levem à competência nas disciplinas acadêmicas, a teoria do currículo é prova da insistência crescente para que a educação tenha valor para a sociedade e para o "eu," que sua finalidade seja, não ela mesma, mas sim comprometer-se com os interesses — intelectuais, psicológicos, sociais — dos estudantes e ampliá-los (Dewey, 1916). Esse comprometimento não é uma questão de seduzir teimosas inteligências jovens, atraindo-as para as disciplinas escolares, principalmente quando essas estão alinhadas às disciplinas científicas, mais sofisticadas, e quando essas últimas estão compartimentadas e burocratizadas nas faculdades e universidades. Na verdade, do ponto de vista da teoria do currículo, o ensino é, ao contrário, uma questão de capacitar os estudantes a empregar o saber acadêmico (e a cultura popular, cada vez mais através da mídia e da Internet) para compreender sua própria autoformação na sociedade e no mundo (ver, por exemplo, Daspit e Weaver, 2000).

Essa compreensão é tanto "local" quanto "global," tanto histórica quanto futura, termos com fronteiras indistintas, uma vez que cada um deles está presente no outro (ver Pinar, no prelo). Sua contextualização, tanto em termos da autoformação constante dos alunos, quanto da expectativa de sua participação na esfera pública ainda não construída, requer que nós, professores, evidenciemos o potencial social, ético e político do que, no atual regime curricular, parece realmente

CURRÍCULO NA CONTEMPORANEIDADE

uma "torre de marfim." Portanto, a teoria do currículo diz respeito à descoberta e à articulação, para si e para os outros, do significado educacional das disciplinas escolares, para o eu e para a sociedade, em momento histórico em constante transformação. Em consequência, a teoria do currículo rejeita a atual reforma do ensino "inspirada no mundo dos negócios", com sua ênfase em notas de provas padronizadas, análogos acadêmicos do produto final das empresas, isto é, "lucros."

Que o movimento de reforma do ensino norte-americano seja dominado pelo pensamento empresarial e, por isso, esteja obcecado com os "lucros," não surpreende nenhum estudioso sério da história do currículo norte-americano. Apesar da retórica de Horace Mann e William T. Harris, enfatizando as aspirações da escola pública de promover a virtude (ver Cuban e Shipps, 2000), a verdade é que, em geral, as escolas não inculcaram nenhuma virtude a não ser respeitabilidade, competição e instrumentalidade burguesas, bem como monoculturalismo europeu.

Apesar das fantasias progressistas que concebem a escola como laboratório da democracia, a verdade é que as escolas públicas norte-americanas têm atuado no sentido de transformar imigrantes em "americanos" e de preparar todos os cidadãos para empregos na economia industrial. O setor privado não quis pagar por essa educação vocacional, mas "convenceu" o setor público a fazê-lo. Quanto a isso, pouco mudou nos últimos 100 anos.

Como observou David Tyack (1933, 1-2), na Era Progressista, por exemplo, os líderes empresariais queriam centralizar o controle das escolas, imitando a consolidação de enormes corporações. Hoje, insistem na "reestruturação" ou descentralização e, em ambos os casos, citam a empresa como diretriz para a reforma do ensino. Ainda se supõe que as escolas existem para preparar para o mercado de trabalho, apesar da constante e geralmente vazia retórica que liga a educação à democracia e à cidadania politicamente engajada.

Portanto, em certo sentido, é um compromisso patriótico fazer com que os Estados Unidos cumpram a promessa de sua retórica, com base na qual muitos teóricos do currículo ainda insistem nas relações entre educação e democracia, relações tão retóricas quanto na época em que John Dewey (1916) também insistia em dizer que a experiência educacional constituía a ponte entre o "eu" e a sociedade, entre a autorrealização e a democratização. Nessa relação entre o subjetivo e o social, o currículo torna-se uma conversa complicada.

A conclusão dessa conversa complicada, no atual regime de poder, embora animada pelas preocupações norte-americanas com negócios e religião (como documentou o historiador Richard Hofstadter [1962]), também é perceptível no pragmatismo norte-americano. William James, o pragmatista que antecedeu John Dewey, foi, como David Simpson (2002, 98) nos lembra, um homem "voltado para as consequências," preocupado com o "valor prático e material" da experiência. O significado de experiência, pensamento, ação e evento transforma-se em seu efeito sobre uma determinada situação. Como observa Simpson (2002, 98-99), a "fé no instrumentalismo" que James acalentava era um "sinal verde" para a ciência social aplicada, com sua ênfase na mensuração quantitativa dos resultados.

Mas, desde o surgimento da nação, os norte-americanos mostram-se obcecados pelo "valor prático e material" não só da experiência, mas de praticamente tudo. Embora situada na Europa do início do século XX, a fala do personagem Ulrich, de Robert Musil (para Agathe), no romance *A Man Without Qualities* [*Um Homem Sem Qualidades*] remete às condições culturais e históricas dos Estados Unidos em que a escola pública se tornou primeiro uma fábrica e agora uma corporação, mas sempre um negócio.

CURRÍCULO NA CONTEMPORANEIDADE

Seja como for, nossa era está encharcada de energia prática. Deixou de se importar com as ideias, só quer ação. Essa energia terrível brota exclusivamente do fato de que as pessoas não têm nada a fazer. Interiormente, quero dizer... É tão fácil ter energia para agir e tão difícil encontrar um significado para a ação! Há muito pouca gente que compreende isso hoje em dia. É por isso que os homens de ação parecem homens jogando boliche, derrubando aqueles pedaços de madeira com os gestos de um Napoleão. Eu não me surpreenderia se eles acabassem se derrubando uns aos outros, alucinados pela impossibilidade cada vez maior de compreender o fato de que nem todos os atos que puderem executar vão ser suficientes (Musil, 1979, 87).

No que às vezes parece uma cultura norte-americana cada vez mais predatória, os ataques, tanto os domésticos (lembremo-nos dos tiros de fuzil com mira telescópica que foram dados por toda a cidade de Washington, DC, em outubro de 2002) quanto os internacionais (durante o verão de 2002, o presidente George W. Bush fez valer o "direito" militar de "ataques preventivos"), caracterizam o contexto em que as crianças norte-americanas vão à escola.

A escola como um negócio

> *Não há dúvida de que existe uma certa dissonância inerente entre o empreendimento empresarial e o empreendimento intelectual.*
>
> Richard Hofstadter (1962, 233)

Embora os aspectos nucleares das escolas públicas norte-americanas não tenham mudado muito durante os últimos cem anos, as escolas de economia foram concebidas para afirmar que mudaram. A visão consensual é que a economia norte-americana é cada vez menos industrial e cada vez mais "voltada para a prestação de serviços," fortemente "baseada em informações", crescentemente organizada em torno dos avanços tecnológicos, entre os quais a Internet. Diz-se que tem caráter internacional ou global. Em vez da linha de montagem da antiga fábrica de automóveis, o principal modo de produção econômica hoje é semiótico (isto é, produção de signos, símbolos e outras informações), e não acontece em fábricas, mas em comitês e na frente das telas de computadores dos escritórios das grandes corporações.

Mas a maior parte das escolas norte-americanas ainda tende a tomar como modelo a fábrica organizada segundo a linha de montagem. Tomar como modelo as corporações contemporâneas seria um avanço. As chamadas "escolas inteligentes" tendem a ser versões do modelo da corporação (Fiske, 1991). Mas até nesse modelo de corporação a função econômica das escolas continua sem questionamento, e os modos de cognição (apropriados até para as escolas organizadas conforme o modelo da corporação) são em menor número e mais estreitos do que a inteligência compreendida em seu sentido mais amplo.

Como a organização e a cultura da escola estão ligadas à economia e dominadas pela "mentalidade empresarial," a escola e o campo do currículo norte-americano têm percorrido caminhos diferentes durante os últimos trinta anos. No futuro próximo, os professores vão ser treinados como "engenheiros sociais," orientados a "gerenciar" o ensino que toma como modelo, de forma flexível, os locais de trabalho das grandes corporações. Certamente algum segmento do campo do currículo norte-americano vai se dedicar a auxiliar a concepção e implementação desse currículo escolar espelhado no modelo da corporação.

Mas aqueles de nós que labutaram para reconceptualizar o campo ateórico e a-histórico dos anos 1970, sempre viram uma vocação mais complexa nesse campo (Pinar, 1999a). A ala teórica do campo reconceptualizado aspira a se enraizar não no tenso mundo cotidiano da sala de aula organizada conforme a imagem da corporação, mas sim em mundos que não estão presentes nas escolas hoje, em ideias marginais à maximização dos lucros, na experiência vívida e imaginativa, que não é exclusivamente instrumental e calculista.

Com sua pressão por eficiência e padronização, o modelo da fábrica tende a reduzir os professores a autômatos. Ao criar e implementar o currículo em unidades que supostamente "fazem sentido" para um "todo" lógico, ainda que disciplinar (como os produtos de uma linha de montagem), a escola que tem a fábrica como modelo obtém controle social às custas da inteligência (amplamente compreendida, que inclui capacidade de resolver problemas, pensamento crítico e criatividade, além de memorização e cálculo). Esses alunos que toleram a natureza rotineira e repetitiva da instrução, que se centra em decorar e memorizar a matéria, às vezes, são capazes de se sair razoavelmente bem em tarefas semelhantes, embora a possibilidade de transferência dessas capacidades específicas para a realização de outras tarefas tenha continuado sendo um problema para o modelo da fábrica.

O modelo da corporação aceita o aprendizado do "básico" como a meta da escola. No entanto, esse modelo permite um grande número de estratégias educacionais a serem empregadas em sua implementação. Ensino em equipe, trabalho em pequenos grupos, outras formas do chamado aprendizado cooperativo ou colaborativo, e até pequenas mudanças no currículo são permitidos para que os alunos e professores encontrem suas próprias formas de aprender o que se espera que eles aprendam. Além disso, o modelo baseado na corporação tende a reconhecer que a inteligência é múltipla em natureza e função e inclui elementos estéticos, intuitivos e sensoriais, além de elementos lineares, lógicos, estritamente cognitivos (Gardner, 1983). O caráter social da inteligência também é reconhecido à medida que a organização da sala de aula, nos moldes da corporação, permite muitas vezes o uso de atividades em dupla ou em pequenos grupos. Nesse esquema, o professor é um administrador ou gerente ou, segundo a imagem de (Theodore Sizer, 1984), um "treinador", uma metáfora que evidencia a opressão por gênero e que Nancy Lesko (2000, 2001) se associa à remasculinização da escola. Embora centradas na figura masculina, essas imagens — "gerente" e "treinador" — são consideravelmente menos autoritárias que aquelas associadas ao professor da escola que tem a fábrica como modelo.

Mesmo segundo o modelo da corporação, a meta da instrução — a aquisição do saber e o aperfeiçoamento das qualificações consideradas necessárias à produtividade numa economia pós-industrial — não está em questão. A inteligência é vista como um meio para um fim — a aquisição de qualificações, conhecimentos e atitudes utilizáveis no setor corporativo. A maximização dos lucros continua sendo o produto final da corporação, bem como de sua versão anterior, a fábrica. Não estou sugerindo que as escolas não devem ter nenhuma relação com a economia. O capitalismo requer de fato formas de conhecimento e inteligência que o modelo de ensino baseado na corporação tem mais probabilidade de produzir do que o modelo fabril. Também não estou sugerindo que podemos ter escolas norte-americanas financiadas pelo Estado que não tenham objetivos econômicos, ao menos no futuro próximo.

A teoria do currículo lembra àqueles de nós comprometidos com o projeto da educação (que, evidentemente, não coincide sempre com o que acontece nas escolas) que, para a

CURRÍCULO NA CONTEMPORANEIDADE

inteligência ser cultivada de maneiras fundamentais, ela precisa ser liberada das metas da corporação. Uma ideia dessas não exclui a razão instrumental, nem o cálculo ou a resolução de problemas como importantes modos de cognição. Mas a liberdade intelectual deve permitir os modos de cognição meditativos, contemplativos, assim como a exploração dos temas — daqueles temas associados, por exemplo, às formas progressistas das artes, das ciências humanas e das ciências sociais — que podem não ter uma compensação prática imediata e podem não ser valorizados pelas provas padronizadas.

A inteligência é estreitada e, por conseguinte, solapada, quando limitada a respostas a perguntas de outras pessoas, quando é apenas um meio para alcançar objetivos predeterminados. Esse conceito instrumental e calculista de inteligência, embora útil para a forma atual da organização econômica — a corporação — é menos útil na investigação das questões mais fundamentais da experiência humana, experiência que pode não levar diretamente ao desenvolvimento econômico e ao aumento da produtividade. Estudar essas questões é encaminhar a inteligência para um destino que talvez não esteja na agenda econômica e política de nossos dias. Essa visão do estudo e da pesquisa do currículo tem afinidade com aquilo que, nas ciências naturais, seria chamado de pesquisa básica, em que o ponto de chegada não é necessariamente conhecido de antemão. Para nós, poderia ser pesquisa teórica liberada das exigências dos problemas cotidianos das escolas, exigências tidas hoje como ponto pacífico. Para sugerir uma forma que esse tipo de pesquisa poderia assumir nos Estados Unidos, vamos falar sucintamente de uma categoria que está se afirmando na teoria norte-americana do currículo. Essa categoria — identidade — surgiu nos debates sobre multiculturalismo, mas promete nos levar a outros lugares também, inclusive a investigações do que significa educacionalmente ter sua identidade definida pelos outros.

Identidade

> *A figura do professor pode muito bem ser considerada um símbolo central de qualquer sociedade moderna.*
>
> Richard Hofstadter (1962, 309)

> *Educadores, cuidado com o plano de aula.*
>
> Mary Aswell Doll (2000, 36)

A categoria de identidade organiza as investigações educacionais, que têm por objeto experiências políticas, de raça e de gênero, em torno de questões de autoformação e subjetividade na esfera pública. Essa noção de "eu" não é o indivíduo burguês desacreditado pelos vários marxismos e adotado pelos conservadores, mas sim o vórtice das relações psicossociais e discursivas teorizadas por Lacan, Freud e Foucault. O estudo da identidade possibilita-nos descrever como a política que pensávamos estar situada "lá fora," na sociedade, é vivida "aqui dentro," em nosso corpo, em nossa cabeça, em nossa fala e conduta cotidianas. É claro que o *status quo* político não é simplesmente "reproduzido." Mesmo quando resistimos às tendências sociais e às diretrizes políticas, estamos nos reconstruindo em termos daquelas tendências e debates, e de nossa resistência a eles. Ao estudar a política da identidade, descobrimos que quem somos está invariavelmente ligado a quem os outros são, bem como a quem fomos e a quem queremos ser.

CURRÍCULO NA CONTEMPORANEIDADE

Atualmente, a identidade do professor norte-americano está sendo redefinida, passando de chefe de seção de fábrica a gerente de corporação. É uma promoção. Mas, se desejarem ser leais ao cultivo da inteligência e ao projeto democrático da educação, os professores ainda enfrentam o desafio de superarem as formas como foram idealizados e condicionados nesses enfoques. Quando submergimos nas identidades concebidas por outros, o cultivo da inteligência é necessariamente restringido e solapado. Evidentemente, nós, professores, temos de cumprir as obrigações contratuais em relação ao currículo e à instrução. Mas não precisamos necessariamente acreditar nelas ou aceitá-las acriticamente. Os teóricos do currículo podem ajudar os professores a evitar o desaparecimento de seus ideais no redemoinho das exigências cotidianas da sala de aula. Podemos alimentar a identidade dos professores caminhando na contramão das que se associam ao modelo da corporação, proclamando a existência de outras formas de conceber a educação, de formas não instrumentais de falar e de estar com as crianças.

De uma perspectiva psicanalítica, nós, professores, somos concebidos pelos outros, pelas expectativas e fantasias de nossos alunos, bem como pelas exigências de pais, administradores, legisladores e políticos, para os quais somos, de vez em quando, "o outro." Somos formados também por suas histórias de vida e por nossas histórias de vida internalizadas. Essas várias esferas ou níveis de autoconstituição requerem investigação. Situar o processo do saber na política da identidade implica escapar do redemoinho criado pelas exigências e pressões dos outros. A capacidade de se manter calmamente no meio do redemoinho só pode vir com o conhecimento de outros mundos, com experiências em outras realidades, não separadas ou dissociadas do mundo cotidiano do trabalho. "Separado, mas conectado" permite-nos entrar no mundo do trabalho de modos mais amplos e complexos do que os papéis a nós atribuídos, tornando menos provável que desmoronemos sobre a superfície social, reduzidos ao que os outros fazem de nós.

Nós, norte-americanos, podemos então dar a nossos filhos um modelo de como viver nessa sociedade sem a ela sucumbir, sem renunciar aos nossos sonhos e aspirações para a educação. Os professores podem se tornar testemunhas da noção de que a inteligência e o aprendizado podem levar a outros mundos, não apenas à exploração bem-sucedida deste mundo. A teoria é um "ato religioso" (ver Macdonald, 1995).

Mas o saber não precisa ser considerado um texto sagrado, como nas religiões fundamentalistas, ou um procedimento inviolável, como na linha de montagem; nem é só o meio mais complexo e às vezes até criativo para um fim, como no modelo da corporação. O saber e a inteligência, como exploração livre, tornam-se asas com as quais alçamos voo, visitamos outros mundos, retornando a este para chamar os outros, principalmente nossas crianças, para futuros que afirmem mais a vida do que o mundo que ora habitamos. Quando afundamos, submersos nos papéis concebidos pelos outros, tornamo-nos possibilidades abortadas, incapazes de realizar na vida cotidiana, em nossas relações com os outros, a política de nossas identidades individual e cívica, a dinâmica educacional da criação e do nascimento.

Que valor tem a teoria norte-americana do currículo para o professor dos Estados Unidos? Para aqueles professores desesperançados por 30 anos de reação conservadora, pode parecer sem sentido. Para o professor iniciante, ansioso por "entender do riscado," pode parecer fantasiosa, inte-

CURRÍCULO NA CONTEMPORANEIDADE

ressante, talvez, mas sem nenhum "lucro" imediato. O público dos teóricos norte-americanos do currículo talvez não esteja nas escolas nesse momento. Mas, se pudermos ensinar, se pudermos fazer amizade com nossos colegas que estão lutando nas escolas, construir pontes entre os reinos da teoria e da prática, criar passagens — tomando de empréstimo o termo de Jacques Daignault (1992) — para viajar daqui para lá e voltarmos mais experientes, sensibilizados, revigorados pela viagem, então nós, teóricos, poderemos participar com sutileza e perspicácia da reforma educacional. Afinal de contas, ser um teórico não significa estar dissociado ou ser incompetente.

Ser um teórico não significa ser estéril em termos da prática cotidiana. Não significa que a pessoa não possa atuar com êxito na escola pautada pelo modelo da corporação, dando conselhos e apoio. Ser um teórico significa que a organização contemporânea do currículo e os modos de cognição que requer precisam ser questionados e situados na história, na política e em nossas histórias de vida. Essa compreensão pode nos permitir participar da reforma educacional de formas que não hipostasiem o presente, mas que permitam que nosso trabalho e nossos saberes funcionem como os da psicanálise: para aumentar a compreensão e aprofundar a inteligência dos participantes. A tragédia do presente é que a reforma educacional, como está sendo feita atualmente, não tem condições de fazer isso.

A pressão sobre nós é enorme. Por meio da legislação (como a Lei *Não Deixe Nenhuma Criança Para Trás*, do governo Bush) e por meio de associações profissionais como o *National Council for Accreditation of Teacher Education* (NCATE), o professorado da educação está sendo pressionado a compactuar com a agenda política da ala direita, com sua mentalidade empresarial. Em Louisiana, como em outros estados, a reforma do ensino tem significado reforma da formação docente, tanto uma reestruturação dos cursos de formação de professores de base universitária (e, nesse sentido, uma incursão na liberdade acadêmica dos professores universitários), quanto uma "quebra do monopólio da escola normal," como diria a retórica da direita. Isso significa, ao menos em Louisiana, que os *Sylvan Learning Centers* e outras instituições privadas "competem" com faculdades e universidades para produzir professores em cursos abreviados de formação. Em Louisiana, isso acontece com base no pressuposto de que formação de professores significa produção de professores, vistos como especialistas nas disciplinas escolares e como empregados das escolas.

Como o/a conservador/a tende a identificar as disciplinas escolares com as disciplinas, tende a eliminar perguntas curriculares cruciais, como as seguintes: que tem o currículo escolar a dizer sobre a cultura jovem, principalmente sobre a alienação e a violência dos jovens? Como o currículo escolar pode nos ajudar a compreender o terrorismo, a crise ecológica, a globalização? O/a conservador/a tende a concentrar a atenção na instrução e no aprendizado, principalmente neste último, como se este fosse quantificado nas notas das provas. Ao separar o currículo da instrução, a ala direita transforma os professores em técnicos. Esse anti-intelectualismo reflete-se na reestruturação organizacional de um grande número de Faculdades de Educação, nas quais o histórico "Departamento de Currículo e Ensino" (que apareceu pela primeira vez no Teachers College da Universidade de Colúmbia, em 1937), foi substituído por títulos como "Departamento de Ensino e Aprendizagem" ou "Departamento de Instrução e Aprendizagem." Como os professores

CURRÍCULO NA CONTEMPORANEIDADE

em geral e os professores da formação pedagógica em particular têm pouco poder sobre o currículo oficial da escola, este tende a ser ignorado (exceto como conteúdo a ser aprendido), deixando de ser considerado por muitos como uma questão profissional premente.

Nas faculdades e universidades, a maioria do corpo docente — principalmente nas áreas das ciências humanas e das artes — reconhece que o currículo é o centro intelectual e organizacional da educação institucionalizada. A maioria entende que o desempenho de suas complicadas obrigações profissionais como intelectuais e professores exigem que preservemos a liberdade acadêmica de escolher os textos considerados, segundo nosso juízo profissional, os mais adequados. A maioria de nós sabe que nosso trabalho profissional requer que tomemos decisões sobre a maneira de testar os conhecimentos de nossos alunos, às vezes com relatórios de pesquisas, outras vezes com ensaios ou provas de respostas curtas e até, de vez em quando, com provas padronizadas.

A situação do ensino superior não é, evidentemente, ideal — o currículo de educação básica em muitas universidades públicas que fazem pesquisa é mais um arranjo político do que curricular — mas o que quero dizer é que a relação inseparável entre currículo e ensino continua mais ou menos preservada em muitas universidades. As razões de nunca ter sido inteiramente respeitada nas escolas de ensino fundamental e médio constituem uma questão histórica e, para mim, relacionada a gênero (ver Pinar, 1999b, no prelo, b).

Como a educação do professor diz respeito à "entrega" da instrução, muitos não sabem que o estudo da educação é, sobretudo, um estudo intelectual e que o campo da educação é tanto um campo acadêmico quanto profissional.

Poucos sabem da importância de estudar a história desse campo. Em algumas Faculdades de Educação, principalmente em universidades privadas de prestígio, existe uma tendência de empregar um corpo docente com nível de doutorado em outros campos que não a educação, mas que afirma ter um interesse em "educação." Nesse sentido, "educação" transforma-se em um interesse meramente acadêmico, uma "aplicação" de um campo acadêmico "legítimo", como a psicologia, a sociologia, a história ou a física (Clifford e Guthrie, 1988).

Rejeitando a colonização por parte de disciplinas hegemônicas como a psicologia, a teoria do currículo explora e elabora construções interdisciplinares híbridas, utilizando fragmentos da filosofia, da história, da teoria literária, das artes plásticas e daquelas formações interdisciplinares cruciais que já conquistaram seus devidos espaços: os estudos das mulheres e os estudos de gênero, os estudos afro-americanos, a teoria homossexual (*queer theory*), estudos da cultura popular, entre outros. Empregando a pesquisa feita em outras disciplinas, bem como na nossa, os teóricos do currículo produzem livros didáticos que convidam os professores da escola pública a reocupar o domínio "público" esvaziado, não apenas como "consumidores" de conhecimento, mas como participantes ativos nas conversas que eles próprios vão liderar. Baseando-se promíscua, mas criticamente, em várias disciplinas acadêmicas e na cultura popular, os teóricos do currículo trabalham para criar montagens conceituais para o professor da escola pública que compreende essa postura como uma aspiração de criar um espaço "público."

No começo de um novo século, nossa tarefa é nada menos que a formação intelectual de uma esfera pública na educação, uma ressurreição do projeto progressista em que renovamos e concretizamos nosso compromisso com a democratização da sociedade norte-americana, um processo sociopolítico, econômico e intelectual que requer que preservemos, assim como ajudemos os professores da escola pública a adquirir, o controle do currículo, inclusive dos meios pelos quais o ensino e o aprendizado são avaliados. Só então vamos ter realmente uma chance de envolver nossos estudantes e nós próprios em conversas interdisciplinares, organizadas, por exemplo, em torno de questões de nação, de eu e de momento histórico.

O imperativo ético que informa nosso trabalho profissional de educadores e intelectuais não é a simples "aplicação" de um ideal abstrato. Não há tradução de teoria em prática que seja evidente por si mesma. O neologismo de Ewa Plonowska Ziarek (2001, 1), "dissenso," ressalta que o entendimento se dá por meio da conversa, do conflito e da incerteza. Uma ética dessas refere-se ao que ela considera um "dilema irredutível entre liberdade e obrigação," o que ela chama de "ethos do vir-a-ser" e de "ethos da alteridade," que estruturam uma "relação não possessiva com o Outro" (Ziarek, 2001, 2). Visto dessa forma, o projeto educacional não é nada menos que a composição de "novos modos de vida" (Ziarek, 2001, 2). Se a NCATE visse o "quadro teórico conceitual" padrão como "dissenso," talvez houvesse algum interesse. Mas, mesmo nesse caso, nem todo o corpo docente precisa "partilhar" necessariamente a mesma "visão" de conflito, discórdia e incerteza.

Explicar as relações entre currículo, cultura, indivíduo e sociedade não é um exercício analítico que desconsidere o social. Como nota Ewa Ziarek (2001, 16) em um contexto diferente, "longe de oferecer uma ética privatizada... [procuramos] termos de práxis que tenham por objetivo inventar novos modos de vida, de erotismo e de relações sociais." Um projeto desses insufla vida num compromisso progressista que atualmente só pode ser encontrado no museu. Trata-se, então, de reformular o compromisso deweyano com a democracia e a educação, à luz das nossas condições, de nosso tempo, de nossas vidas e das vidas de nossos filhos e dos filhos dos outros, de todas as crianças. Antigamente, "para muitos americanos," lembra William L. Van Deburg (1984, 86) "a teoria progressista era só para brancos." Hoje, a história e a cultura afro-americanas são o centro conceitual da teoria curricular progressista nos Estados Unidos (ver Pinar, 2001).

Em seu nível mais simples e básico, a teoria progressista é a linha divisória entre o campo da educação há cem anos e o campo contemporâneo, especificamente a teoria do currículo. Uma visão do conhecimento complexa como essa — William Doll a chamaria de "caótica" (Doll, 1993) — é bastante congruente com a visão do currículo como uma "conversa complicada" (Pinar et al., 1995, 848). Nessa visão evidencia-se o caráter relacional das ideias, não apenas no que se refere às relações de umas com outras, sugerindo-se também sua encarnação e personificação nas vidas individuais, sua origem e expressão em movimentos e tendências sociais, suas raízes no passado histórico, seu prenúncio de nosso futuro individual e nacional, e do futuro de nossa espécie também.

Apesar da manipulação e da opressão política, apesar do anti-intelectualismo em torno e dentro de nós, vamos assumir novamente o compromisso de estudar nossa história, de trabalhar por nosso futuro, empenhando-nos na compreensão intelectual, numa forma interdisciplinar de práxis que requer tanto análise quanto síntese. Juntos, então, em uma conversa complicada conosco mesmos e com os colegas do mundo inteiro, vamos construir um campo cada vez mais sofisticado da teoria do currículo, um campo digno daqueles professores e alunos que, todo dia em praticamente todos os lugares do mundo, lutam para compreender a si mesmos e o mundo em que habitam. Que a "conversa complicada", que é a teoria do currículo, continue.

Referências bibliográficas

CLIFFORD, Geraldine Joncich; GUTHRIE, James, W. *Ed school*: a brief for professional education. Chicago: University of Chicago Press, 1988.

CUBAN, Larry; SHIPPS, Dorothy (Orgs.). *Reconstructing the common good in education*: coping with intractable dilemmas. Stanford, CA: Stanford University Press, 2000.

DAIGNAULT, Jacques. Traces at work from different places. In: PINAR, William F.; REYNOLDS, William M. (Orgs.). *Understanding curriculum as phenomelogical and deconstructed text*. New York: Teachers College Press, 1992. p. 195-215.

DASPIT, Toby A.; WEAVER, John A. (Orgs.). *Popular culture and critical pedagogy*. New York: Garland, 2000.

DEWEY, John. *Democracy and education*. New York: Macmillan, 1916.

DOLL, Mary Aswell. *Like letters in running water*: a mythopoetics of curriculum. Mahwah, NJ: Lawrence Erlbaum, 2000.

DOLL JR.; William E. *A post-modern perspective on curriculum*. New York: Teachers College Press, 1993.

FISKE, E. *Smart schools, smart kids*. New York: Simon & Schuster, 1991.

GARDNER, Howard. *Frames of mind*: the theory of multiple intelligences. New York: Basic Books, 1983.

HARDT, Michael; NEGRI, Antonio. *Empire*. Cambridge, MA: Harvard University Press, 2000.

HOFSTADTER, Richard. *Anti-intellectualism in American life*. New York: Vintage, 1962.

LESKO, Nancy. Preparing to teach (marked outro) coach: tracking the gendered relations of dominance on and off the football field. In: LESKO, Nancy (Org.). *Masculinities at school*. Thousand Oaks, CA: Sage, 2000. p. 187-212.

_____. *Act your age*: a cultural construction of adolescence. Routledge/ Falmer, 2001.

MACDONALD, James B. *Theory as a prayerful act*: collected essays. Volume organizado por Bradley Macdonal; apresentação de William F. Pinar. New York: Peter Lang, 1995.

MUSIL, Robert [1979]. *The man without qualities.* Tradução de Sophie Perkins e Burton Pike. New York: Knopf. A edição de 1979 citada na introdução foi publicada em Londres por Secker e Warburg, com prefácio de Elithne Wilkins e tradução de Ernst Kaiser, 1995.

PINAR, William F. *Contemporary curriculum discourses*: twenty years of JCT. New York: Peter Lang, 1999a.

_____. Gracious submission. *Educational Researcher*, v. 28, n.1, p. 14-15, 1999b.

_____. *The gender of racial politics and violence in America*: lynching, prison rape, and the crisis of masculinity. New York: Peter Lang, 2001.

_____. (Org.). *International handbook of curriculum research.* Mahwah, NJ: Lawrence Erlbaum. [No prelo, a.]

_____. *What is curriculum theory?* Mahwah, NJ: Lawrence Erlbaum. [No prelo, b.]

PINAR, William F.; REYNOLDS, William; SLATTERY, Patrick; TAUBMAN, Peter M. *Understanding curriculum*: an introduction to historical and contemporary curriculum discourses. New York: Peter Lang, 1995.

RHODES, Frank H. T. A battle plan for professors to recapture the curriculum. *Chronicle of higher education*, B7-B10, 14 set. 2001.

SIMPSON, David. *Situatedness, or, why we keep saying where we're coming from*. Durham, NUNCA: Duke University Press, 2002.

SIZER, Ted. *Horace's compromise*: the dilemma of the American high school. Boston, MA: Hougton Mifflin, 1984.

TYACK, David. School governance in the United States: Historical puzzles and anomalies. In: J. Hannaway; M. Carnoy (Orgs.). *Decentralization and school improvement*: can we fulfill the promise? San Francisco, CA: Jossey-Bass Publishers, 1993, p. 1-32.

VAN DEBURG, William L. *Slavery & race in American popular culture*. Madison: University of Wisconsin Press, 1984.

ZIAREK, Ewa Plonowska. *An ethics of dissensus*: postmodernity, feminism, and the politics of radical democracy. Stanford, CA: Stanford, 2001.

Uma gramática da diferença: algumas formas de repensar a diferença e a diversidade como tópicos educacionais*

Nicholas C. Burbules

O tópico da "diferença" tem-se situado no primeiro plano da reflexão nos estudos de educação e nos estudos culturais. Em parte, uma ênfase na diferença, e principalmente nas interpretações pós-estruturalistas da diferença, é expressão da desconfiança pós-moderna em relação às "metanarrativas" e discursos unificadores em geral. Ao mesmo tempo, é também a expressão de uma tendência política, um quadro de referências com base no qual os grupos podem discutir sua singularidade e traços distintivos em contraposição a concepções de comunidade, solidariedade ou consenso liberal, que tendem a enfatizar necessidades e interesses comuns. Finalmente, é uma expressão de modelos sociais e psicológicos de identidade e subjetividade que ressaltam os aspectos internamente fragmentados e performativos da personalidade e da ação humanas; à medida que as identi-

---

* Tradução de Dinah de Abreu Azevedo.

dades e posições de ciborgues, híbridos e *creoles* passa a ser cada vez mais um tópico de reflexão, a diferença começa a ser vista como uma característica profunda da vida interior e não apenas uma questão de embates entre diversos grupos. Em geral, essas tendências têm procurado: mudar o foco de um pressuposto de semelhança para o reconhecimento da diferença; ressaltar questões de fragmentação e hibridismo; e retirar dos ombros de muitos indivíduos a carga de frequentemente ter de justificar a não conformidade com normas ou identidades convencionais e dominantes.[1]

Educacionalmente, a diferença nesses sentidos parece ser tanto uma oportunidade quanto um problema. É uma oportunidade porque os embates entre os diversos grupos e indivíduos oferecem ocasiões para explorar o leque das possibilidades humanas que se expressam na cultura e na história; porque as conversas entre os diferentes podem nos ensinar a entender formas alternativas de vida e a desenvolver empatia por elas; e porque aprender a lidar com essa diversidade é uma virtude da cultura cívica democrática.

Ao mesmo tempo, a diferença pode ser uma dificuldade em termos educacionais porque pode provocar conflitos e compreensões equivocadas; porque certas diferenças não são simplesmente neutras, mas sim imbuídas de diferenciais de poder que nos dividem; e porque as diferenças podem revelar incomensurabilidades que estão além do limite da linguagem e de nossa capacidade de compreender. Esses fatores muitas vezes se contrapõem a outros valores e objetivos educacionais e, embora também possamos aprender com essa tensão, as disrupções a que a diferença pode levar têm crescentemente estimulado os educadores (oriundos de um leque de posições políticas e morais bem diferentes) a, cada vez mais, defender ambientes educacionais organizados em torno de grupos relativamente mais homogêneos.

CURRÍCULO NA CONTEMPORANEIDADE   177

Este ensaio examina a ideia de "diferença" e alguns
debates que têm surgido em torno dela. Parte da dificuldade
de avaliar a importância dessa perspectiva é que a própria
"diferença" tem sido usada de inúmeras formas. Portanto,
vou sugerir uma "gramática da diferença", uma descrição de
alguns dos diferentes significados que vêm sendo dados a
diferença. O objetivo dessa discussão não é decretar um dado
uso do termo, mas tentar explicar algumas das formas dis-
tintivas que as pessoas usam para falar desse tópico. Depois
passo a discutir alguns dos dilemas e desafios educacionais
apresentados pela ênfase na "diferença", em alguns de seus
sentidos.

A tensão entre homogeneidade e diversidade tem sido
uma característica constante da teoria e da prática da educação moderna, principalmente em meu país, que parece fundamentalmente dividido entre, por um lado, o desejo de usar
a educação para tornar as pessoas mais parecidas (quer seja:
no sentido de uma mistura de crenças e valores em relação à
cidadania; no sentido de textos essenciais da "alfabetização
cultural"; no sentido de conhecimentos factuais e habilidades
que podem ser medidas por testes padronizados; pelo estabelecimento de critérios nacionais uniformes ao longo do
currículo) — e, por outro, o desejo de atender às diferentes
necessidades e formas de aprender, às diferentes orientações
culturais e às diferentes aspirações a respeito de trabalho e
modo de vida, representadas pela diversificada população
de alunos das escolas públicas.

Ao mesmo tempo, para sermos justos, é preciso dizer que
o discurso dominante da política educacional nos Estados
Unidos tem enfatizado o comum: de Thomas Jefferson e
Horace Mann, passando por John Dewey e chegando a per-
sonalidades contemporâneas como E. D. Hirsch, o tema básico do ensino norte-americano tem sido a ênfase no que toda

pessoa instruída deve aprender, deve saber e deve ser capaz de fazer. Essa ênfase surgiu, em parte, de um espírito democrático, igualitário, um desejo de dar a todos os estudantes a oportunidade de participar das lutas que se travam, na sociedade, em torno de civismo e emprego. Mas, em parte, surgiu também de pressupostos a respeito de interesses e necessidades educacionais comuns que, depois de um exame mais cuidadoso, não se mostram capazes de servir a todos os grupos de forma equitativa. A linguagem da "comunidade", em particular, tem exercido um fascínio enorme sobre os educadores; mas o tipo de comunidade na qual geralmente se pensa é aquela baseada na homogeneidade explícita, ou então num pluralismo tolerante em relação a uma série de diferenças, de acordo com o qual "somos todos basicamente iguais."

Nos últimos anos houve uma grande reação contra essas ênfases tradicionais. Segundo as perspectivas teóricas do feminismo, do multiculturalismo, do pós-colonialismo e do pós-modernismo em geral, os postulados a respeito de uma natureza humana universal, de textos canônicos, de normas generalizáveis, de uma base de conhecimentos comum, de tradições comuns, de um padrão comum de cidadania, foram todos eles questionados.[2] Segundo essas perspectivas, o pressuposto de semelhança ou normalidade frequentemente significa apenas expectativa de conformidade a uma série de modelos dominantes; e mesmo quando as diferenças são consideradas, são definidas em relação a normas e categorias estabelecidas (como "raça").[3]

Esses pressupostos são comuns a uma série de visões bem diferentes, que vão das conservadoras às mais progressistas. Para os conservadores, "somos todos iguais" traduz-se como "Vocês são como nós (ou deviam ser)." A posição pluralista de tolerância à diversidade — mais liberal — em geral significa acomodação daquelas características da diferença que podem ser compreendidas e classificadas em termos dos modelos dominantes, ignorando ou negligenciando outras espécies de diferença. Mesmo a reivindicação aparentemente mais inclusiva para "celebrar a diversidade" muitas vezes significa apenas a exorcização da diferença, do Outro, como algo exótico, fascinante ou curioso — mas ainda visto e avaliado em função de um ponto de vista dominante.[4] Todas essas posições têm em comum o potencial de causar danos quando as diferenças são definidas, e sua importância é julgada, com base em um determinado quadro de referências, sem o devido respeito ao significado (talvez) muito diferente dessas diferenças, que se torna visível quando se adota o ponto de vista daqueles sobre os quais se fala.

Quando esses juízos referem-se a atividades muito valorizadas como a educação, a opção apresentada àqueles que são diferentes é abandonar ou reprimir suas diferenças em nome da conformidade e da "adaptação", ou aceitar a caracterização das próprias diferenças com base na perspectiva dominante, alienando-se de seu próprio eu; ou então rejeitar os padrões e normas que outros criaram e com isso perder a oportunidade representada pela educação — e, muitas vezes, ainda por cima ser acusado por essa perda. Essa crítica prestou um serviço importante no sentido de nos alertar para os muitos pressupostos não oficiais que elaboramos a respeito de homogeneidade nas escolas; sobre as formas sutis da diferença, que frequentemente são mal interpretadas ou distorcidas quando traduzidas exclusivamente em termos das normas dominantes (contato com o outro por meio do olhar, desconforto com argumentação ou questionamento agressivo, formas não padronizadas de gramática e assim por diante); e sobre o dano real produzido quando as diferenças que fazem muita diferença para os outros são ignoradas, mal entendidas ou trivializadas pelas escolas onde elas se encontram.

Essa crítica também teve outros efeitos benéficos. Fez as pessoas questionarem aquilo que conta como uma diferença significativa em determinadas situações. Tornou as pessoas mais conscientes de diferenças significativas que podem ter estado ocultas ou não terem sido verbalizadas. Fez as pessoas refletirem sobre as estruturas mais amplas de significação que dizem que essa diferença importa e aquela outra não. Fez as pessoas se perguntarem de onde vieram essas estruturas de significação e como adquirem força sobre nós. Fez as pessoas se darem conta do quanto diferenças aparentemente pequenas ou triviais podem estar relacionadas a diferenças muito mais amplas e significativas, de modo que, ao negligenciar o aparentemente trivial, acabam negligenciando também o amplo e o significativo. Tornou as pessoas mais conscientes da necessidade de prestar atenção à caracterização das diferenças, e sua importância ou falta de importância segundo a perspectiva daqueles de quem se fala. Finalmente, fez as pessoas perceberem que essas diferenças estão relacionadas a determinadas estruturas de significação que são produzidas, ou construídas — não são inerentes; portanto, poderiam ter sido construídas de outra maneira.

Num trabalho anterior sobre esse tema, meu maior interesse foi a diferença como condição que afeta a conversa educacional ou diálogo.[5] Esse trabalho considera a diferença quase que exclusivamente como uma expressão da diversidade e, apesar de algumas referências à noção de *différance* de Derrida, limita o número de coisas que diferença pode significar ao que vou chamar abaixo de diferenças "categoriais". Esses ensaios caracterizam a diferença como algo que apresenta tanto oportunidades quanto dificuldades para os educadores; mas, no fim, alinham-se com as possibilidades de diálogo entre as diferenças, insistindo com os participantes para que "continuem a conversa."

CURRÍCULO NA CONTEMPORANEIDADE

A incomensurabilidade, embora reconhecida como uma barreira ocasional, é tratada como um evento relativamente raro, atípico — apresentando, quando surge, sérias dificuldades à comunicação e à compreensão, mas surgindo menos frequentemente do que afirmam alguns teóricos da diferença radical. As raízes habermasianas e freirianas de grande parte desse trabalho tenderam a enfatizar a esperança e a possibilidade inerentes aos processos dialógicos e a considerar até diferenças significativas como passíveis de serem aproximadas, na maioria dos casos, por tentativas de "tradução", em seu sentido lato, bem como pela dedicação persistente ao valor da conversa em si mesma.

Agora me parece que esse trabalho foi limitado por certos pressupostos sobre a natureza da diferença que deixaram de considerar um número maior de coisas que "diferença" pode significar.[6] Em alguns casos de diferença, como vou discutir abaixo, as possibilidades e benefícios da conversa são, no mínimo, mais ambíguos. Embora eu ainda argumente que declarações como "o diálogo é impossível" em contextos escolares sejam muito prováveis e tendam a criar uma profecia que se autorrealiza, certamente há situações em que as assimetrias de poder e *status* tornam os riscos de uma conversa muito maiores para algumas partes que para outras.

Também penso agora que há ocasiões em que as circunstâncias e os pressupostos tácitos de uma conversa são tais que dela participar implica aprová-las implicitamente. Assim, a única forma de questioná-las é recusar-se a participar. Mas essas reações não negam nem refutam o valor da conversa ou do diálogo — na verdade, muito ao contrário: elas sugerem uma crítica implícita às condições que impedem a conversa e o diálogo (poder desigual, "silenciamento" das vozes diferentes e assim por diante) e, por isso, defendem tacitamente o valor das relações de comunicação, ao menos em certos ambientes. Por fim, acredito que precisamos ir além dos debates sobre a "diferença" em si e explorar tipos diferentes de diferença e considerar suas variadas possibilidades educacionais. Um impacto maior pode ser conseguido pela argumentação, em um nível mais geral e abstrato, a respeito do que é ou não é possível educacionalmente. Mas, ao tentar ir além de declarações genéricas sobre a "diferença," espero, com o que escrevo aqui, ajudar a avançar a discussão de uma forma mais construtiva e frutífera.

I.

Há duas formas principais de pensar sobre os distintos tipos de diferença. A primeira é classificar as várias dimensões com base nas quais estabelecemos de fato as diferenças no domínio social: as categorias centrais incluiriam raça, sexo, gênero, classe, etnia, cultura, língua, nacionalidade, religião, sexualidade, idade, capacidade ou incapacidade... a lista é grande. As múltiplas dimensões da diferença estão sempre atuando simultaneamente; interagem; e as margens entre categorias diferentes (sexo e gênero, por exemplo) são elas próprias questionadas. Mas a abordagem categorial parte dessas classificações e é com base nelas que se definem as diferenças. A meu ver, essa abordagem tem muitos problemas.

O primeiro é que, antes de mais nada, a simples evocação dessas categorias pode obscurecer pelo menos tantas questões quantas revela. Embora haja muitas situações em que evocar "raça" serve a um propósito social claro e justificado, por exemplo, também há muitas em que não serve; além disso, quanto mais refletimos sobre o conceito de raça como uma noção geral, tanto mais indistinto e indefinido ele se torna.[7] O que constitui as principais categorias raciais; quem pertence a quais; como casos ou exemplos fronteiriços são julgados quando não se encaixam nessas categorias particulares; como raça se articula com nacionalidade, etnia e outras categorias; e a relação obscura entre raça e cor da pele; todas essas são determinações historicamente constituídas, e todas elas estão em permanente mudança. Em qualquer momento dado, podem ter uma relevância avassaladora; mas, em outros momentos, as "mesmas" determinações vão parecer estranhas ou triviais. Sempre precisamos perguntar: de quem são essas categorias e quem as está exemplificando? Em relação a quem uma pessoa está sendo considerada diferente?[8]

Um segundo problema é que essas identificações categoriais são muitas vezes sobrepostas a políticas sociais estruturadas de determinadas formas pelo Estado e por outras instituições. Por causa da maneira pela qual as categorias estão incrustadas nas políticas e nas práticas, tendem a se tornar estáticas, reificadas. Certas categorias se destacam e sua importância é enfatizada; em muitos contextos, só uma categoria é considerada relevante ou significativa. As pessoas são identificadas e identificam-se em termos dessas categorias, em vez de ser o contrário.[9] Há circunstâncias em que tanto evocar quanto questionar essas categorias pode se tornar o núcleo de afirmações estratégicas de um grupo em defesa de seus interesses; mas também há circunstâncias em que aceitar provisoriamente essas categorias ou definir a identidade do grupo a favor ou contra elas é atribuir-lhes uma importância maior do que elas merecem. Precisamos é de uma forma de compreender quando é progressista invocar essas categorias e quando não é; mas, para isso, precisamos ir além da análise categorial em si.[10]

Um terceiro problema — um problema mais difícil — é o do próprio pensamento categorial. O desenvolvimento de taxonomias reflete pressupostos sobre o mundo: que os indivíduos podem ser mais bem caracterizados em termos de tipos e categorias; que a explanação social depende da subsunção em agrupamentos genéricos; que essas categorias são isoladas entre si e estáveis; que a compreensão do social surge da sobreposição de camadas ordenadas e sistemáticas sobre o fluxo indiferenciado de eventos sociais; que, parafraseando Wittgenstein, conceitos claros sempre são melhores do que conceitos obscuros.

Uma forma muito diferente de pensar a diferença é começar com o contínuo, o obscuro, o instável e tentar criar uma linguagem que nos permita fazer distinções particulares e oferecer explanações sem reificar nossos conceitos operacionais em categorias ou tipologias. Em vez de começar com o pressuposto da semelhança, e depois tentar classificar as diferenças como desvios de um modelo, uma "filosofia da diferença" começa com o conceito de diferença como uma condição geral, uma condição em termos das quais até as determinações de "semelhança" são feitas.[11] Uma forma de dar início a essa mudança de orientação é tomar consciência do quanto, na verdade, são diferentes as distintas formas de falar sobre a diferença; nem sobre essa questão há um conjunto unificado de definições ou categorias. Aqui apresento uma "gramática da diferença" para começar a elucidar uma série desses discursos sobre a diferença.[12] Espero que essa visão tenha algum valor heurístico, mas não tenha como objetivo desenvolver-se em direção a taxonomia rigorosa ou a uma lista exaustiva de tipos. Algumas dimensões da diferença podem não ser passíveis de expressão nesses termos, embora, a meu ver, muitas sejam. Além disso, há, como ve-

CURRÍCULO NA CONTEMPORANEIDADE

remos, sérias tensões e pontos de atrito entre essas diferentes perspectivas da diferença.

II.

Vou explicar sucintamente o que considero sejam oito formas de falar e pensar sobre a diferença.[13] Pode ser que haja muitas outras; não tenho a intenção de dizer nada de final ou conclusivo a respeito dessas distinções. Mas acho que podem nos ajudar no sentido de nos fazer ver que quando as pessoas falam de "diferença," seja qual for o teor dessa diferença, nem sempre estão pensando no mesmo tipo de coisa.

Vamos denominar a primeira visão de *diferença como variedade*. Essa abordagem é a mais claramente categorial, referindo-se a diferentes tipos no interior de uma categoria particular: diferentes tipos de árvores, por exemplo, ou diferentes tipos de linguagem. Só se pode falar de tipos de uma categoria quando a categoria é conhecida. Temos de ter alguma noção do que é uma "árvore" ou uma "linguagem" antes de podermos identificar seus tipos. dentro dela. Além disso, e mais sutilmente, falar de tipos no âmbito de uma categoria é também dizer que a categoria conta. Às vezes há controvérsias sobre a forma de definir uma categoria, mas essa também pode ser uma maneira de enfatizar sua importância. No contexto contemporâneo, por exemplo, pode-se falar de diferentes identidades nacionais e do que significam; pode-se até questionar a importância da "nação" em muitas circunstâncias do mundo de hoje, o que é caracterizado, de um lado, por um aumento das entidades globais, transnacionais e, de outro, por um grau significativo de fragmentação interna, "balcanizada," no interior dos Estados-nação tradicionais.

Vamos chamar a segunda visão da diferença de *diferença em grau*. Aqui as diferenças são concebidas como pontos diferentes ao longo de um *continuum* de qualidades. Diferentes alturas deviam ser um exemplo óbvio, embora o *continuum* não precise ser um modelo numérico. Enfatizar diferenças ao longo desse *continuum* pressupõe que as pessoas reconhecem as características que o *continuum* descreve e têm pelo menos noções equivalentes do que são algumas das demarcações ao longo deste *continuum* (embora seja interessante notar que os questionamentos das normas dominantes podem incluir a substituição das subdivisões consideradas "significativas" pela ênfase em outras, ou pela ênfase na continuidade das gradações e, por conseguinte, na arbitrariedade de qualquer subdivisão — pense na cor da pele, no contexto contemporâneo). Finalmente, os questionamentos a esses *continua* também podem assumir a forma de rejeição completa da escala, como no caso da escala de "inteligência" supostamente medida pelos testes de QI. Muitas vezes, este último tipo de crítica é também uma afirmação da diferença, assim como a afirmação de um tipo diferente de inteligência. Nesse caso, é um exemplo da visão da diferença como variedade, discutida em primeiro lugar.

Vamos chamar a terceira visão da diferença de *variação*. Trata-se aqui de uma combinação diferente de certos elementos e diferentes ênfases em alguns deles. Estou pensando então em algo como as variações musicais: diferentes interpretações e justaposições de notas que preservam parcialmente o caráter do modelo original (como as variações em torno de um certo tema ou melodia), mas com o acréscimo de algo novo e inesperado. O que se mantém igual são os elementos, ou pelo menos os elementos básicos — caso contrário a variação não seria reconhecível como tal — bem como a compreensão comum do que é o ponto de referência origi-

CURRÍCULO NA CONTEMPORANEIDADE   187

nal do contraste. No contexto contemporâneo, pode-se falar dos diferentes tipos de corpos ou dos diferentes graus de capacidade ou incapacidade, considerados não como desvios de um tipo de corpo "normal," mas sim como estados alternativos legítimos da identidade corporal. Entretanto, embora não sejam julgadas em relação a um tipo de corpo padronizado, essas reivindicações têm de fato em comum os mesmos componentes básicos, os elementos corporais, os sentidos e as capacidades, expressos de formas diferentes e em relações diferentes entre si.

Vamos denominar a quarta visão da diferença de *versão*. Como uma variação, refere-se a um padrão familiar que é alterado pela interpretação, mas, ao contrário de uma variação, deixa inalterados os elementos-chave do modelo, dando-lhes simplesmente um sentido diferente e uma inflexão diferente. Pode-se pensar nas diferentes versões de uma peça de teatro, que não alteram nenhuma das falas, mas cujas mudanças na caracterização ou ênfase dão-lhe uma dimensão significativamente diferente. No contexto contemporâneo, as diferenças de identidade sexual podem ser vistas, em muitas circunstâncias, como formas de desempenho (interpretação e reinterpretação) — e, por conseguinte, de questionamento — de certos papéis sexuais.

Vamos chamar a quinta visão da diferença de *analogia*. Às vezes as diferenças são identificadas como relativas não a modelos comuns, mas a modelos paralelos comparáveis (de modo que A está para B assim como C está para D). Esse é um sentido mais abstrato de diferença, de modo que não seria de surpreender que os exemplos mais claros sejam da ordem simbólica propriamente dita: estilos de roupa, tipos de gíria, ornamentação do corpo e assim por diante. Em um nível muito, muito mais complexo, pode-se falar também de uma diversidade de distinções e categorias morais no interior desse mesmo tipo de diferença. Uma diferença por analogia mostra que, mesmo quando uma diferença específica é ela mesma uma novidade, inesperada ou única, é possível verificar-se que serve a objetivos comparáveis, paralelos, como fazem marcadores semelhantes em outros contextos. Essa analogia fornece a base potencial para discuti-los e compará-los. O que existe de comum não são as práticas particulares, nem o sistema de crenças e valores que lhes dá fundamento, mas um quadro de referências mais amplo no qual podem ser vistas como fenômenos relacionados, paralelos.

Bem, em uma versão anterior deste ensaio, parei por aqui, pensando que essas cinco formas de pensar sobre a diferença abrangia a maior parte dos principais exemplos que nos interessavam.[14] Também pensei que mostravam que todas as afirmações de diferença implicavam afirmações de similaridade: similaridade em termos de categoria; similaridade em termos das escalas de referência com base nas quais os *continua* são medidos; similaridade em termos das visões familiares em relação às quais as variações ou versões são contrastadas; similaridade em termos dos pontos de referência análogos aos quais os fenômenos paralelos são comparados.

Considero hoje que essas formas oferecem um quadro incompleto da diferença. Em primeiro lugar, essas cinco formas representam a diferença como diversidade; como pontos externos de comparação e contraste, mais do que como elementos de uma identidade vivida, representada. Também dão uma atenção insuficiente ao caráter dinâmico da diferença: diferenças que mudam com o tempo, diferenças que derivam seu significado de contextos e circunstâncias cambiantes. Sua dependência da identificação de similaridades, de pontos de referência comuns ou de analogias torna-as inadequadas para compreender os casos de diferença radical — diferenças que questionam até mesmo nossos pressupostos

CURRÍCULO NA CONTEMPORANEIDADE

sobre similaridade ou analogia. Todas essas cinco formas de pensar a diferença podem ser chamadas de dimensões da *diferença entre*, e acho que têm alguma utilidade no sentido de nos ajudar a compreender uma série de formas pelas quais as pessoas fazem diferenciações no âmbito de um discurso da diversidade.

Mas, como argumenta Homi Bhabha, todos esses discursos da diversidade ainda estruturam a diferença de uma forma limitada:

> Se a diversidade cultural é uma categoria de ética, estética ou etnologia comparadas, a diferença cultural é um processo de significação por meio do qual afirmações da cultura ou sobre a cultura diferenciam, discriminam e autorizam a produção de campos de força, referência, aplicabilidade e capacidade. A diversidade cultural é o reconhecimento de "conteúdos" e costumes culturais predeterminados.[15]

Explicando a visão de Bhabha, Fazal Rizvi escreve o seguinte:

> Bhabha critica a noção da diversidade usada no discurso liberal para dar uma ilusão de harmonia pluralista. Ele afirma que essa harmonia reprimida só é conquistada com base em termos tácitos de normas sociais construídas e administradas pelo grupo dominante para criar uma ilusão de consenso. É uma noção ideológica que obscurece o exercício de poder. As normas sociais no interior do quadro de referências em que a diversidade é valorizada só servem para conter expressões de diferença cultural... . O conceito de diferença, por outro lado, não pressupõe essa lógica consensual. Procura problematizar as próprias normas usadas para identificar a diferença. Portanto, as diferenças não constituem nem áreas claramente demarcadas de experiência e prática, nem uma unidade de identidade,

como pressupõem tão frequentemente os professores que tentam implementar o multiculturalismo. As diferenças são entendidas por meio de uma política de significação — isto é, através de práticas que são tanto reflexivas quanto constitutivas das relações econômicas e políticas predominantes.[16]

Apresento essas citações na íntegra porque elas são o eixo deste ensaio. Embora os cinco primeiros discursos caracterizem de fato uma série de possíveis perspectivas sobre a diferença, todos eles representam a perspectiva da diferença como diversidade (o que chamei aqui de "diferença entre"). São todos, em graus variados, espécies do pensamento categorial; e todas correm o risco de assumir uma série de normas ou modelos dominantes com base nos quais os grupos e os indivíduos são caracterizados como diferentes. Ao manter as diferenças entre as categorias e normas que são coerentes com os interesses dos grupos dominantes, e às vezes definidas por eles, os discursos da diversidade são uma forma de domesticar a diferença, permitindo-lhe "livre expressão", mas em um âmbito extremamente limitado — além disso, um âmbito que é implícito, e que não se abre facilmente à renegociação ou à contestação.

A visão contrastante, que Bhabha chama de "diferença cultural," é um discurso relacional, um discurso que começa com a diferença como algo primário, pré-categorial.[17] As diferenças são vividas. Mudam com o tempo. Assumem formas diferentes em contextos diferentes. Sempre frustram nossas tentativas de classificá-las ou defini-las. Não pressupõem a semelhança; são condições com base nas quais estabelecemos acordos sobre a semelhança.[18] A palavra "entre", é ela própria uma palavra relacional: aqui a diferença é vista como uma relação, não como uma distinção. A diferença cria o significado de um "entre."[19] Portanto, nesse sentido, a diferença

CURRÍCULO NA CONTEMPORANEIDADE   191

representa uma crítica ao pensamento binário e à reificação de que o pensamento categorial cai presa.[20]

Portanto, gostaria de sugerir que as cinco visões da diferença expressas no discurso da diversidade sejam suplementadas com três formas adicionais de pensar a diferença, às quais chamo de *diferença além, diferença no interior e diferença contra* (acho que existe algo a ser aprendido aqui com a importância das preposições nessas descrições e com o quanto a diferença ressoa de forma diferente quando combinada a de, entre, além, dentro, contra, no meio de e assim por diante). Mas é crucial observar que essas três visões não são apenas suplementos das cinco primeiras; como veremos, representam críticas diretas à visão da diferença como diversidade e às políticas (multiculturalismo, tolerância liberal, políticas previdenciárias categoriais e assim por diante) que nascem dessa visão.

III.

Com a diferença além, deparamo-nos com uma diferença que não é só uma diferença no interior de uma determinada categoria ou quadro de referências (que poderia ser chamada de "exotismo") mas um questionamento a esse próprio quadro de referências (que poderia ser chamado de "estranheza"). As culturas têm muitas formas diferentes de constituir uma "família," por exemplo. Mas, e quando uma cultura não tem absolutamente nenhuma prática daquele tipo, quando não tem palavras para designar relações "de família" tais como as entendemos, que nem sequer pensa na vida comunitária nesses termos? Muitas vezes enfrentamos essas diferenças com uma sensação de perplexidade, sem modelos de similaridade e nem mesmo de analogia com os quais trabalhar. Essa ideia da diferença como excesso, como algo intrinsecamente além de uma determinada maneira de pensar ou falar, é, de certo modo, uma dimensão de todos os embates sociais, como Jean-François Lyotard e Emmanuel Levinas a discutiram: a diferença de um Outro sempre contém algo além de nossa capacidade de compreensão; inevitavelmente nos deparamos com um ponto além do qual a linguagem e a explanação não podem continuar. Para Lyotard, é o *différend*: "o estado instável e instante da linguagem em que algo que deve ser passível de ser colocado em frases ainda não pode sê-lo."[21] Para Levinas, nosso encontro com um Outro sempre envolve uma alteridade (*Autrui*) além de nossa compreensão:

> A relação com o outro não é uma relação idílica e harmoniosa de comunhão, nem uma simpatia que nos situe no lugar do outro; reconhecemos o outro como alguém que se parece conosco, mas é exterior a nós; a relação com o outro é uma relação com um Mistério.[22]

Além disso, para Levinas, essa alteridade radical é uma condição de nossa receptividade ética ao outro: "Essa diferença é minha não indiferença ao outro."[23] Um elemento dessa diferença além de nossa compreensão existe não apenas em nossos encontros com o exótico ou o estranho, mas também nos encontros sociais comuns; o que sugere que a diferença não é apenas um indicador de diversidade, mas uma qualidade inerente à própria relação social.

A meu ver, a diferença no interior está próxima da noção de *différance* de Jacques Derrida e da obra de Gilles Deleuze sobre diferença e repetição.[24] Citando Jim Marshall, em sua discussão de Foucault e Deleuze:

A diferença é... uma parte daquilo que é... . O conceito de diferença não diz respeito somente a uma diferença conceitual... . A diferença conceitual, ou a mera diferença conceitual, é dada por diferentes conceitos, como homem e mulher... . A diferença conceitual nos dá a diversidade. Mas o conceito de diferença nos permite pensar diferentemente no interior da identidade, no interior do conceito de mulher ou homem... pois tanto a mulher "contém" o outro quanto o homem "contém" o outro.[25]

Essa ideia da diferença no interior sugere que as categorias nunca são completamente estáveis: que a lógica da identidade (que uma coisa é o que é) deve ser situada no âmbito de uma relação mais dialética; que uma coisa é também parcialmente o que ela não é, aquilo de que se diferencia, o que é definido além e contra ela. É revelador, por exemplo, a frequência com que a heterossexualidade é legitimada e imposta explicitamente pela evocação da ansiedade ou hostilidade em relação à homossexualidade. Ou, como diz Trinh Minh-ha, "a diferença não é diferença para certos ouvidos, mas inépcia ou incompletude... 'diferença' é essencialmente 'divisão' aos olhos de muitos." Aqui a diferença é julgada contra um padrão primário de autenticidade, de normalidade. Em lugar dessa visão, a autora apresenta "uma distinção entre diferença reduzida a identidade-autenticidade e diferença compreendida também como uma distância crítica de mim mesma."[26] A diferença no interior cria espaço para compreender as formas pelas quais a diferença é vivida; como as pessoas expressam as diferenças, brincam com elas, transgridem-nas, cruzam as fronteiras entre elas.

Finalmente, pode-se falar de diferença contra. Às vezes a percepção de uma diferença é criada ou ampliada por grupos que procuram ativamente diferenciar-se de normas e crenças dominantes ou convencionais, ou questioná-las. Homi Bhabha descreve-a da seguinte forma:

> O objetivo da diferença cultural é rearticular a soma do conhecimento segundo a perspectiva da posição significante da minoria que resiste à totalização — a repetição que não vai retornar como o mesmo... As designações da diferença cultural interpelam as formas de identidade que, por causa de sua implicação contínua em outros sistemas simbólicos, são sempre "incompletas" ou abertas à tradução cultural.... É a partir dessa perspectiva de fora que se torna possível inscrever a localidade específica dos sistemas culturais no âmbito das diferenças incomensuráveis — e, por meio daquela apreensão da diferença, realizar o ato da tradução cultural. No ato da tradução, o conteúdo "dado" torna-se alienígena e estranho; e isso, por sua vez, deixa a linguagem da tradução *Aufgabe*, sempre confrontada por seu duplo, o intraduzível — alienígena, estrangeiro.[27]

A diferença contra é uma forma de crítica, de questionamento, à medida que os pressupostos e lacunas de um discurso dominante voltam a se refletir nela por contraste com um discurso e série de experiências muito alheios a ela. Representa uma reação direta ao "pluralismo", no sentido em que este é normalmente compreendido; a diferença constitui uma "oposição" às normas e valores de uma sociedade dominante, não apenas uma incorporação.[28] Como diz Chandra Mohanty,

> O objetivo da análise da diferença e do questionamento da raça não foi o pluralismo como proliferação do discurso sobre as etnias como culturas isoladas e separadas entre si. O questionamento da raça reside numa reconceptualização fundamental de nossas categorias de análise de modo que

as diferenças possam ser historicamente especificadas e compreendidas como parte de processos e sistemas políticos mais amplos. A questão central não é, portanto, apenas reconhecer a diferença; a questão mais difícil diz respeito ao tipo de diferença que é reconhecido e incorporado. A diferença vista como variação benigna (diversidade), por exemplo, e não como conflito, luta ou ameaça de disrupção, contorna o poder, bem como a história, e sugere um pluralismo harmonioso, vazio.[29]

Esses três discursos sobre a diferença representam tanto uma crítica teórica de qualquer visão categorial da diferença quanto uma crítica política da versão liberal do pluralismo que enfatiza a compreensão e a tolerância (sim, e "diálogo") entre as diferenças — mas diferenças que são dadas, definidas dentro dos limites que não prestam atenção suficiente às dimensões contestadas, instáveis e cambiantes da diferença à medida que as pessoas as vivem e representam. Esses discursos, de formas diferentes, embora relacionadas entre si, discutem formas de diferenças não assimiladas — diferenças que resistem à categorização ou comparação em termos do semelhante.

IV.

O que espero que surja desse estudo é que o que conta como diferença importante é uma noção fluida. As diferenças não devem ser mais reificadas que as similaridades. Num documentário televisivo recente sobre o ensino médio norte-americano, intitulado *School Colors* [*As cores da escola*], estudantes latinos saem da escola dizendo que sua identidade não é tão valorizada pela administração, pelos professores e pelos outros alunos quanto as categorias predominantes branca e afro-americana (há um curso de Estudos Afro-Americanos na escola, mas não um curso de Estudos Latinos, por exemplo). Sob a bandeira de *La Raza*, afirmam sua identidade e interesses comuns acima e contra os dos outros grupos: "não somos como vocês." Infelizmente, essa bandeira comum torna-se problemática quando rixas e discussões irrompem dentro do grupo entre estudantes méxico-americanos e estudantes de outros países da América Latina, como Porto Rico, e assim por diante: "não somos como vocês." Entre outras coisas, isso deveria nos fazer indagar sobre a conclusão lógica que deriva da lógica do separatismo. Que diferenças fazem diferença, e para quem, e comparadas com o que — eis aí um quebra-cabeça difícil, um quebra-cabeça conceitual, um quebra-cabeça com graves consequências sociais, políticas e educacionais.

O que quero ressaltar aqui é alguns dos dilemas e perigos que acompanham as discussões da diferença. Considero-os como representantes de uma série de tensões conflitantes. Em primeiro lugar, como mostra esse exemplo, há o perigo de que a diferença radical, um pressuposto de incomensurabilidade, e a lógica do separatismo venham a empurrar a sociedade na direção de uma fragmentação cada vez maior. No entanto, existe o perigo simultâneo de que a diferença se torne categorial, estática; que não repensemos dimensões particulares da diferença à medida que os contextos e as circunstâncias mudam. Essa tendência à reificação é particularmente marcante em situações em que as categorias são institucionalizadas por meio de programas sociais do Estado — programas que, por si mesmos, podem ajudar a compensar desigualdades.

Em segundo lugar, há o perigo da concentração em diferenças particulares a expensas de outras diferenças (ou

CURRÍCULO NA CONTEMPORANEIDADE

similaridades) que ficam obscurecidas no processo. Mas existe também o perigo simultâneo de nivelar todas as diferenças, ou de "celebrar" a diferença, como se algumas dessas diferenças não tivessem uma história — histórias de danos e privações reais, de discriminação e até de genocídio. Em certos contextos, um aspecto, como raça, por exemplo, pode vir claramente para o primeiro plano.

Em terceiro lugar, há o perigo de que a diferença só se torne definida como diversidade, como algo externo; e que as diferenças no interior acabem submergindo. Mas há o perigo simultâneo de se considerar a diferença algo puramente voluntarista ou pessoal, e não como algo implicado na dinâmica social e política (como a diferença contra). Finalmente, há o perigo de que as discussões da diferença só ocorram pautadas no pressuposto de elementos comuns; que "todos somos diferentes, mas basicamente somos todos iguais." No entanto, há o perigo simultâneo de se "tornar exótica" a diferença; de se considerar o estranho como curioso e fascinante, exagerando-se a diferença entre o Eu e o Outro.

Esses emparelhamentos sugerem uma série de dilemas que envolvem a diferença — como falamos a respeito dela, como não falamos a respeito dela, como exageramos sua importância, como subestimamos sua importância. Há várias formas de tentar responder a esses dilemas, com riscos humanos reais por trás deles. Uma delas é dicotomizar semelhança e diferença, e com isso dicotomizar, segundo a própria perspectiva, aqueles que são como nós e aqueles que não são. Essa abordagem reifica diferenças categoriais e acaba levando a um mundo balcanizado. Outra forma de tentar responder a esses dilemas é ver similaridade e a diferença como instâncias relacionadas entre si; essa é basicamente a visão por trás das cinco primeiras formas específicas de pensar sobre a diferença — todas elas observando diferenças, mas diferenças que são definidas ou medidas ou comparadas a um modelo comum subjacente.

Esse pensamento, típico como disse, de parte de meu próprio trabalho anterior, fundamenta um tipo de pluralismo que considera as diferenças como um suplemento, como perspectivas e experiências alternativas que se pode incorporar e com as quais se pode aprender. Às vezes essas diferenças também podem ser desafios: oferecendo pontos de vista, críticas e perspectivas desconhecidas e rivais. Mas, à medida que se caracterizam contra um pano de fundo de elementos comuns, essas diferenças podem ser consideradas traduzíveis, contribuições à nossa compreensão e não ameaças a ela.

Mas há uma terceira forma de pensar sobre os dilemas da diferença e da similaridade: reconhecer que ambas implicam e contêm a outra, embora ainda resistam uma à outra; que há diferenças intraduzíveis, ou onde a tradução não implica somente a inclusão de X na língua de Y, mas uma redefinição fundamental tanto de X quanto de Y. Esse tipo de dialética não vai rumo à resolução, mas rumo à tensão constante; uma tensão manifesta nos tipos de dilemas irreconciliáveis que acabei de descrever. Aqui a diferença não é apenas um suplemento à nossa compreensão, mas um questionamento direto dela: um questionamento aos sistemas binários, a sistemas que escolhem entre duas alternativas.

V.

Quais são algumas das consequências educacionais desse tipo de análise? Uma gramática da diferença poderia ser

CURRÍCULO NA CONTEMPORANEIDADE

vista como um tipo de mapa, ou guia, ou concordância, ou tradução, ou chave de um código. Deve nos ajudar a reconhecer diferenças significativas onde não víamos diferenças antes. Deve nos ajudar a vê-las como significativas, sem vê-las como essenciais ou imutáveis. Deve nos ajudar a ver que a forma pela qual as diferenças são construídas ou interpretadas segundo um ponto de vista é apenas isso, e que outros pontos de vista são possíveis. Deve nos ajudar a perguntar de quem são as caracterizações ou categorias de diferenças que estão tendo preferência em determinadas circunstâncias. Deve nos ajudar a ver formas mais profundas, nas quais a diferença e a similaridade implicam e informam uma à outra.

Acredito que podemos trabalhar no sentido de transformar essas possibilidades em todo um programa educacional, que só posso esboçar sucintamente aqui. Não se trata apenas de saber o que a maioria das pessoas entende como "multiculturalismo," de ensinar sobre diversas culturas, tradições ou sistemas de crenças.[30] Não se trata apenas de suplementar um currículo padronizado com exemplos representativos de outros pontos de vista. Não se trata apenas de introduzir ou mostrar elementos de outras culturas, frequentemente fora de contexto, por seu sabor exótico ou por seu colorido. Esse tipo de diversificação do currículo pode ser benéfica, ou não, dependendo de como é feito.

Contudo, na verdade, é apenas um passo, um meio para algo mais profundo e mais importante educacionalmente. A tolerância da diferença, aliás, a celebração da diferença, não é o resultado educacional supremo que devemos ter como meta; é o reexame crítico da diferença, o questionamento de nossos próprios sistemas de diferença e o que eles significam para nós e para os outros. Em algum nível, quase todos os objetivos educacionais podem ser vinculados a essa preocupação básica. A educação não deve ser apenas a transmissão de um sistema existente de crenças e valores imutáveis de uma geração à seguinte; é preciso haver algum espaço para o questionamento, para a reinterpretação e para a modificação desse sistema à luz de uma compreensão ampliada de onde ele se encaixa no contexto de um mundo diversificado e em processo de rápida transformação.

Um das principais características desse mundo é a consciência crescente da diferença propriamente dita, e de um início de compreensão de que as questões sobre as origens dessa diferença e sobre como chegaram a significar o que significam para os diferentes grupos levantam, por sua vez, problemas fundamentais sobre o mundo e sobre por que chegamos a nos decidir por uma visão em oposição a outra, dependendo de quem somos e de onde vivemos. É reconhecer que muita coisa a respeito de nossos próprios sistemas de diferença podem ser consideradas, de um outro ponto de vista, como estranhas e exóticas, da mesma forma que outros sistemas de diferença assim nos parecem. Isso não leva necessariamente ao relativismo, a meu ver; mas leva a perceber a arbitrariedade de pelo menos parte do que aceitamos sem questionamento em relação a nós próprios e aos outros, junto com o entendimento de que, a partir de outro quadro de referências, esses pressupostos vão parecer bem diferentes. Nesse sentido, o "multiculturalismo" é tanto uma reflexão crítica sobre nossa própria cultura, nossa arte, nossa ciência, nossa ética etc., quanto uma exploração da dos outros.

Portanto, esse questionamento e esse reexame dos sistemas de diferença podem ser vistos, em um nível básico, como uma parte essencial da própria educação. O uso de obras de literatura, do estudo da história, do encontro íntimo e respeitoso com outras tradições e culturas em seus próprios termos, em parte para compreender como nossas categorias de similaridade e diferença nasceram, pode ser visto como uma exploração dos pressupostos e valores por meio dos quais constituímos nossa identidade e as formas pelas quais esses pressupostos e valores estão intimamente envolvidos com arranjos sociais e institucionais mais amplos. Feitos com cuidado e respeito, esse questionamento e esse reexame podem ser a ocasião de *insights* realmente profundos sobre nós e sobre os outros. Ainda: podem iluminar algo crucial sobre a forma pela qual construímos nossa vida, ou pela qual ela é construída para nós, no âmbito de categorias tácitas de semelhanças ou diferença que podem ser refeitas diferentemente.

Ao transferirem a necessidade de justificativa do pressuposto de semelhança para uma consciência da diferença e sensibilidade para com ela, essas perspectivas críticas criaram a possibilidade de repensarmos a educação de uma forma significativamente nova. Apesar disso, como tentei sugerir aqui, pouco se ganha quando a "diferença" torna-se apenas outra forma de interromper a conversa, dividindo as perspectivas uns dos outros, ou discutindo a relatividade de todas as crenças e valores. Que pode valer a pena conversar nessas circunstâncias? O propósito de examinarmos as formas pelas quais temos conversado sobre a diferença (ou a semelhança) é considerar nossas categorias e conceitos não como dados, mas abertos à reflexão e à reconsideração e, assim, encontrar novos modos de pensarmos e conversarmos, juntos, sobre elas.[31]

Notas

1. Susan Leigh Star. "Misplaced concretism and concrete situations: Feminism, method, and information technology," apresentado à Unit

for Criticism and Interpretative Theory, University of Illinois, Urbana/ Champaign, outono de 1995.

2. Repensar a "diferença" tem sido particularmente importante para a teoria e prática feminista. Visões gerais úteis desse processo podem ser encontradas em Elizabeth Grosz, "Sexual difference and the problem of essentialism," em Naomi Schor e Elizabeth Weed, *The Essential Difference* (Bloomington, Ind.: University of Indiana Press, 1994), 82-97; Sneja Gunew, "Feminism and the politics of irreducible differences: Multiculturalism/ ethnicity/race." Em Sneja Gunew e Anna Yeatman, orgs., *Feminism and the Politics of Difference* (New South Wales: Allen and Unwin, 1993), 1-19; Allison M. Jaggar, "Sexual difference and sexual equality," em Deborah L. Rhode, org., *Theoretical Perspectives on Sexual Difference* (New Haven: Yale University Press, 1990), 239-254; Deborah L. Rhode, "Theoretical perspectives on sexual difference," e "Definitions of difference," em Deborah L. Rhode, org., *Theoretical Perspectives on Sexual Difference* (New Haven: Yale University Press, 1990), 1-9 e 197-212; Leslie G. Roman, "On the ground" with antiracist pedagogy and Raymond Williams's unfinished project to articulate a socially transformative critical realism," em Dennis L. Dworkin e Leslie G. Roman, orgs., *Views Beyond the Border Country* (New York: Routledge, 1993), principalmente as p. 161-166; Anna Yeatman, "Voice and representation in the politics of difference," em Sneja Gunew e Anna Yeatman, orgs., *Feminism and the Politics of Difference* (New South Wales: Allen and Unwin, 1993), 228-245; Anna Yeatman, "Minorities and the politics of difference," e "Postmodernity and revisioning the political," em Anna Yeatman, *Postmodern Revisionings of the Political* (New York: Routledge, 1994), 80-91 e 106-122; e a obra de Iris Young que exerceu muita influência, *Justice and the Politics of Difference* (Princeton, NJ: Princeton University Press, 1990). Na educação, provavelmente o artigo mais citado a respeito desse tema seja Elizabeth Ellsworth, "Why doesn't this feel empowering? Working through the repressive myths of critical pedagogy," *Harvard Educational Review,* v. 59, n. 3 (1989), p. 291-324. Ver também, por exemplo, Maria Lugones e Elizabeth Spelman, "Have we got a theory for you!" *Women's Studies International Forum,* v. 6, n. 6 (1983) e ensaios de Barry Kanpol e Peter McLaren, orgs.. *Critical Multiculturalism: Uncommon Voices in a Common Struggle* (Westport, Connecticut: Bergin Garvey, 1995) e de Christine Sleeter e Peter McLaren, orgs.. *Multicultural Education, Critical Pedagogy, and the Politics of Difference* (Albany, NY: SUNY Press, 1995).

CURRÍCULO NA CONTEMPORANEIDADE

3. Leslie Roman, "White is a color! White defensiveness, postmodernism, and antiracist pedagogy." *Race, Identity, and Representation in Education*, Cameron McCarthy e Warren Crichlow, orgs., (New York: Routledge, 1993), 71.

4. Edward W. Said, *Orientalism* (New York: Penguin, 1985).

5. Nicholas C. Burbules e Suzanne Rice. "Dialogue across differences: Continuing the conversation." *Harvard Educational Review*, v. 61 (1991), p. 393-416; Nicholas C. Burbules e Suzanne Rice, "Can we be heard?" *Harvard Educational Review*, v. 62 (1992), p. 264-271. Republicado em *Teaching for Change: Addressing Issues of Difference in the College Classroom*, Kathryn Geismar e Guitele Nicoleau, orgs. (Cambridge, Mass.: Harvard Educational Review, 1993), p. 1-25 e 34-42, respectivamente. Ver também: Nicholas C. Burbules, *Dialogue in Teaching: Theory and Practice* (New York: Teachers College Press, 1993).

6. Esses reexames foram inspirados em grande parte pelas pacientes, explanações e críticas de várias amigas e colegas feministas, pelas quais sou muito grato.

7. David Theo Goldberg. *Racist Culture: Philosophy and the Politics of Meaning* (Cambridge, Mass.: Blackwell, 1993). Para conhecer um debate fascinante sobre construções de "raça," ler Jorge Klor de Alva, Earl Shorris e Cornel Wesh, "Colloquy: Our next race question," Harpers (abril de 1996), p. 55-63.

8. Ver Homi Bhabha, "DissemiNation: Time, narrative, and the margins of the modern nation," em *The Location of Culture* (New York: Routledge, 1994), p. 139-140.

9. Um ensaio muito interessante publicado pelo *New Yorker* explora como os organizadores do censo de 1990 dos Estados Unidos obrigaram as pessoas a se identificarem em termos de categorias raciais definidas por suas listas estatísticas, mesmo quando um número significativo dos informantes disse que não se identificam ou não podiam se identificar por meio dessas categorias estreitas. Ver Lawrence Wright, "One drop of blood." *New Yorker*, (25 de julho de 1994), p. 46-55.

10. Essa análise vai ser muito mais bem desenvolvida numa versão ampliada deste ensaio.

11. Sobre a "filosofia da diferença," ver Gilles Deleuze, *Difference and Repetition*, tradução de Paul Patton (Londres: Athlone Press, 1968).

12. Estou usando o termo "gramática" em seu sentido mais arcaico, como uma introdução geral a uma série de elementos e princípios básicos; como uma cartilha. Não tenho a intenção de oferecer uma visão sistemática e prescritiva da diferença, nem acho que tal coisa seja possível.

13. Outras análises da diferença foram apresentadas na literatura, inclusive a diferença entre, a diferença no meio [de vários elementos] e a diferença no interior, de Rosi Braidotti, *Nomadic Subjects: Embodiment and Sexual Difference in Contemporary Feminist Theory* (New York: Columbia University Press, 1994), p. 158-167 e 177-179; a diferença de Avtar Brah como experiência, diferença como relações sociais, diferença como subjetividade e diferença como identidade ("Difference, diversity, and differentiation" em *Race, Culture and Difference*, James Donald e Ali Rattansi, orgs. (Newbury Park, California: Sage, 1992), p. 14-144; as três figuras da diferença de Lawrence Grossbergs: fragmentação, hibridismo e *différance* ("Cultural studies and/in new worlds", em *Race, Identity, and Representation in Education*, Cameron McCarthy e Warren Crichlow, orgs. (New York: Routledge, 1993), p. 96-97; e a discussão clássica de Michèle Barrett sobre a diferença como diversidade experiencial, como significado posicional e como diferença sexual, que foi desenvolvida em duas versões ligeiramente diferentes ("The concept of difference," *Feminist Review*, no. 26 (1987), p. 29-41; e "Some different meanings of the concept of difference: Feminist theory and the concept of ideology", *The Difference Within: Feminism and Critical Theory*, Elizabeth Meeze e Alice Parker, orgs. (Filadélfia: Benjamins, 1989), p. 37-48. Embora aqui minha discussão tenha sofrido a influência dessas interpretações alternativas da diferença, não coincide com nenhuma delas.

14. Nicholas C. Burbules, "Deconstructing difference and the difference this makes to education". *Philosophy of Education*, 1996, Frank Margonis, org. (Urbana, Ill.: Philosophy of Education Society, no prelo).

15. Homi K. Bhabha, "Cultural diversity and cultural difference". *The Post-Colonial Studies Reader*, Bill Ashcroft, Gareth Griffiths e Helen Tiffin, orgs., (New York: Routledge, 1995), p. 206.

16. Fazal Rizvi, "The arts, education, and the politics of multiculturalism." *Culture, Difference, and the Arts*, Sneja Gunew e Fazal Rizvi, orgs., (New South Wales: Allen and Unwin, 1994), p. 62.

17. Para dispor de outras perspectivas sobre essa visão relacional da diferença, ver Rosi Braidotti, *Nomadic Subjects*, p. 239; e Martha Minow,

CURRÍCULO NA CONTEMPORANEIDADE

Making All the Difference: Inclusion, Exclusion, and American Law (Ithaca, NY: Cornell University Press, 1990).

18. Gilles Deleuze, *Difference and Repetition*, p. 262 ss.

19. Ver o texto central de Martin Heidegger, *Identity and Difference*, tradução de Joan Stambaugh (New York: Harper and Row, 1969), p. 63. Este livro é uma influência-chave sobre a obra de Derrida a respeito de diferença e *différance*; Rodolphe Gasche, *Inventions of Difference: On Jacques Derrida* (Cambridge, Mass.: Harvard University Press, 1994); e Walter A. Brogan, "The original difference", *Derrida and Différance*, David Wood e Robert Bernasconi, orgs. (Evanston, Ill.: Northwestern University Press, 1988), p. 31-39.

20. Gilles Deleuze e Claire Parnet, *Dialogues*, tradução de Hugh Tomlinson e Barbara Habberjam (New York: Columbia University Press, 1987).

21. Jean-François Lyotard, *The Différend: Phrases in Dispute*, tradução de George Van Den Abbeele (Menneapolis: University of Minnesota Press, 1988), p. 13.

22. Emmanuel Levinas, *Time and the Other*, trecho de *The Levinas Reader*. Sean Hand, org., tradução de Richard A. Cohen (Cambridge, Mass.: Blackwell, 1989), p. 43.

23. Emmanuel Levinas, *Otherwise Than Being, our Beyond Essence*, tradução de Alphonso Lingis (The Hague: Martinus Nijhoff, 1981).

24. *On Derrida and différance*, ver especialmente Jacques Derrida, "La différance", em *Margins of Philosophy*, tradução de Alan Bass (Chicago: University of Chicago Press, 1982, p. 1-27; e Jacques Derrida, *Positions*, tradução de Alan Bass (Chicago: University of Chicago Press, 1981), p. 8-10, 26-29, 39-44 e 71-76. Na versão mais longa deste ensaio, apresento mais detalhes sobre a relação entre a *différance* de Derrida e o que estou chamando de "diferença no interior."

25. James Marshall, Michel Foucault: *Personal Autonomy and Education* (Bóston: Kluwer, 1996), p. 37-38; ver também Gilles Deleuze, *Difference and Repetition*, p. 23-24, 30.

26. Trinh Minh-há, "Writing postcoloniality and feminism". *The Post-Colonial Studies Reader*, Bill Ashcroft, Gareth Griffiths e Helen Tiffin, orgs. (New York: Routledge, 1995), p. 264, 266, 268.

27. Homi Bhabha, "DissemiNation: Time, narrative, and the margins of the modern nation", em *The Location of Culture* (New York: Routledge, 1994), p. 162-164.

28. Leslie Roman, "White is a color!", p. 71-74.

29. Chandra Talpade Mohanty, "On race and voice: Challenges for liberal education in the 1990's". *Cultural Critique*, 14 (1989-90), p. 181.

30. Para dispor de uma crítica excelente aos discursos multiculturais predominantes na educação, ver Cameron McCarthy, "Multicultural discourses and curriculum reform: A critical perspective." *Educational Theory*, v. 44, n. 1 (1994), p. 81-89.

31. Este ensaio foi desenvolvido durante um longo período de tempo e sofreu grande influência de outros. Mas não lhes atribuo nenhuma responsabilidade por quaisquer afirmações (ou erros) que eu tenha feito aqui. Gostaria de agradecer a Carolyn Baker, Pradeep Dhillon, Walter Feinberg, Zelia Gregoriou, Natasha Levinson, Brian Lord, Jim Marshall, Kathryn Morgan, Melissa Orlie, Michael Peters, Fazal Rizvi, Leslie Roman, Leonie Rowan, Leigh Star e Patricia White por comentários e sugestões específicas; o ensaio foi apresentado ao Grupo de Discussão de Filosofia da Educação, Universidade de Illinois, Urbana/Champaign, e à Sociedade de Filosofia da Educação, à Sociedade de Filosofia da Educação, Grã--Bretanha, e à Associação Australiana de Pesquisa em Educação, quando recebeu críticas e foi discutido em profundidade; e beneficiou-se de conversas com colegas na Universidade da Califórnia de Los Angeles, da Universidade Monash e da Universidade de Queensland, onde uma versão anterior foi apresentada.

A interface de educação intercultural e a gestão de diversidade na sala de aula

Luiza Cortesão e Stephen R. Stoer

Numa época em que tem lugar a transnacionalização da educação, a interface de educação intercultural e a gestão de diversidade na sala de aula consubstanciam a ponte entre, por um lado, a produção de textos educativos e, por outro lado, os dois processos da produção de conhecimento através da acção pedagógica (Stoer e Cortesão, 1999). Nesta interface, as identidades fixas são potencialmente desafiadas e originam-se subjectividades mais flexíveis e frágeis na medida em que elas se tornam vulneráveis à reestruturação intercultural. O risco inerente a este processo decorre do facto desta interface ser um espaço estruturado por relações de poder. Se não se reconhecer isto, corre-se o risco de a preocupação incidir em "estilos de vida" (multiculturalismo benigno) em vez de existir uma simultânea preocupação com "estilos de vida" e com "oportunidades na vida" (multiculturalismo crítico).

Este trabalho explora a natureza da educação intercultural e a gestão da diversidade na sala de aula numa tentativa de conhecer melhor como é que os professores podem tirar proveito da diversidade em vez de, sistematicamente, procurarem eliminá-la.

Num trabalho recente (1999) defendemos que a realização da racionalidade transcultural no interior da escola depende da consolidação do que Bernstein (1996) denomina de campo de recontextualização pedagógica. Bernstein refere-se a este campo de recontextualização pedagógica como aquele espaço que gera os enquadramentos, as possibilidades e os próprios espaços da teoria pedagógica, da investigação sobre educação e das práticas educativas. No trabalho de Bernstein são teorizados dois campos de recontextualização pedagógica dos textos dos sistemas educativos: o campo oficial de recontextualização e o campo pedagógico de recontextualização. Estes dois campos constituem o que Bernstein designa por o "quê" e o "como" do discurso pedagógico:

> O 'quê' envolve a recontextualização daquilo que é disciplinar (física, inglês, história, etc.), daquilo que é expressivo (as artes) e daquilo que é manual (trabalhos manuais), enquanto o 'como' refere à recontextualização das teorias vindas das ciências sociais, normalmente da psicologia. (1990, p. 196)

Enquanto o campo oficial abrange as instâncias estatais onde se processa a elaboração e implementação das políticas educativas, o campo pedagógico inclui, além dos média da educação (audiovisual, jornais etc.) e das casas editoras (incluindo os seus leitores e os seus consultores), as faculdades e os departamentos de educação das universidades e dos politécnicos e as instituições e fundações de pesquisa e divulgação educacionais. Também pode incluir campos não especializados em discursos e práticas educativas, mas que conseguem in-

CURRÍCULO NA CONTEMPORANEIDADE 209

fluenciar a elaboração e a implementação da política educativa oficial. É através deste segundo campo de recontextualização, e com base na formação por meio de investigação, que se pode, de facto, concretizar este campo. Citando Bernstein,

> Podemos definir a autonomia relativa do discurso pedagógico na medida em que aos campos de recontextualização pedagógica, não só lhes é permitido ter existência, mas também (lhes é dado o poder de) afectar a prática pedagógica oficial. [...] Onde existem campos de recontextualização pedagógica que são efectivos e gozam de uma autonomia relativa, então torna-se possível para os que actuam neste campo recontextualizar textos que *por si próprios* podem considerar-se ilegítimos, opostos, proporcionadores de espaços contra-hegemônicos da produção de discurso. (1990, p. 198; 202)

Este campo de recontextualização pedagógica é, assim, absolutamente crucial para que os professores nas escolas possam fazer a "gestão de diversidade". Por outras palavras, a existência do campo de recontextualização pedagógica faz com que seja possível ocorrer uma apropriação, uma relocalização, uma refocalização e a realização de um relacionamento através das instituições do ensino superior, através dos média, através de outros meios de divulgação. Mais: sem a existência desse campo a possibilidade da gestão de diversidade fica extremamente limitada e, eventualmente, totalmente dominada pelo discurso oficial. Por outras palavras, não existe autonomia relativa e não há a possibilidade de o discurso pedagógico se realizar como um espaço pedagógico (e não simplesmente como espaço de dominação). Nestas condições, produz-se uma situação onde os professores se desenvolvem como divulgadores de saber científico sem originar aquele *input* pedagógico que constitui a especificidade do campo de ensino e que é necessário para subverter um discurso científico demasiadamente direccionado e que funciona em nome de outras racionalidades.

A produção de conhecimento através e no decurso da acção pedagógica da formação

Defende-se que a produção de conhecimento pelo professor depende, também, do grau do desenvolvimento do campo de recontextualização pedagógica (Stoer e Cortesão, 1999). Admite-se que a produção de conhecimento, que pode ter lugar no âmbito da acção pedagógica, será, fundamentalmente, de dois tipos.

1. Um primeiro que tem lugar quando a acção pedagógica procura contribuir para que *vá tendo lugar, progressivamente, um maior conhecimento de características socioculturais e psico-afectivas, habitualmente pouco visíveis, dos grupos que participam na acção pedagógica e dos actores sociais em formação que constituem esses mesmos grupos.*

Tratar-se-á neste caso, de uma situação bem evidente de um processo de investigação-acção em que *no decurso* da relação pedagógica e *durante* a acção (intervenção do formador), se altera o tipo, grau e qualidade dos conhecimentos bem como de comportamentos que se têm sobre os formandos. É que ao mesmo tempo que essas mudanças vão ocorrendo no decurso da acção pedagógica, têm lugar nos sujeitos em formação sinais vários que poderão ser de aprendizagem, de interesse, de compreensão, ou de confusão, de diferentes tipos de recusa e/ou de adesão, sinais esses que permitem, por vezes, que o formador descubra nos seus formandos características socioculturais grupais bem como características de uma interioridade que se designou já em trabalhos anteriores por "terreno interior de formação" (Cortesão e Stoer, 1995b). Este tipo de descobertas tanto pode ocorrer na rotina da sala de aula (sobretudo no exercício de uma correcta e atenta avaliação formativa, que se desenvolve ela própria num clima de investigação-acção — ver Cortesão, 1993), como durante um trabalho de formação de professores ou num trabalho de pesquisa desenvolvido intencionalmente no âmbito de projectos de investigação-acção sobre escola e cultura (cf. Cortesão e Stoer, 1995a). São, portanto, descobertas que vão permitindo aceder ao conhecimento de características socioculturais e também ideossincráticas dos alunos e dos grupos com que se trabalha. Corporizam, portanto, a produção de conhecimento, de tipo etnográfico, sobre esses alunos.

2. Um segundo tipo de producção de conhecimento poderá ocorrer quando, depois de se ultrapassar o nível de simples reconhecimento dos actores sociais em formação, se chega, através das actividades anteriormente mencionadas, ao conhecimento de algumas características dos indivíduos e/ou dos grupos com que se trabalha e se *usa de forma original* este conhecimento para realizar não só a tradução/simplificação do conhecimento científico, a que atrás se fez referência e que é necessária para que a acção pedagógica aconteça, mas para *conceber uma recriação de conteúdos e uma metodologia adequada àquele contexto e àquele tipo de formandos.*

Conforme se deixou dito, Bernstein afirma (1996, p. 471) que "o discurso pedagógico é constituído por um princípio de recontextualização que selectivamente apropria, recoloca, reenfoca, e relaciona outros discursos para constituir a sua própria ordem. Neste sentido, o discurso pedagógico nunca pode ser identificado com qualquer discurso que ele recontextualizou". Por outras palavras, o que sobretudo Bernstein salienta nesta frase é a especificidade, a originalidade do discurso pedagógico. Mas, de acordo com o que se afirmou anteriormente, poderá também admitir-se outra coisa. Esta *selecção do discurso pedagógico*, esta *recolocação, reenfoque e relacionamento* dos outros discursos para que se torne um veículo não só de comunicação mas também de desenvolvimento do formando, *se é original, se se faz, não por tentativa/erro, mas porque se constrói como hipótese lógica de proposta educativa àquele grupo, àquele contexto, poderá constituir uma situação específica de produção de conhecimento* no decurso da acção pedagógica.

Poderá, portanto, verificar-se que, no decurso e através da acção pedagógica, se podem produzir dois tipos específicos de conhecimentos que não se limitam, de forma alguma, a ser somente o resultado da simplificação do conhecimento científico produzido por outras ciências: o primeiro será um conhecimento de tipo socioantropológico *sobre* o grupo ou os indivíduos com que se trabalha, conhecimento esse que poderia talvez ser adquirido também por outras vias (por exemplo através de uma prolongada observação participante com aquele grupo em formação e que permitiria identificar características socioculturais e até psicológicas); o segundo será de natureza educacional, construído a partir do primeiro mas que resulta de um cruzamento fecundo e original, pelo menos entre esse conhecimento e contributos da teoria do currículo, das didácticas das diferentes disciplinas etc. Este tipo de produção de conhecimento está agora a revelar

CURRÍCULO NA CONTEMPORANEIDADE

as suas potencialidades, pois que está frequentemente relacionada, por exemplo, com recentes trabalhos de etnografia da matemática (cf. Gelsa Knijnik, 1996).

A interface intercultural e a gestão da diversidade

Pode considerar-se que o processo de "tradução cultural" (Cortesão e Stoer, 1996), inerente à realização da racionalidade transcultural no interior da escola, se desenvolve através de uma "interface intercultural", onde as culturas estão presentes numa situação potencial de confrontação cultural. Esta situação de confrontação cultural produz identidades eventualmente mais fragilizadas, mais permeáveis, identidades eventualmente mais vulneráveis. De facto, são os perigos e as vantagens desta situação que se está a tentar compreender nesta época de mudança rápida em que se vive.

Na sua discussão do funcionamento do campo de recontextualização pedagógica Bernstein afirma:

> Quando um texto é apropriado por agentes recontextualizadores, atuando em posições deste campo, ele, geralmente, sofre uma transformação antes de sua relocação. A forma dessa transformação é regulada por um princípio de *descontextualização*. Este processo refere-se a mudanças no texto, na medida em que ele é deslocado e relocado. Este processo assegura que o texto não seja mais o mesmo texto:
>
> 1. O texto mudou sua posição em relação a outros textos, práticas e situações.
>
> 2. O próprio texto foi modificado por um processo de seleção, simplificação, condensação e elaboração.
>
> 3. O texto foi reposicionado e refocalizado.
>
> O princípio recontextualizador regula o novo posicionamento ideológico do texto em seu processo de relocação em um ou

mais dos níveis do campo da reprodução. Uma vez naquele campo, o texto sofre uma transformação ou um reposicionamento adicional, na medida em que se torna ativo no processo pedagógico no interior de um determinado nível. É crucial fazer uma distinção entre as duas (no mínimo) transformações de um texto, assim como é crucial analisar as relações entre elas. A primeira é a transformação do texto no interior do texto recontextualizador. A segunda é a transformação do texto transformado no processo pedagógico, na medida em que ele se torna ativo no processo de reprodução dos adquirentes. (Bernstein, 1996, p. 270-271)

Na base dessas transformações do texto, pode definir-se o espaço que constitui a interface de educação intercultural, interface essa que, por sua vez, constitui um espaço de tradução cultural onde poderá gerir-se a diversidade cultural (ver quadro da página seguinte).

Poderá, assim, dizer-se que a interface de educação intercultural materializa a ponte entre, por um lado, a produção dos textos escolares e, por outro, os dois processos de produção de conhecimento por meio da acção pedagógica. Como acima referimos, nesta interface as identidades fixas são (potencialmente) postas em causa e as subjectividades mais "fragilizadas/flexíveis" são formadas no sentido de se tornarem mais vulneráveis à reestruturação intercultural. O grande risco inerente a este processo deriva do facto deste espaço ser um espaço atravessado por relações de poder. Tudo que não seja o reconhecimento deste facto, isto é, tudo que não tenha estas relações como pano de fundo, transforma-se em preocupações estritas com "estilos de vida" e não, simultaneamente, com "estilos de vida" e "oportunidades na vida" (ver Stoer, 1994).

Importante é lembrar que o agente educativo no contexto do campo de recontextualização pedagógica intervém

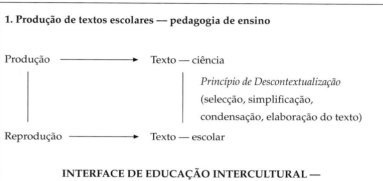

tanto na transformação do texto (no interior do texto recontextualizador) como na transformação do texto transformado no processo pedagógico. No que diz respeito à primeira intervenção, a realização do princípio de descontextualização (que inclui selecção, simplificação, condensação, elaboração do texto, etc.) está condicionada por dois factores: o grau de autonomia do agente educativo (que por sua vez, como anteriormente referido, depende do grau do desenvolvimento do campo de recontextualização pedagógica) e o grau de desenvolvimento da ciência e da investigação. No que diz respeito à segunda intervenção, crucial é a sua articulação com a primeira. Por outras palavras, a pedagogia de ensino e a sua preocupação com a transmissão de conhecimentos — em que a centralidade dos conhecimentos a veicular determina o processo pedagógico — tem de se articular com a pedagogia de aprendizagem, em que as características da criança e do jovem assumem centralidade no processo de ensino-aprendizagem. Se essa articulação não for realizada, por um lado, os conhecimentos educativos e socioculturais produzidos sobre os alunos não serão contemplados no processo pedagógico tendendo o processo educativo, como consequência, a reduzir-se à *performance* transmissora do professor e à *performance* reprodutora (do saber) dos alunos (Magalhães e Stoer, 2003). Por outro lado, a ausência de articulação entre as duas intervenções terá o efeito de marginalizar a produção de conhecimento tipos i e ii com a tendência da criação de *ghettos* pedagógicos afastados das preocupações com a transição escola-mercado de trabalho. Neste sentido, a interface da gestão da diversidade é o momento de articulação da oscilação de posturas pedagógicas distintas. Como tal, é uma zona de transição e conflitos, de miscigenação e diferença.

Contudo, o próprio professor, na sua prática quotidiana pode adoptar soluções que, aparentemente, visam melhorar o processo de ensino/aprendizagem, mas que também não são mais do que tentativas de "gestão controlada de exclusão" (Santos, 1995). De facto, mesmo uma rápida análise revela não se tratar senão de práticas através das quais os professores tentam "afastar a diferença" de que se dão conta existir na sua sala. E "afastam a diferença" porque para um professor normalizador, daltónico cultural (Stoer e Cortesão, 1999), ela é algo de negativo com que tem dificuldade de lidar e que é mesmo necessário erradicar.

Em Portugal, ainda hoje se poderá encontrar com bastante frequência algumas destas práticas levadas a cabo mesmo até, por vezes, com uma sincera intenção de tentar "atender melhor os alunos com dificuldades sem prejudicar os que têm mais capacidades". E, assim, se pode encontrar, por vezes, professores que:

1. explicam e propõem trabalhos adequados ao "aluno-médio" como sendo uma prática que serve convenientemente a todos os alunos "normais" e que, na sua opinião, habitualmente deveriam constituir a grande maioria da população escolar;

2. estabelecem quase exclusivamente o diálogo com os bons alunos da turma não contactando com os mais fracos quando, numa prática expositiva, "explicam matéria nova", adoptando com os outros, posteriormente, uma prática de remediação;

3. separam os alunos "bons" dos "maus", sentando-os juntos em locais diferentes na sala (atrás, numa fila especial, etc.) e trabalham em momentos distintos com uns e com outros;

4. organizam vários grupos de alunos juntando os que têm rendimento mais semelhante, trabalhando com eles, separadamente;

5. organizam (a nível da escola) turmas que tentam ser homogéneas em termos de idade e/ou rendimento escolar e/ou de pertença a diferentes grupos socio-culturais. (Ver Cortesão, 1998; Perestrelo, 2001)

A esmagadora maioria dos livros de texto, os livros de exercício, os livros para o professor, os "livros únicos", os livros de fichas com perguntas fechadas e para os quais se fornecem respostas, todos estes materiais se situam num crescendo de explicitação de intenções que, consequentemente, vão reduzindo a margem de manobra do professor. Trata-se, geralmente, de materiais concebidos para serem usados por professores isolados e/ou que, se pensa, têm muita necessidade de apoio para a realização do seu trabalho, professores que, por razões várias, se admite que não terão uma formação considerada suficiente.

Nesta situação, o que é solicitado ao docente é que transmita aos seus alunos um determinado conhecimento, mas que o faça através de uma dada metodologia e numa linguagem e de uma forma tão clara que esse conhecimento se torne acessível aos seus alunos. Da complexa interacção que pode ocorrer na situação de aprendizagem, aquilo que o sistema espera desse momento é, somente, que o conhecimento científico produzido pelos investigadores seja *traduzido* para uma linguagem própria do campo pedagógico, em que o professor actua junto dos seus alunos. O conhecimento científico retirado do contexto em que foi produzido é, assim, transformado, recontextualizado de forma a tornar-se acessível aos alunos daquele grupo etário. Existirá, assim, uma separação temporal e, sobretudo, epistemológica entre os que produzem o saber científico e os que o ensinam aos alunos: uns são produtores de ciência, outros são utilizadores da mesma, recorrendo a processos de tradução numa linguagem pedagógica. Como anteriormente referido, Bernstein tem estudado especialmente este fenómeno e chama a atenção para que, geralmente, "aqueles que produzem o discurso original, os produtores do discurso a ser recontextualizado, não são os agentes da sua recontextualização" (1990, p. 196-197).

Numa situação pedagógica do tipo anteriormente referida, essa recontextualização do saber ao campo pedagógico é sobretudo conseguida através dos livros de textos e outros materiais didáticos cujo conteúdo e linguagem o professor se limita a veicular durante o acto de ensino, sendo, portanto, e sobretudo, através dos materiais didácticos que se faz a recontextualização pedagógica do saber. Assim sendo, a grande

CURRÍCULO NA CONTEMPORANEIDADE

tarefa de "tradução", essencialmente, é a realizada a nível da elaboração dos materiais didácticos. Estes procuram combinar uma recontextualização dos saberes científicos contemplados pelos conteúdos programáticos, aqueles saberes que foram seleccionados como importantes para serem transmitidos e, simultaneamente, fazem uma interpretação de finalidades, e de metodologias, que constam do projecto curricular, tendo também em atenção os ritmos de aprendizagens que se esperam "normalmente" dos alunos daquela idade.

Nessa situação, o professor enquadrado numa posição dupla de tradução (científica e metodológica) é convidado a aplicar aqueles materiais a uma população de alunos concebida como sendo a que é constituída pelos alunos "normais". Estes, como é óbvio, serão os alunos que se aproximam da "norma" estabelecida pelo grupo socialmente dominante para o grupo etário que também "normalmente" se encontrará no ano para o qual o currículo foi concebido. Por outras palavras, os professores indirectamente são estimulados a estender um olhar daltónico sobre os seus alunos e a estabelecer uma relação pedagógica idêntica com todos eles. Trata-se, eventualmente, de uma tentativa de materialização da ideia de uma uniforme oferta de igualdade de oportunidades. Não é pensado como desejável que, nesta situação, o professor possa descobrir a existência e/ou faça uso da sua autonomia relativa, autonomia essa que se situaria (se esconde mesmo) no processo de recontextualização a que se limitará a dar seguimento na sala de aula.

Os dispositivos de diferenciação pedagógica

A gestão do currículo (possível graças ao exercício de autonomia relativa por parte do professor) é um projecto importante, potencialmente interessante mas que, simultaneamente, comporta certos riscos. Afasta, é certo, o professor de condição de mero executor para lhe desenvolver a possibilidade de se assumir como sujeito e como agente do processo educativo (embora a compreensão dos constrangimentos estruturais que o cercam lhe dê simultaneamente a consciência dos seus limites de intervenção). Mas torna-o também mais responsável de efeitos, por vezes não desejados, decorrentes de iniciativas cujo significado profundo não terá sido suficientemente analisado.

Assim sendo, é evidente também que o exercício dessa gestão do currículo tem de ser acompanhado de uma compreensão de características quer socioculturais, quer do contexto em que vivem os alunos com quem o professor trabalha, dos constrangimentos que tem de enfrentar, das potencialidades e dos recursos existentes, nem sempre muito visíveis, que poderá explorar. E é importante que essa gestão tenha sempre como pano de fundo uma preocupação de encarar o processo educativo como algo que, entre outras coisas, tem também potencialidades para, além de oferecer conhecimentos importantes e desenvolvimentos vários de capacidades, despertar e estimular nos alunos o sentido da importância do exercício de cidadania.

Por outras palavras, é no âmbito de um posicionamento atento e permanentemente crítico (que lhe proporcionará tal conhecimento sobre os alunos) que o professor terá a possibilidade de agir, de decidir, minimamente os riscos que tal acção implica.

O simultâneo domínio do conhecimento sobre os alunos e das suas necessidades e interesses, do conhecimento profundo das características do currículo, da consciência construída através da experiência da margem de autonomia que

CURRÍCULO NA CONTEMPORANEIDADE

usufrui no espaço da sua profissão, tudo isso abre ao professor a possibilidade de recontextualizar os saberes eleitos como importantes pelo currículo. Mas agora, em vez de se limitar a veicular, e/ou traduzir um conhecimento recontextualizado já (e sobretudo) nos materiais didácticos, o professor (re) cria o saber. Produz em situação, formas originais com que procura conseguir que aconteçam aprendizagens várias através da comunicação com *aqueles* alunos, com *aquelas* características. Produz então aquilo que se designa por "dispositivos de diferenciação pedagógica" (Stoer e Cortesão, 1999). Trata-se, portanto, de conceber formas (materiais, estratégias de acção) que, respeitando, valorizando, potencializando interesses e características socioculturais dos alunos *conseguem também (com eles e a partir deles) desencadear aprendizagens previstas no currículo e que são consideradas significativas.*

É esta tentativa original de ligação, esta preocupação em conseguir articular situações, por vezes aparentemente divergentes, de culturas eruditas (previstas oficialmente nos currículos) com a cultura que informa a socialização primária dos alunos, visando contribuir para que eles desenvolvam atitudes críticas e conscientes, que estrutura as características de um dispositivo de diferenciação pedagógica.

Por exemplo, e citando só projectos que realizamos, trabalhar sobre jogos que as crianças jogam (Cortesão, et al., 1995), histórias que elas contam (Cortesão, 1994), tentar reconstruir com elas as suas genealogias (Araújo e Stoer 1993), e a partir disto (e com isto) conseguir desencadear também aprendizagens curriculares (para além do estímulo à auto-estima que tais situações representam), são práticas que exemplificam o recurso a dispositivos de diferenciação pedagógica. São portanto formas de trabalho (re)criadas em cada situação.

E são estas as grandes diferenças que poderão ser encontradas entre "dispositivos de diferenciação pedagógica" e "materiais didácticos" (v. quadro 1). No primeiro caso, como se disse, eles recriam-se em cada situação resultante de um conflito de um instituinte que se assume agora como instituído. No segundo caso, os materiais aplicam-se uniformemente a todos os alunos, através do "braço-longo" do Centro que se faz sentir na Periferia. Os primeiros concebem-se, surgem num e para um determinado contexto físico e histórico e são valorizados como património; os segundo são universais, estandardizados, existindo independentemente do contexto em que são aplicados. Os primeiros são propostos por um "autor" que articula criativamente as situações de terreno com os conhecimentos teóricos que possui. O professor, no segundo, em tempos diferentes, aplica os conhecimentos teóricos anteriormente adquiridos às situações que encontra no terreno (situações essas que lê como sendo todas semelhantes, através de um olhar daltónico). Daí a precaridade dos dispositivos pedagógicos que (com aquela exigência de que frequentemente são informadas as respostas argutas e adequadas a situações concretas) solicitam permanente recriação. Daí também a perenidade dos materiais didácticos a que se recorre (num acto de certo modo etnocêntrico) em qualquer situação de aprendizagem.

Mas os alertas que se têm vindo a não fazer acabam aqui: é que os "dispositivos de diferenciação pedagógica" se poderão, facilmente, transformar em "materiais didácticos", do mesmo modo que os materiais didácticos, se usados de forma crítica e reflexiva, se poderão transformar em dispositivos de diferenciação pedagógica.

Para que aconteça o primeiro caso, basta que, em vez de trabalhar num contexto de vigilância, se aplique aquele ma-

CURRÍCULO NA CONTEMPORANEIDADE 223

terial uniformemente, indiscriminadamente a todos os alunos em qualquer situação.

Por um lado, (e voltando a recorrer a trabalhos que desenvolvemos) se se usar o jogo da "macaca" (Cortesão, et al., 1995), que no livro de "Jogos e Brincadeiras", a título de sugestão, é explorado no tratamento de determinadas rubricas de programa, só para ensinar aqueles conteúdos (independentemente de verificar se aquele jogo é algo que "pertence" às que se estão a ensinar, se tem para elas um significado profundo e se é aquele jogo que é o preferido daquele grupo, naquela época) é transformá-lo num material didáctico.

Por outro, ao trabalhar por projectos (ou e qualquer forma que dê protagonismo aos alunos) poderão ocorrer efeitos diferentes. Pode-se tomar um texto que está num livro bem tradicional, extrair dele uma situação dilemática e convidar só alunos a tomar posição face a esse dilema; estimular os alunos a transformarem um texto ou um exercício de modo a adequá-lo ao contexto em que vivem e a discutirem entre si a pertinência das alterações propostas; identificar juízos de valor e opiniões veiculadas implicitamente num material didáctico e contextualizá-las (discutindo o significado dessa contextualização) à situação vivida, podem ser exemplos (entre muitos outros) de transformação de materiais didácticos em dispositivos de diferenciação pedagógica.

Uma atitude preocupada em fazer uma gestão adequada do currículo aos alunos com que trabalha, coloca, assim, o professor (que assume aqui o papel de autor e agente) na interface da educação intercultural, contribuindo para que ele se afaste do papel de simples executor, a que o papel de "tradutor" o poderá reduzir.

Quadro 1
Contraste entre Materiais Didácticos e Dispositivos de Diferenciação Pedagógica

Características	Materiais Didácticos	Dispositivos de Diferenciação Pedagógica
Contexto de origem e/ ou Condições de Origem	• Daltonismo cultural • Oferta de igualdade de oportunidade através de propostas uniformes de ensino/aprendizagens	• Sensibilidade à existência de diferentes grupos socioculturais • Diferenciação do ensino como contribuição para uma maior possibilidade de igualdade de sucesso
Finalidades	• Veicular as decisões curriculares tomadas no Centro • Colaboração na eficácia do processo de ensino • Contribuir para consecussão de metas estabelecidas pelo currículo	• Adequar (recriando) o processo de aprendizagem a características dos grupos e adquirir também os saberes considerados essenciais pelo currículo • Contribuir para o domínio de um bilinguismo cultural
Quadro-teórico de referência	• Funcionalismo • Reprodução cultural	• Teoria crítica • Investigação-acção
Efeitos de utilização do processo	• Normalização da aprendizagem	• Diferenciação da aprendizagem
Local de origem	• Concebidos no Centro ou segundo orientações centrais	• (Re)Criados na periferia
Relação com o saber	• Produtos de recontextualização em forma de tradução de um saber científico	• Produto original da elaboração de um saber pedagógico sobre diferentes conteúdos disciplinares
Relacionamento com o professor	• Recurso ao professor-executor	• Recurso ao professor como investigador e agente de intervenção
Relação teoria/ prática	• Relação a "dois-tempos" pela aplicação da teoria à prática	• Produto da Interacção teoria-prática: simultaneidade
Relação com o tempo	• Perenidade	• Precariedade

CURRÍCULO NA CONTEMPORANEIDADE 225

Referências bibliográficas

ARAÚJO, Helena Costa; STOER, Stephen R. *Genealogias nas escolas*: a capacidade de nos surpreender. Porto: Edições Afrontamento, 1993.

BERNSTEIN, Basil. *The structuring of pedagogic discourse*: class, codes and control. London: Routledge, 1990. v. 4.

_____. *A estruturação do discurso pedagógico*: classe, códigos e controle. Petrópolis: Vozes, 1996. (London: Routledge, 1990.)

CORTESÃO, Luiza. *Avaliação, formação*: que desafios? Porto: ASA, 1993.

_____. Quotidianos marginais desvendados pelas crianças. *Educação, Sociedade & Culturas*, n. 1, p. 63-87, 1994.

_____. *O arco iris na sala de aula?* Processos de organização de turmas: reflexões críticas. Lisboa: Instituto de Inovação Educacional (IIE), 1998.

CORTESÃO, Luiza; AMARAL, M. Teresa; CARVALHO, M. Isabel; CARVALHO, M. Lourdes; CASA NOVA, M. José; LOPES, Paulo; MONTEIRO, Elisa; ORTET, M. José; PESTANA, M. Isabel. *E agora tu dizias que... jogos e brincadeiras como dispositivos pedagógicos*. Porto: Edições Afrontamento, 1995.

CORTESÃO, Luiza; STOER, Stephen R. *Projectos, percursos e sinergias do campo da educação multicultural, relatório final*. Porto: Centro de Investigação e Intervenção Educativas da Faculdade de Psicologia e Ciências da Educação da Universidade do Porto, 1995a.

CORTESÃO, Luiza; STOER, Stephen R. A possibilidade de "acontecer" formação, potencialidades da investigação-acção. *Actas do colóquio estado actual da investigação em formação*, F.C.T./U.N.L.: Monte da Caparica, 1995b. p. 377-385.

KNIJNIK, Gelsa. *Exclusão e resistência, educação matemática e legitimidade cultural*. Porto Alegre: Artes Médicas, 1996.

MAGALHÃES, António M.; STOER, Stephen R. *A escola para todos e a excelência acadêmica*. São Paulo: Cortez Editora, 2003.

PERESTRELO, Fátima. *Gerir a diversidade no quotidiano da sala de aula como realidade culturalmente heterogénea e contraditória*. Lisboa: Instituto de Inovação Educacional (IIE), 2001.

SANTOS, B. Sousa. Construção multicultural da igualdade e da diferença, Palestra no VII Congresso Brasileiro de Sociologia no Instituto de Filosofia e Ciências Sociais, Univ. Federal do Rio de Janeiro, 1995. [Policopiado.]

STOER, Stephen R.; CORTESÃO, Luiza. *Levantando a pedra*: da pedagogia inter/multicultural crítica às políticas educativas numa época de transnacionalização. Porto: Edições Afrontamento, 1999.

Cooperação escola-universidade e construção de currículo*

José Gregorio Rodríguez
Juan Carlos Garzón

O texto apresentado a seguir pretende informar sobre as *relações de cooperação entre a Escola e a Universidade* no âmbito do Projeto Interdisciplinaridade e Currículo (*PIC*), que constitui o eixo de trabalho do Programa RED** da Universidade Nacional da Colômbia na linha do "mundo escolar". Através desse projeto, realizado de modo cooperativo com quatorze escolas de diferentes lugares do país — do ensino fundamental ao ensino médio — procura-se explorar alternativas de transformação da cultura escolar, introduzindo a investigação sobre o contexto local como eixo central da dinâmica curricular (Freire, 1969, 1971) e, articulando os saberes das diversas disciplinas que confluem na escola (Miñana, 2002) para construir com os estudantes compreensões com-

---

* Traduzido por Silvana Cobucci Leite.
** Uma informação mais completa, incluindo-se textos *on-line*, pode ser encontrada em: <http://www.unal.educ.co/un/red>.

plexas da realidade (Morin, 1994), que ultrapassem o ensino/aprendizagem.

1. A relação Escola — Universidade: entre a operatividade técnica no sistema e a construção de projetos sociais alternativos

Pouco a pouco foi se configurando uma compreensão de nossa atualidade histórica como época de dissolução do projeto moderno, relacionada a seu desvirtuamento por ter sido equiparado a simples processos de modernização. A dissolução constitui uma forma de esquecimento do projeto moderno. Como tal, segue adiante sem se deter para pensar nas consequências e se dá como um processo cada vez mais complexo de racionalização, ou seja, de disciplinamento e controle do mundo da vida. Um correlato da racionalização e, portanto, da dissolução do projeto moderno é a desestruturação do espaço público como espaço de constituição, construção e exercício de cidadania, e sua configuração como uma plataforma chave para a invasão do capital e dos interesses privados em tal racionalização.

A sociedade da informação e do conhecimento, assim denominada pelo estatuto que nela tem o saber como um insumo fundamental nos processos de produção material e simbólica e pela constituição de uma rede planetária de comunicação, constitui o contexto a partir do qual e para o qual operam os processos de modernização e a expropriação do espaço público na atualidade.

A consolidação de uma economia de mercado em nível global; a formação de experiências culturais pelos meios de comunicação e pelas novas tecnologias com a consequente

CURRÍCULO NA CONTEMPORANEIDADE

configuração de uma cultura de massas; e a perda de legitimidade política do Estado e do sistema democrático são três características que trazem implícita uma mudança na consistência do saber e da função que a modernidade atribuía a esse saber. Desse modo, questionam a natureza e a existência de instituições tão tipicamente modernas como a universidade e a escola.

A mudança no estatuto do saber, a transformação em seus modos de produção, circulação e apropriação e das funções implicadas fizeram com que "os saberes saíssem dos lugares sagrados" (Martín Barbero, 2002), da universidade e da escola. Nesse sentido, as duas instituições destinadas pela modernidade a gerar e difundir o saber que exigia a constituição do espaço público como espaço de deliberação sobre o bem comum começam a ser questionadas em seu fundamento.

A universidade que, por natureza, é o lugar "de todos os domínios relevantes do discurso que refletem, em seu conjunto, a soma total do conhecimento humano, um verdadeiro universo de atividades intelectuais" (Wittrock, 1996, p. 381), na atualidade "corre o risco de perder o *sine qua non* de sua existência: conservar, fazer progredir e disseminar o conhecimento independente" (ibid., p. 364), uma vez que a excessiva especialização nos saberes e as demandas do setor produtivo fazem com que privilegie os domínios do discurso que servem à lógica do mercado. Atualmente "[...] ser universitário não significa pertencer a um âmbito em que seja possível questionar criticamente as condições de produção do saber instituído, mas pertencer a um núcleo de saber/poder no qual se produzem tão somente conhecimentos que reforcem a operatividade tecnológica do sistema" (Castro & Guardiola, 2002, p. 187).

A escola e a universidade, com seus rituais e fórmulas, encontram-se em uma situação contraditória: por um lado, são consideradas como cargas onerosas para os Estados, porque não repercutem diretamente na qualificação dos países para competir em uma economia alicerçada em desempenhos técnicos. Por outro, como agente de cultura e de conformação do cidadão através do saber ilustrado, a escola recebe um sujeito constituído de fato pelos meios de comunicação e para o qual a mensagem modernizadora já não tem efeito nem sentido, começando, mais que isso, a ser percebida como ruído no âmbito dos intercâmbios maciços de comunicação.

Com a perda do sentido do público, a escola e a universidade começam a se vincular à lógica do mercado, incorporando-se como instâncias chaves para a racionalização e o controle. Nesse sentido, um dos cenários que vai se configurando para sua relação é o denominado "sistema educacional", através do qual as duas instituições se tornam funcionais entre si sob os qualificativos de educação básica e educação superior.

Se observarmos a *relação Escola — Universidade* da perspectiva do capitalismo, tal relação seria definida pela articulação de dois níveis distintos em um único processo determinado por agentes de produção econômica. Nesse processo, a universidade impulsiona o conhecimento científico e tecnológico exigido pelos processos de produção em grande escala e, a escola, por sua vez, deve influenciar a partir de baixo a configuração do mundo da vida como uma plataforma para o avanço tecnológico e para o consumo.

Contudo, a dissolução do projeto moderno anula os grandes relatos que legitimavam a ordem social e permite o surgimento de um "pensamento débil" (Vattimo, 1990) que

CURRÍCULO NA CONTEMPORANEIDADE

pretende precisamente compreender essa atualidade histórica sem para tanto apelar para esses grandes relatos, sem a pretensão de constituir esquemas rígidos de interpretação com o objetivo de dominar a desordem cultural que caracteriza essa época.

A partir desse pensamento, traçam-se novos caminhos para a construção de projetos sociais democráticos, uma vez que a ideia de democracia começa a ser desvinculada da tarefa emancipadora do Estado-nação para se configurar de novas maneiras pela importância que se atribui à sua construção a partir da vida cotidiana dos sujeitos. A democracia, longe de implicar a inclusão dos sujeitos às identidades abstratas propostas pelo Estado nacional (imaginário de pátria, de história, de rumo), envolve a necessidade de que os sujeitos elaborem sua própria identidade e definam o âmbito de suas atuações sociais.

A democracia se constrói, portanto, a partir de baixo, não como o desenvolvimento progressivo e ordenado de uma ideia de cidadania que já está esclarecida de uma vez por todas, mas como a re-criação constante e conflituosa do próprio mundo da vida. A cidadania, nesse sentido, emerge a partir do pano de fundo da mudança nas relações entre os sujeitos e não simplesmente como a inclusão destes em um novo ideal de cidadão, proposto ao Estado a partir de uma instância diferente.

A *relação Escola — Universidade*, da perspectiva da construção democrática da sociedade, assume então um significado completamente diferente daquele que lhe atribuem os processos de racionalização, no âmbito dos quais se reduz à relação técnica entre dois níveis do sistema educacional. Em um contexto democrático é possível considerar tal relação como a articulação que pode ser obtida por essas duas instâncias entre suas respectivas missões educativas determinadas por sua relação particular com o saber, orientada para configurar novos processos de construção de cidadanias que respondam aos dilemas das atuais sociedades.

Não é possível estabelecer definitivamente a *relação Escola — Universidade*, mas esta aparece como uma estrutura flexível, que possibilite o surgimento e a resolução das contradições inerentes à construção da democracia. O conteúdo da relação é, então, a ideia de cidadania que legitima o sentido da educação em uma sociedade. Se se concebe a cidadania tão somente em termos de cidadãos/consumidores (García Canclini, 1995) que se submetem ao mercado como instância de legitimidade política e orgânica e, portanto, se reduz a educação à qualificação dos agentes de produção econômica, a relação não é nada mais que a interação entre dois níveis de um único processo formativo. Ao contrário, se se considera que a cidadania implica um processo de afirmação das diferenças tanto subjetivas como culturais ante a homogeneização promovida pelo funcionamento autônomo do mercado, então a relação se constitui em um campo de produção, circulação, apropriação e validação do conhecimento requerido para a construção de projetos sociais alternativos, no qual a universidade atua a partir de e sobre códigos culturais especializados e a escola o faz a partir de e sobre os códigos culturais de domínio público.

Assim, embora atualmente a universidade tenda a privilegiar cada vez mais a produção e difusão de alguns conhecimentos técnicos que reforçam "a operatividade técnica do sistema", e esteja adquirindo uma "natureza anônima e burocrática" caracterizada pela "distância existente entre as afirmações retóricas que invocam a realidade de uma comunidade de catedráticos, professores e estudan-

CURRÍCULO NA CONTEMPORANEIDADE

tes, por um lado, e a própria ausência de um sentido vivo e intelectual de coesão e comunidade, por outro" (Wittrock, 1996, p. 380), paradoxalmente, é talvez o único lugar que ainda pode conservar o conhecimento independente, sem levar em conta sua relevância performativa, sua aplicabilidade técnica.

Ante os processos de modernização e de globalização econômica e cultural que conduziram, dentro da lógica de uma racionalização propensa ao máximo benefício do capital, a uma destruição sem precedentes do planeta, à pauperização das condições de existência de milhões de pessoas e à exclusão e genocídio cultural das nações do Terceiro Mundo, a universidade aparece assim como possibilidade de uma "defesa do caráter próprio do capital cultural não hegemônico [...] não porque seja valioso para as comunidades do Sul do planeta, mas porque se mostra válido para toda a humanidade" (Castro & Guardiola, 2002, p. 188).

Nesse sentido, a partir do Programa RED, que trabalhou durante dez anos com diversas escolas do país, esperando com isso contribuir para a melhoria da qualidade da educação, percebe-se que essa melhoria não pode consistir unicamente na qualificação dos modos de ensino/aprendizagem, uma vez que com isso se corre o risco de ignorar que "a globalização hegemônica da educação [...] no interior do capitalismo global constitui uma séria ameaça para a sobrevivência cultural da humanidade, na medida em que apaga ou torna invisível o espaço discursivo aberto por atores globais subalternos" (ibid., p. 187). A melhoria da qualidade da educação exige uma capacidade de resposta, a partir da universidade e da escola, aos desafios econômicos, culturais e sociais de nossas sociedades e à ameaça de extinção dos povos da periferia.

2. O *PIC* como campo de trabalho conjunto entre a escola e a Universidade

O Programa RED, em sua filosofia, desde o início concebeu a educação como um fator determinante na apropriação da cultura e no desenvolvimento humano dos indivíduos e assumiu um compromisso que envolve:

> explorar, propor, impulsionar e avaliar experiências que fortaleçam o sentido público da educação enquanto bem a que todos os membros de nossa sociedade têm direito. Nossas contribuições devem tender a fazer com que todos os colombianos tenham acesso a uma educação da melhor qualidade que lhes permita se apropriar do legado universal, estimulando o desenvolvimento de uma identidade própria como sujeitos e como membros de uma coletividade particular, para ser cidadãos do planeta, cooperando para a construção de um mundo que aproveite a diversidade e torne possível a equidade na diferença (Rodríguez, 2002, p. 8).

Contudo, o sentido do Programa RED e seu compromisso com a sociedade são indissociáveis do caráter das perguntas que durante dez anos se fizeram sobre a escola. Qual a diferença entre a escola e outras agências educativas? De que escola necessitam os nossos povos no século XXI para formar seus cidadãos? No decorrer do caminho percorrido, confirmamos a ideia de que a escola se legitima como agência educativa por sua relação particular com o conhecimento e com a cultura e, precisamente por essa relação, exige-se que ela coloque ao alcance de todos, seus conhecimentos fundamentais para o exercício da cidadania, produza conhecimento nos contextos locais, preserve as particularidades culturais

CURRÍCULO NA CONTEMPORANEIDADE 235

e amenize em grande medida a exclusão gerada pela sociedade do conhecimento e da informação.

A relação de trabalho cooperativo que o Programa construiu com as escolas é mediada pela cultura acadêmica que busca fazer do exercício intelectual o eixo da vida escolar e universitária:

> A escola realiza os processos de socialização através da ação intersubjetiva mediada pelos saberes. A cultura que nela se tece está estreitamente associada às formas de apropriação, transformação, geração, comunicação e validação dos saberes. Essa dinâmica, denominada *cultura acadêmica*, é considerada o eixo da vida escolar.
>
> A *cultura acadêmica* distingue-se de outros ambientes culturais ao menos por quatro características básicas: o *estudo permanente*, a *investigação*, o *debate argumentado* e a *escrita*. Uma escola onde diretores, professores e estudantes estudam por prazer e não por dever, onde a investigação sobre os diversos campos do conhecimento e sobre a própria realidade circundante alimenta o trabalho, onde o debate sobre os saberes e sobre as realidades exige razões e não meras opiniões, e onde os escritos dos diversos atores circulam em murais, jornais escolares, textos de estudo ou outros meios, sem dúvida proporcionará uma educação de boa qualidade (Rodríguez, 1997, p. 14-15).

O conhecimento foi o eixo articulador do trabalho do Programa RED com as escolas através de três dimensões de estudo e ação, que adquirem forma a partir da elaboração de projetos: *Disciplinar*, *Institucional* e *Vida Cotidiana*. A dimensão *Disciplinar* possibilitou desenvolvimentos tanto em cada disciplina individualmente como no âmbito interdisciplinar; a partir da dimensão *Institucional* consolidou-se um trabalho que combina a ação com a investigação acerca da gestão e do papel da direção; e a dimensão de *Vida Cotidiana* teve como objetivo a compreensão de fenômenos complexos das relações entre os sujeitos no quadro da cultura escolar.

Precisamente pela importância que a relação com o conhecimento adquire na proposta do Programa RED, os desenvolvimentos em cada uma das dimensões de estudo da escola levaram à necessidade de que muitos de seus questionamentos fossem considerados a partir do campo do currículo. De fato, uma proposta fundamentada no trabalho em torno do conhecimento não pode ignorar que, na atualidade, na chamada sociedade da informação e do conhecimento, o currículo determina qual saber pode ser considerado como legítimo para a sociedade, de tal maneira que esta pode fazer da escola tanto um fator de exclusão das minorias culturais como um fator de construção de tecido social a partir do reconhecimento das diferenças culturais.

Com os projetos interdisciplinares curriculares, a Universidade pretende incidir na transformação da cultura escolar. Ao fazê-lo, ingressa num campo tradicionalmente definido pelo Estado, na medida em que, através do currículo, este pretendeu preservar a identidade nacional, que finalmente foi modelado pelas práticas pedagógicas dos professores.

A produção de conhecimento local, o trabalho interdisciplinar e a lógica de trabalho por projetos aparecem como elementos inerentes ao *PIC* e implicam que a Escola e a Universidade se relacionem entre si a partir da lógica da produção, circulação, apropriação e validação do conhecimento. Essa lógica inscreve-se na tarefa educativa própria de cada instituição: na Escola, atua no quadro da configuração dos saberes escolares como códigos de domínio público e da formação de novas gerações, ao passo que, na Universidade, o faz em função do avanço do conhecimento especializado sobre a educação e a escola e a constituição de comunidades acadêmicas no campo da educação.

Os *PIC* pressupõem então o desenvolvimento de um contexto de trabalho no qual a ação não possui o caráter tecnocrático geralmente associado às práticas curriculares, uma vez que, através desses projetos, o trabalho conjunto entre a escola e a universidade elimina a tradicional separação entre escola e vida, organizando o currículo a partir de fatos da vida real dos atores escolares. Além disso, acaba-se com a separação entre o conhecimento cotidiano e o conhecimento escolar, possibilita-se que os saberes das culturas locais ingressem na escola, promovem-se diversas práticas com os meios de comunicação e as novas tecnologias da informação e da comunicação, procura-se incidir nas diferentes formas de gestão tanto dos projetos como do currículo ou da instituição e se fortalecem relações democráticas entre professores e estudantes e entre a escola e a comunidade.

O ingresso dos saberes locais na escola se dá através de processos de investigação cooperativa entre a universidade e a escola, mas também entre as crianças e os professores. O processo educativo, que tem lugar em torno da investigação e do desenvolvimento curricular, não supõe a mera transmissão de conteúdos, mas organiza-se em torno das perguntas que uma comunidade educativa pode gerar sobre sua realidade local. A organização do currículo em torno de perguntas de investigação comporta a produção sistemática de um conhecimento social novo e relevante para a escola e para a comunidade.

Diversas disciplinas confluem para a produção de conhecimento local e o fazem tanto a partir da escola como a partir da universidade. Na escola, começam a entrar novas disciplinas, necessárias para a compreensão complexa de problemáticas locais, tais como o urbanismo, a demografia, as teorias migratórias ou a estatística, eliminando-se a tradicional fragmentação entre os saberes escolares. Dessa maneira, promove-se a construção conjunta dos objetos de estudo que permitem que cada membro das equipes de professores contribua a partir do saber disciplinar que domina.

Tudo isso se enquadra em três âmbitos de trabalho definidos para a *relação Escola — Universidade*: a investigação, a inovação e a transformação da cultura escolar. A riqueza e a complexidade do *PIC* residem tanto na ação desenvolvida nos três âmbitos quanto nos sentidos e interpretações que se fizeram deles e de suas inter-relações. A seguir procuramos esboçar um panorama da dinâmica do projeto em cada um de seus âmbitos.

3. A cooperação Escola — Universidade nos âmbitos da investigação, inovação e transformação da cultura escolar

Os âmbitos da investigação, inovação e transformação da cultura escolar são considerados como campos de significação da *relação Escola — Universidade* que foram sendo delimitados a partir dos sentidos produzidos no projeto. A investigação, considerada como o motor inicial do processo, por sua importância e novidade no mundo escolar, ocupou a maior parte do tempo nesta primeira etapa do projeto; dela já derivam algumas práticas inovadoras e transformações na cultura escolar. Por esse motivo, neste texto, damos mais atenção ao âmbito da investigação, mostrando os principais avanços obtidos nos outros dois.

3.1 A relação Escola — Universidade *no âmbito da investigação*

A cooperação Escola — Universidade ficou circunscrita mais claramente a este âmbito, porque a partir dele deviam tomar forma os projetos de investigação sobre o mundo local, que articulariam a investigação pedagógica e as transformações curriculares nas escolas participantes. Nesse âmbito formularam-se, então, entre a Universidade e as escolas, os acordos que permitiram consolidar um traçado geral da investigação, definir e construir alguns objetos de investigação, os papéis e possibilidades para os sujeitos pesquisadores e o horizonte metodológico para os projetos curriculares interdisciplinares.

Esses acordos não foram estabelecidos com base em definições *a priori* do que é ou deve ser a investigação, mas foram construídos à medida que a Universidade e a Escola interagiram na construção dos *PIC*. Assim, não se propôs a investigação de uma maneira normativa, mas os participantes se apropriavam dela, a reformulavam e a interpretavam no próprio exercício de formular as perguntas de investigação, os objetivos dos projetos, as metodologias etc.

3.1.1 Traçado geral da investigação

A investigação, no *PIC*, realiza-se em três dimensões: Investigação educativa, Investigação pedagógica e investigação sobre o mundo local. Essas dimensões configuram uma estrutura que compromete os participantes e as duas instituições de diferentes maneiras.

A investigação educativa, no sentido proposto por Pérez Gómez (1995), é entendida a partir de uma dupla perspectiva:

ela produz um conhecimento sobre o mundo educativo e, por sua vez, educa os participantes. Os "objetos" de investigação construídos nessa dimensão concernem não apenas às práticas pedagógicas, ao mundo escolar, a suas transformações internas, mas à articulação da escola com seus contextos locais e institucionais (Acevedo, Jurado, Miñana & Rodríguez, 1998). Assim, as histórias das escolas e seus papéis nos sistemas políticos e no próprio sistema educacional constituem os temas centrais da pesquisa e da reflexão. São os professores da Universidade os responsáveis por essa dimensão, uma vez que as fontes de que deriva sua informação são as escolas participantes, localizadas em diferentes lugares do território nacional e com características institucionais diversas.

Essa dimensão da investigação foi construída ao longo da história do Programa RED de tal maneira que, ao mesmo tempo em que conserva as perspectivas iniciais propostas para estudar a escola no contexto, gerou novas abordagens dos fenômenos educativos. Nesse sentido, a investigação educativa no *PIC* é atravessada pelas quatro linhas de investigação do Programa RED: mundo escolar, relações educação/meios, política e gestão educativa e campo da educação na Universidade Nacional, que constituem os registros a partir dos quais tomam forma as perguntas que orientam as reflexões em torno dos processos que se apresentam na investigação pedagógica e na investigação sobre o mundo local.

A investigação pedagógica, por outro lado, centra sua atenção nas práticas e nos saberes pedagógicos e consiste na explicitação de um "saber como" em um "saber o quê" (Mockus, 1995). A investigação, nessa dimensão, converte em "objeto" de estudo as práticas cotidianas, os saberes implícitos que se associam com os currículos, as pedagogias e as formas de

CURRÍCULO NA CONTEMPORANEIDADE

avaliação (Bernstein, 1994). São os professores das escolas, acompanhados pelos professores da Universidade, que assumiram a produção de conhecimento nessa dimensão.

A investigação educativa e a investigação pedagógica articulam-se através da investigação sobre o mundo local, que deriva do tema próprio, e que, à maneira de pretexto, cada grupo se propõe para articular em torno dele as diversas áreas do currículo, as práticas pedagógicas e as interações entre saberes escolares e extra-escolares. Estudar a história do desenvolvimento de uma cidade ou das migrações, a água consumida por seus habitantes, o transporte, ou o impacto da indústria na qualidade de vida, constituem apenas alguns exemplos de investigações sobre o local, que visam fazer com que os estudantes sejam os principais pesquisadores, acompanhados por seus professores, para que seu exercício não apenas promova competências acadêmicas, mas gere uma consciência de sua própria realidade.

É possível acompanhar alguns passos das investigações locais através dos relatórios que estudantes e professores das escolas prepararam conjuntamente em cada projeto. Tais relatórios dão conta tanto de processos como de resultados das investigações, bem como das reflexões de caráter pedagógico realizadas pelos professores, e são assumidos aqui como o *corpus* fundamental de análise para seguir os passos das relações Escola — Universidade.

3.1.2 Os objetos de investigação

Cada uma das dimensões anteriormente assinaladas desenvolve-se a partir de seus próprios objetos de investigação, os quais foram continuamente reformulados durante o processo investigativo. A investigação educativa empreendida pelo Programa RED faz do mundo escolar seu objeto de questionamento; a partir daí se articulam tanto a investigação pedagógica como a que se faz acerca do mundo local.

Contudo, a Universidade veio reformulando suas concepções sobre o que denominou "escola em contexto", de maneira que a visão inicial realizada pelos professores universitários sob a perspectiva pedagógica, institucional e de vida cotidiana tornou-se mais complexa, passando a incluir as relações da escola com o entorno e com o sistema educacional e com os meios de comunicação. Assim, a Universidade faz uma leitura da investigação sobre o local e a investigação pedagógica apresentada pelas equipes de investigação das escolas a partir de cinco ângulos: Formação de professores, Gestão educativa, Vida cotidiana na escola, Meios de comunicação e novas tecnologias da informação e Relação Escola — Universidade.

A investigação pedagógica, por sua vez, tem por objeto as práticas pedagógicas dos professores que, no *PIC*, ocorrem no contexto da investigação sobre o mundo local que eles apresentam conjuntamente com os estudantes das escolas. As perguntas que se fazem sobre a prática pedagógica deslocaram-se pouco a pouco do campo da didática e do ensino para o da investigação na escola. Os professores já não perguntam sobre os motivos que levam os alunos a não responder ao ensino ou sobre as formas efetivas de transmitir um conhecimento e sim sobre as possibilidades de levar a termo um trabalho conjunto entre disciplinas a respeito de uma investigação sobre o mundo local, sobre o papel do estudante como pesquisador e sobre as relações que se criam entre alunos e professores quando compartilham a tarefa investigativa.

A investigação sobre o mundo local constitui o eixo a partir do qual cada grupo se mobilizou com base em suas próprias perguntas, para articular, a partir delas, as histórias e vivências dos sujeitos com a história das instituições e dos entornos locais. As perguntas de investigação sobre o mundo local elaboradas pelos grupos de professores enquadram-se em uma das três linhas de investigação do *PIC* (Educação urbana, Educação ambiental e Vida cotidiana), abarcando em seu conjunto uma gama de temáticas que se articulam entre si, mas que se destacam em um ou em outro projeto segundo a perspectiva adotada pelas equipes de investigação. Assim, por exemplo, um projeto pode abordar a história de sua cidade a partir do estudo da deterioração do meio ambiente, ao passo que outro projeto pode estudar a história de sua cidade tomando como ponto de partida uma pergunta pelas identidades culturais de seus habitantes.

Os processos de construção de cada um dos objetos de investigação variam de uma linha de investigação para outra. Os objetos que pertencem à linha de educação urbana foram construídos a partir de perguntas muito específicas dos professores relacionadas com a perda de vínculo dos estudantes com sua cidade, com o pouco sentido de pertença que os jovens manifestam em relação à escola, com a mudança acelerada das cidades e com o consequente esquecimento dos valores culturais locais ou com as problemáticas que afetam as grandes cidades. Assim, por exemplo, enquanto um grupo de professores começa sua investigação sobre o transporte na cidade de Barranquilla a partir de uma pergunta sobre os fatores que influenciam o atraso das alunas ao colégio, outro grupo, ao se perguntar sobre o papel de sua instituição na história da cidade, estuda as transformações que esta sofreu nos últimos cinquenta anos:

O grupo de professores, animado pela intenção de adquirir a experiência que lhes permitisse vislumbrar mudanças curriculares através da investigação, de consolidar novos tempos acadêmicos, de fortalecer o saber disciplinar e transmitir o saber pedagógico, concentrou os esforços das áreas no trabalho sobre uma temática específica: o conhecimento do bairro Las Nieves com o objetivo de solucionar os problemas de transporte das alunas que, com frequência, chegavam tarde à escola. Contudo, essa temática foi reformulada para dar lugar a uma temática mais ampla que incluía o estudo de aspectos pertinentes a uma problemática urbana de envergadura e ao comportamento dos seus habitantes. Formulou-se assim o projeto *O transporte na cidade de Barranquilla...* (Relatório do Colégio Helena de Chauvin)

No final do ano de 2001, durante as três jornadas do Liceu Nacional, esforçamo-nos para desenvolver este grande projeto: Como se constrói a diversidade cultural da cidade de Ibagué em seus últimos cinquenta anos? A pergunta de investigação estruturou-se em torno de quatro fatos que marcaram o devir histórico da cidade de Ibagué: a violência dos anos 1950, que determinou migrações maciças [...], os Jogos Desportivos Nacionais de 1970, evento que iniciou um grande desenvolvimento arquitetônico da cidade [...], a catástrofe de Armero em 1985, que incentivou o desenvolvimento industrial, fomentando o emprego [...], a penetração do dinheiro do narcotráfico e o fenômeno dos migrantes nos últimos anos. (Relatório do Liceo Nacional de Bachillerato de Ibagué).

Os objetos de investigação construídos na linha de educação ambiental partiram de perguntas concernentes à problemática ambiental que afeta as instituições escolares ou as comunidades próximas a elas. Assim, alguns colégios orientaram seu projeto em educação ambiental pelo fato de sua cidade ser afetada constantemente pelas inundações ou pela má qualidade da água que seus habitantes consomem, porque moram em uma região altamente contaminada de sua cidade, porque esta é afetada pela má destinação dos resíduos sólidos ou porque o desenvolvimento de uma comunidade exige a construção de conhecimentos sobre seus próprios recursos:

> O projeto *Água, perspectiva de vida para o desenvolvimento da comunidade* é construído com base na problemática ambiental do município de Palmar de Varela, Atlântico. Segundo estudos realizados sobre esse município, Palmar de Varela é um povoado que resultou de um processo de migração espontânea e de assentamentos humanos desordenados, que devastaram a flora nativa para substituí-la por pastagens para o gado. Em consequência disso, as fontes de água secaram e há algum tempo o município está às voltas com o problema de acesso à água para consumo humano [...]. Acrescenta-se a isso que Palmar de Varela é um dos municípios mais pobres do departamento do Atlântico e, como tal, não conta com uma boa rede de serviços públicos (Relatório do Colégio de Bachillerato de Palmar de Varela).
>
> O projeto tem como objetivo central construir saberes na comunidade sobre a importância dos recursos hídricos para o desenvolvimento da vida, gerando dessa forma um compromisso com o uso racional dos recursos e com o papel de cada um de nós na conservação destes (Relatório do Colégio Distrital Los Soches).

Na linha de investigação sobre a Vida cotidiana na escola formulou-se um só projeto, cujo objeto de investigação é o conflito de gerações entre estudantes e professores e as possibilidades da convivência na instituição escolar. Esse objeto surgiu da pergunta dos professores sobre o porquê das manifestações de agressividade e desrespeito dos estudantes em relação a eles, que foi continuamente elaborada até desembocar em uma nova pergunta sobre a quebra da comunicação entre estudantes e professores devido às diferenças entre suas linguagens. Nesse projeto, o objeto de investigação sofreu uma reviravolta desde a pergunta inicial sobre a natureza violenta dos estudantes na instituição a uma proposta sobre a interação entre os sujeitos no âmbito escolar, como revela a equipe de investigação em seu relatório:

> A derrubada do mito da violência levou o grupo a refletir novamente [...] [de maneira que] o grupo de pesquisa se propõe outro imaginário que se converte na segunda situação problemática: o pouco conhecimento dos estudantes daquela escola como seres sociais [...] [até que deste se desprende uma terceira situação problemática]: há uma quebra na comunicação aluno-professor, por falarem linguagens diferentes que são produto do conflito entre gerações (Relatório do Colégio Francisco José de Caldas).

Os objetos de estudo sobre o mundo local aos quais as equipes de investigação dirigiram o seu olhar agrupam-se em torno das seguintes temáticas em cada uma das linhas de investigação:

— Educação Urbana: Identidades culturais, Organização da cidade.
— Educação Ambiental: Poluição ambiental; Resíduos sólidos; Recursos naturais; A água.
— Vida cotidiana na escola: Conflito entre gerações.

Embora os diferentes objetos compartilhem certas lógicas de construção e de desenvolvimento no interior de cada linha, nem por isso podem ser assimiláveis uns aos outros,

CURRÍCULO NA CONTEMPORANEIDADE

pois a particularidade das perguntas confere um significado diferente aos caminhos que cada um deles traça.

3.1.3 Os sujeitos pesquisadores

Cada uma das dimensões apresenta, como constituídos de fato, os sujeitos de investigação, isto é, os sujeitos que podem fazer a leitura de seus temas e a partir deles produzir um saber qualificado. Assim, são os professores universitários que possuem a capacidade de produzir o saber sobre o educativo, os de ciclo básico o saber pedagógico e os professores e estudantes o saber sobre seu entorno local. Contudo, os sujeitos não se limitam a observar-se reciprocamente a partir da dimensão na qual realizam a investigação, mas confluem todos em torno da investigação sobre o mundo local. Esta articula, como já dissemos, as outras duas dimensões da investigação.

A investigação sobre o mundo local possibilita, assim, o encontro entre os professores universitários, os professores das escolas e os estudantes ao redor de alguns temas que, por sua complexidade, exigem a articulação dos olhares e não só a sobreposição dos saberes, a construção de relações que respeitem precisamente essa complexidade e não desmembrem cada tema em função da dimensão a partir da qual ele pode ser analisado. Ao mesmo tempo, cada dimensão da investigação deve ser capaz de ler o significado dessas relações e do processo de sua construção para o saber específico que tenta produzir a partir das perguntas que seu interesse educativo ou pedagógico o levou a apresentar.

Embora os sujeitos estejam constituídos pelo saber que trazem consigo e que os torna competentes para desenvolver a investigação, em sua interação, esses mesmos sujeitos se ressignificam como produtores de conhecimento e não apenas como usuários desse mesmo tipo de conhecimento e constroem novos papéis e novas possibilidades de relação entre eles.

Assim, os professores da Universidade, que são investigadores em suas disciplinas mas não em educação, pouco a pouco ingressaram em uma dinâmica de estudo sobre temas que transcendem os campos disciplinares concernentes aos saberes escolares: o urbanismo, o meio ambiente, o cotidiano, colocados no contexto da escola e dos desenvolvimentos que devem propiciar em nível curricular. A partir dessa dinâmica de estudo, os professores universitários acompanham os grupos de professores de ciclo básico na elaboração dos projetos interdisciplinares curriculares.

Com o conhecimento que produzem sobre o educativo, os professores universitários influem na consolidação do campo da educação como um campo de investigação na Universidade, pois vão dinamizando as comunidades acadêmicas que podem apoiá-lo como tal. Contudo, os professores universitários não abandonam sua relação com as disciplinas, pois é "[...] precisamente essa tensão entre disciplinas e pedagogia, entre investigação, docência e extensão, entre estar dentro da escola e tomar distância com um olhar investigativo, o que caracteriza e enriquece a proposta" (Acevedo Jurado, Miñana & Rodríguez, 1998).

Os professores das escolas que, por sua vez, se constituíram em detentores de um saber trazido por sua própria prática pedagógica, constroem-se, sob a perspectiva de sua formação, como sujeitos pesquisadores, sujeitos pedagógicos e sujeitos coletivos. Como sujeitos pesquisadores porque, embora o projeto não tenha a pretensão de formar pesquisadores mas fazer da investigação o ponto de articulação dos processos pedagó-

CURRÍCULO NA CONTEMPORANEIDADE

gicos, os professores entram em uma dinâmica de estudo constante, de acesso a fontes primárias, de debate, de leitura e escrita, de coleta de informação e de interpretação desta:

> Contudo, o projeto não apenas possibilitou rupturas no cotidiano da sala de aula, mas também incidiu nos processos de autoformação dos professores, ampliando seus conhecimentos, aproximando-os da leitura de fontes primárias, dinamizando o trabalho em equipe e promovendo os compromissos individuais ante os acordos coletivos, gerando aprendizagens para além da sala de aula, uma disciplina de trabalho e uma motivação pelo tema (Relatório do Colégio Helena de Chauvin).

Como sujeitos pedagógicos, porque os professores começam a se organizar em torno de suas práticas, com o objetivo de reconceituá-las e sistematizá-las.

> Compreendemos que não existem saberes circunscritos às disciplinas; o prioritário é ter clareza na construção que as ciências exigem na estrutura geral dos conceitos, que são resgatados do cotidiano, onde se constrói e se aplica o saber, e é esse o objetivo da interdisciplinaridade para chegar à contextualização do conhecimento. Assumir, ainda que tardiamente, a integração de Matemática, Artes, Espanhol, Tecnologia e Estudos Sociais nas diferentes ações para produzir conhecimento centrado no projeto e poder falar de um mesmo tema a partir de determinadas aprendizagens que se complementam é obter um diálogo de saberes muito valioso para resgatar, em docentes com percepções tão diferentes (Relatório do Liceo Nacional de Bachillerato de Ibagué).

E como sujeitos coletivos porque os professores começam a pensar suas práticas pedagógicas a partir do trabalho que realizam como equipes de investigação, a partir da confluência das diversas disciplinas em torno de um tema de trabalho comum, produzindo assim um saber coletivo sobre o pedagógico:

> A execução da primeira fase do projeto por si mesma começa o superar o sentido comum com o que Apple (1994) denomina a prática política como atividade que constrói coletivamente um saber para abordar seriamente as alternantes e desiguais relações de poder e não viver um mundo divorciado da realidade (Relatório do INEM Luis López de Mesa de Villavicencio).

Os sujeitos pesquisadores vamos nos construindo em mútua interação: na medida em que os estudantes vão assumindo cada vez mais as investigações e vão desenvolvendo competências na dinâmica investigativa orientada para produzir conhecimento sobre o mundo local, os professores vão reconhecendo neles sujeitos com os quais podem compartilhar perguntas e explorar respostas. Do mesmo modo, os grupos de professores das escolas vão decantando também suas próprias perguntas e vai-se delineando o caminho do professor pesquisador orientado para a produção de conhecimento sobre a própria prática pedagógica. Os pesquisadores da Universidade também aprendemos a acompanhar processos de investigação no que poderíamos denominar uma prática de investigação-ação e a formular perguntas cada vez mais complexas orientadas para a compreensão do mundo escolar e para a busca de alternativas de transformação e de geração de conhecimento compartilhado.

3.1.4 Horizontes metodológicos nos projetos curriculares interdisciplinares

Existem dois níveis metodológicos na cooperação entre as escolas e a Universidade: um nível metodológico referente ao *PIC* como proposta macro e um nível metodológico para a investigação sobre o mundo local nos projetos curriculares interdisciplinares. No primeiro nível, a Universidade elegeu como alternativa metodológica a Investigação Cooperativa, uma modalidade de investigação-ação, que se realiza "entre pesquisadores de uma universidade e os professores das escolas e exige o compromisso real de cada um dos membros da equipe em todas as fases do projeto, embora os papéis de cada um dos membros precisem estar diferenciados" (Programa RED, 2000, p. 47; Hord, 1981).

Nesse tipo de investigação, os processos de investigação educativa avançam paralelamente ao desenvolvimento profissional dos pesquisadores (Smulyan, 1984), de modo que os professores "aprendem não apenas a identificar e resolver seus problemas, mas ampliam seus conhecimentos e desenvolvem competências para sua própria formação. Por outro lado, os pesquisadores saem enriquecidos no contato com a prática educativa por sua imersão nos problemas reais das escolas" (Programa RED, 2000, p. 47).

No quadro metodológico da Investigação Cooperativa Escola-Universidade realiza-se o traçado geral da investigação, constroem-se os objetos de investigação e os sujeitos pesquisadores e se definem os aspectos metodológicos dos projetos de investigação sobre o mundo local. Esse segundo nível do metodológico caracteriza-se pelo fato de ter de articular a construção progressiva dos projetos com as práticas pedagógicas dos professores, através de três momentos: a definição das temáticas de investigação, a organização das temáticas em fases de investigação e unidades didáticas e o trabalho de campo concernente a cada uma dessas unidades.

A definição das temáticas, que devia ser realizada tendo em conta os interesses dos estudantes, em geral seguiu o mesmo processo. Nas escolas que tentavam articular seu projeto de investigação a experiências prévias em educação ambiental ou em educação urbana ou na ênfase de seu Projeto Educativo Institucional, encontrava-se já delineada uma temática de investigação, sobre a qual se realizou uma consulta na comunidade educativa ou uma elaboração do problema destinada a estabelecer um ponto de partida que desse lugar ao trabalho de campo com os estudantes.

Nas escolas que não tinham clareza sobre qual podia ser seu projeto de investigação, a consulta à comunidade educativa constituiu um primeiro subsídio para definir a orientação do estudo. Neste caso, a partir dos resultados da consulta, as equipes de pesquisa empreenderam um trabalho de construção de categorias e de interpretação que permitiu definir simultaneamente a temática do projeto e delinear as fases da investigação.

Embora a definição das temáticas de estudo tenha seguido um processo mais ou menos semelhante nos projetos, a elaboração das fases de investigação teve um caráter diferente entre as linhas de educação ambiental, educação urbana e vida cotidiana. Em educação ambiental, a primeira fase consistiu em se aproximar do entorno para reconhecê-lo. Em uma segunda fase trabalhou-se sobre essa primeira aproximação através de categorias de análise e planejamento de instrumentos para, em uma terceira fase, realizar um trabalho de campo para recolher a informação necessária ao estudo. Na fase final, fez-se a leitura da informação e elaboraram-se os resultados:

> Em 2002, o desenvolvimento da investigação do Grupo RED mostra-se um pouco mais organizado, trabalhando os contextos escolar e municipal. No contexto municipal, desenvolvem-se quatro fases, cada uma com um conjunto de ações. Na

CURRÍCULO NA CONTEMPORANEIDADE

primeira fase, realiza-se o caminho pedagógico com o objetivo de visitar as comunidades não escolares, tais como lares comunitários, classes especiais [...]. Segunda fase: Depois de visitar os lares comunitários forneceram-se orientações aos estudantes do 10º ano para a organização de grupos, cujo objetivo foi dialogar e estabelecer conceitos sobre os principais aspectos levados em conta no desenvolvimento desta fase, tais como: a observação etnográfica; localização do bairro e descrição dos limites [...]. Na terceira fase, procede-se à aplicação de pesquisas, tabulação, elaboração de gráficos, resultados percentuais, os quais aparecem no estudo realizado em cada bairro. [...] Na quarta fase, observa-se claramente a articulação do currículo da área pedagógica com o projeto ambiental do Programa RED e a área de Ciências Naturais, com a realização de palestras à comunidade (Relatório da Escola Normal Superior Santa Ana de Baranoa).

Nos projetos de educação urbana, a presença, nas análises dos professores de toda a informação recolhida através do trabalho didático com os estudantes, de três elementos substanciais: o temporal, o espacial e os sujeitos, determinou a organização dos projetos em três fases: hábitat, habitante, cidadão, com uma lógica de progressão pedagógica sob uma tripla perspectiva: conhecer a cidade, apropriar-se dela e participar de sua construção:

Em maio de 2002, com esses subsídios, as orientações do assessor da Universidade Nacional e a leitura de alguns documentos entregues por ele ao Grupo, tais como: *Bogotá fragmentada*, de J. C. Pérgolis, *La estética de la ciudad*, de Salmona, *Los recorridos urbanos*, de S. Alderoqui, *Proyecto de ciudad*, de Carmen Gómez et al., definiram-se as três fases subsequentes e complementares do projeto para que se articulem com o desenvolvimento curricular nos três anos seguintes: fase 1 — Hábitat; fase 2 — Habitante; e fase 3 — Cidadão. Pretende-se concluir com uma semiótica da cidade de Villavicencio, abordando o conhecimento físico da cidade (estrutura e funções), conteúdos formais da cidade (valores dos cidadãos, constituição política) e relações práticas entre o que as pessoas sabem, dizem e praticam (Relatório do INEM Luiz López de Mesa de Villavicencio).

Quanto ao projeto na linha de vida cotidiana, as fases da investigação consistiram nas variações sofridas pela pergunta inicial de pesquisa graças a seu confronto permanente com a informação, a revisão bibliográfica e o trabalho com os estudantes.

Ao mesmo tempo em que as temáticas de investigação e sua organização em fases e unidades didáticas foram sendo definidas nos projetos, realizou-se o trabalho de campo com os estudantes. Estes participaram, juntamente com os professores, da dinâmica investigativa, elaborando instrumentos para a obtenção da informação, como pesquisas, e aplicando técnicas de coleta de dados, como a observação direta, o diário de campo, as técnicas etnográficas, a fotografia, o vídeo, a entrevista, a consulta de documentos.

No percurso, e utilizando técnicas de coleta de dados como a observação direta, diálogos com vizinhos, fotografias e entrevistas, estruturou-se uma pesquisa que posteriormente foi aplicada aos moradores das margens do riacho Don Juan, que possibilitou concluir, entre outros aspectos, que o riacho Don Juan constitui um problema social do qual muitos cidadãos, próximos dele, ainda não se deram conta, porque, como se pôde comprovar, eles mesmos o poluem lançando em seu leito dejetos de todo tipo (Colégio Marco Fidel Suárez).

Com o trabalho de campo, as atividades de investigação revelam o potencial pedagógico de lugares diferentes das salas de aula. A investigação ocorre em lugares cotidianos que são reconhecidos a partir das atividades de coleta de dados. Dessa maneira, a cidade e a paisagem converteram-se em fonte de aprendizagem e de produção de conhecimento não apenas para os estudantes, mas também para os professores. As equipes de investigação documentaram lugares ligados a problemáticas ambientais:

> Visitaram-se, assim, o matadouro e o mercado municipal, o lixão, a área poluída de Arroyo Grande e vários bairros de invasão e levantaram-se registros de campo sobre as condições físicas dos lugares, as atitudes e comportamentos dos habitantes, as diversas formas culturais e sua incidência no meio ambiente (Relatório do Colégio Francisco de Paula Santander de Galapa).

Levantaram-se registros sobre "não lugares" das cidades, como as ruas:

> Nesse sentido, os estudantes realizaram várias atividades para a coleta da informação, entre as quais um trabalho nas ruas da cidade, medindo as estradas, a quantidade de veículos em circulação, a frequência de circulação; uma observação do comportamento dos cidadãos no transporte público da cidade... (Relatório do Colégio Helena de Chauvin).

Sobre os bairros que constituem a cidade, ou a arquitetura de suas construções:

> Para um estudo preliminar da cidade, realizou-se o "Caminho pelas comunidades", atividade pedagógica planejada com o

objetivo de conhecer mais a fundo a paisagem urbana de Ibagué, através dos três elementos que a caracterizam: a planta, a construção e os usos do solo. Reconheceu-se a paisagem como a forma de território construída pelo homem, através do tempo (Relatório do Liceo Nacional de Bachillerato de Ibagué).

Visava-se estabelecer algumas referências teóricas [...] e realizaram-se visitas aos bairros da cidade: La Candelaria, Soledad, Teusaquillo, Egipto, Tunal, Bosa, Fraguita etc. [...]; os estudantes compararam, descreveram os diferentes tipos de casas para configurar, a partir de álbuns, desenhos e escritos, a imagem da cidade que agora têm a partir da complexidade e da diversidade das casas dos habitantes de Bogotá (Relatório do Colégio Distrital Atanasio Girardot).

Ou sobre os lugares em que se passa grande parte do cotidiano escolar e que, contudo, os professores parecem desconhecer:

O espaço sob as escadas que dão para o pátio interno: lugar úmido e pedregoso. Contudo, representa um grande atrativo para os estudantes, especialmente de 6ª e 7ª séries. Sob o ponto de vista dos professores, é um lugar pouco atraente, mas para as crianças é um espaço agradável e de liberdade, não há professores nem funcionários. Apenas eles, definindo as regras de suas brincadeiras. É como um pedaço do espaço extraescolar dentro da escola pela naturalidade e espontaneidade que eles demonstram. É um lugar de vida onde se sente a força natural do cotidiano (Relatório do Colégio Francisco José de Caldas).

Os projetos, até agora, desenvolveram a primeira fase, nos aspectos referentes à investigação sobre o mundo local, ficando pendentes os resultados das fases seguintes, que já

CURRÍCULO NA CONTEMPORANEIDADE

foram previstos nos planejamentos metodológicos de cada projeto.

3.2 A relação Escola-Universidade no âmbito da Inovação Educativa

Nesse âmbito, a *relação Escola-Universidade* atua através das descentralizações que cada instituição possibilita à outra. A Universidade, através da investigação, permite à Escola o deslocamento de lógicas centradas no ensino e na didática para lógicas de organização dos saberes e das práticas pedagógicas constituídas em torno da produção de conhecimento e da cooperação entre estudantes e professores. Por sua vez, a Escola desvia a Universidade do academicismo em que pode incorrer ao interagir com outras realidades sociais.

A inovação pode ser compreendida no *PIC* como a expressão dessa reviravolta que vai da lógica do ensino à lógica da investigação, quando o pedagógico, a gestão e a avaliação estruturam-se em torno de um currículo que aponta para a produção de conhecimento sobre a realidade local.

As inovações em nível curricular desencadeiam as inovações nos outros três aspectos da atividade escolar. Podemos mencionar ao menos quatro inovações no currículo propiciadas pelos projetos: a organização do currículo em função de problemáticas locais, a construção do currículo através de perguntas de pesquisa, a confluência de diversas disciplinas nas temáticas de investigação e o ingresso no currículo de outros saberes, distintos dos saberes escolares tradicionais.

O currículo tradicional, no qual figuram os saberes que foram considerados fundamentais para a formação do cidadão no interior das sociedades industriais, partia do pressuposto de que esses saberes, que se orientavam para a produtividade e para a construção de uma identidade e de uma cultura nacional, poderiam ser postos à disposição das novas gerações sem maiores mediações. Nesse sentido, efetuava uma seleção, hierarquização, organização e avaliação de alguns conteúdos desses saberes visando à sua transmissão, o que predominou como a forma hegemônica do currículo escolar. Os projetos curriculares interdisciplinares organizam o currículo escolar por um caminho completamente diferente, pois partem das problemáticas locais para selecionar, hierarquizar, organizar e avaliar o conhecimento, a partir de uma perspectiva que visa fazer com que a escola produza um conhecimento socialmente válido sobre o mundo local:

> A incorporação da água como eixo do currículo na instituição deve-se ao fato de termos constatado que os moradores do local consumiam água de má qualidade, pois, como já mencionamos, na região não existe água encanada nem rede de esgotos. Os habitantes da localidade servem-se da água das bicas vizinhas, que apresentam índices de contaminação por dejetos orgânicos, inorgânicos e químicos, o que lhes causa problemas de saúde, sendo frequentes as doenças gastrointestinais, como as parasitoses e a disenteria, especialmente entre as crianças. Contudo, para a comunidade não é evidente que esses problemas estejam associados à qualidade da água consumida (Relatório do Colégio Distrital Los Soches).

Dessa maneira, o currículo escolar não vem simplesmente antes de seu objeto de estudo, mas vai sendo formulado à medida que se aproxima dele. Contudo, a reformulação do currículo possibilita, ao mesmo tempo, o reconhecimento permanente do objeto de estudo, favorecendo assim o diálogo entre os saberes escolares e os saberes locais, mediado pelas perguntas de investigação:

Um dos projetos em que trabalhamos em nível institucional é o Carnaval Sol-oriental, que envolve muitos saberes, conferindo sentido à atividade pedagógica e dinamizando a atividade de sala de aula e, consequentemente, a estrutura curricular, gerando trabalho cultural em associação com outras escolas da localidade. Nesse projeto, o currículo é construído pouco a pouco, enquanto paralelamente assumimos os processos de investigação pedagógica com as novas exigências do entorno (Relatório do Centro Educativo Distrital Los Soches).

O diálogo entre os saberes escolares e os saberes locais não consiste em que os primeiros expliquem os segundos, mas em que a interação de ambos possibilite a construção de olhares complexos sobre os fenômenos que são objeto de investigação. Mas precisamente, para não perder a complexidade do que se estuda, um currículo de caráter interdisciplinar promove antes o diálogo entre as disciplinas e sua articulação através da investigação:

É importante assinalar que a investigação sobre o crescimento urbano de Soledad permite conjugar diversas disciplinas que estudam o fenômeno a partir de sua dimensão, complementando-se mutuamente. Por exemplo, o conceito de espaço é abordado sob diversos pontos de vista e complementarmente em geografia, geometria, arte e linguagem, e os estudantes têm consciência dessa perspectiva, como expressam aos professores: "Ah, professor, agora entendo porque o espaço geográfico tem a ver com o conceito de perímetro que vimos em geometria" (estudante de 8ª série). "Veja, professor, a escala que utilizamos em matemática, eu também a apliquei na elaboração de mapas e plantas tanto em estudos sociais como em artes e a professora de espanhol nos ensinou a denotação e conotação do significado de espaço e escala" (estudante de 8ª série) (Relatório do Colégio Dolores María Ucrós).

O currículo, dada a complexidade dos objetos de estudo e sua construção paralela à indagação das problemáticas, caracteriza-se por sua flexibilidade, permitindo então que novos saberes disciplinares e temáticas diferentes das tradicionais ingressem na escola:

> É importante destacar os progressos, mínimos mas significativos, na articulação curricular das áreas com o ambiental e especificamente com o projeto de pesquisa apresentado pelos estudantes. É assim que a área de Estudos Sociais, tendo em conta a problemática detectada no projeto (a contaminação com resíduos sólidos na instituição e no município em geral), aborda as seguintes temáticas: sociedade de consumo e sociedade de conhecimento, a publicidade e a sociedade de consumo, desenvolvimento sustentável, biodiversidade, produtividade e educação (Relatório da Escola Normal Superior Santa Ana de Baranoa).

O professor atua como um produtor de conhecimento e não simplesmente como um técnico que executa um currículo de cuja elaboração ele não participou. As inovações nas práticas pedagógicas, portanto, correspondem a essa triangulação que os professores devem fazer nos projetos curriculares interdisciplinares entre a construção do currículo, a investigação sobre o mundo local e o trabalho pedagógico de recontextualização dos saberes disciplinares em saberes escolares. Podemos dizer que sobressaem, por enquanto, duas inovações. Em primeiro lugar, os professores saíram das salas de aula tradicionais e, através do trabalho de campo, descobriram o potencial pedagógico do entorno, assumindo papéis diferentes do transmissor de conhecimento, que favorecem algumas relações mais horizontais com os estudantes:

É importante assinalar que os professores assumem papéis diferentes dos que comumente desempenham na escola, o que tornou necessário estabelecer um dia de reunião na semana para planejar tudo o que seria realizado nas salas de aula e considerá-lo como proposta de ação com os estudantes. Por isso, o papel de planejar a aplicação de instrumentos para a coleta de informação — como pesquisas, entrevistas e de criar novas formas de fixar essa informação através do vídeo e da gravação — permitiu que os professores se reconhecessem como produtores de um saber necessário nesse momento (Relatório do Colégio Dolores María Ucrós).

Em segundo lugar, o professor realiza a recontextualização dos saberes disciplinares em saberes escolares, não a partir da perspectiva daquilo que os estudantes devem aprender, mas a partir das próprias necessidades da investigação:

As meninas também perceberam algumas deficiências com relação aos instrumentos para medir comprimentos, de onde surgiram novos métodos ou formas de medir. A partir dessa amostragem, na área de Matemática fortaleceram-se os temas de medidas de comprimento e de superfície como as áreas de polígonos regulares e irregulares. As meninas também precisaram aprender estatística, trabalhando com temas de tendência geral, como média aritmética, mediana e moda, além de trabalhar o tema de frequências e porcentagens (Relatório do Colégio Helena de Chauvin).

Parte das inovações pedagógicas promovidas pelos projetos foram as inovações na gestão dos processos pedagógicos. Quanto a isso, os documentos permitem entrever que a gestão se descentraliza, que as equipes de pesquisa assumem a gestão de seus próprios projetos, porque, ao contrário do que ocorre no currículo tradicional, a investigação implica todo um processo de "planejamento, negociação e acordos em objetivos e procedimentos, busca de coerência e articulação entre as ações e destas com os objetivos, definição de formas de participação dos diferentes atores, níveis de responsabilidade, recursos etc." (Programa RED, 2000, p. 44), destinado a responder aos questionamentos que surgem de maneira genuína para os sujeitos participantes.

As inovações na gestão ocorreram primordialmente na organização flexível dos horários para que as diversas disciplinas pudessem se encontrar em torno do projeto e na coordenação e preparação logística das pesquisas de campo, assim como no estabelecimento de vínculos institucionais com agências estatais e privadas:

> O colégio entende igualmente a necessidade de trabalhar na gestão de projetos, pois a partir do próprio fato de planejar pesquisas de campo evidencia-se que não era só o planejamento das diretrizes para obter maior proveito acadêmico em cada visita, mas também que se fizessem contatos, negociassem preços, enviassem cartas de apresentação e se recolhessem fundos (Relatório do Colégio Distrital Atanasio Girardot).
>
> Acrescenta-se a isso o fato de o colégio ter entrado em contato com entidades municipais, estabelecendo novas e fecundas relações interinstitucionais, ao combinar atividades com o Instituto Municipal de Transportes e de Trânsito e com bibliotecas públicas, com o Dadima (Departamento Administrativo Distrital do Meio Ambiente), a Analtra (Associação Nacional de Transportadores) e o Escritório de Planejamento Municipal (Relatório do Colégio Helena de Chauvin).

Finalmente, também ocorreram inovações na avaliação dos processos pedagógicos. A avaliação do estudante não está separada da própria avaliação do desenvolvimento do projeto. Não se avalia apenas o que o estudante tem que saber, mas sua participação no processo de construção de um conhecimento coletivo. Dessa maneira, outras formas de avaliação dos processos pedagógicos, como a autoavaliação e a coavaliação, adquirem sentido:

> Quanto aos aspectos da avaliação do projeto, conseguimos estabelecer uma grande diferença entre a pergunta costumeira do professor avaliador tradicional, perguntas de tipo egocêntrico, em que só o professor deseja impressionar, ensinando e esperando resultados a partir de sua experiência profissional. Mas nos deparamos com fatos tão motivadores por parte de nossos alunos de sexta série, em que a grande quantidade de ideias organizadas do aprendido nos aspectos históricos, geográficos, bionaturais e socioculturais dos reservatórios de água existentes no entorno de Paluato y Guaimaral, a criatividade, o sentido de vinculação com o projeto, a expressão de valores, não nos permitem ignorar esses sucessos, consolidando nosso processo de avaliação a partir da própria prática que dá os resultados obtidos na investigação, utilizando a autoavaliação, a coavaliação e a heteroavaliação; em que não se podem ignorar as perguntas formuladas pelas crianças, que são as verdadeiras perguntas de investigação que nos levam a ver a valiosa participação de uma avaliação dada a partir da perspectiva investigativa e não pela improvisação à qual em muitos casos estávamos acostumados. (Realizar avaliações sem nenhum tipo de preparação; provas rápidas, questionários sem lógica interpretativa, entre outras) (Relatório do Colégio Francisco de Paula Santander de Galapa).

A descrição das mencionadas inovações deve, contudo, ser considerada de maneira provisória, pois, como dissemos antes, um dos objetivos do projeto é que os professores produzam uma reflexão mais detalhada sobre a dimensão pedagógica dos projetos curriculares interdisciplinares. Esta é, portanto, uma tarefa que se desenvolverá no futuro e que, uma vez realizada, permitirá avaliar com mais rigor o caráter inovador dos projetos.

3.3 A relação Escola-Universidade *no âmbito da Transformação da cultura escolar*

Se a cooperação entre a Escola e a Universidade ocorreu, no âmbito da investigação, como a definição conjunta da estrutura da investigação e, no âmbito da inovação, como a descentralização progressiva das lógicas do ensino-aprendizagem para as lógicas da investigação, no âmbito da transformação da cultura escolar a cooperação consistiu em uma ressignificação do sentido da escola para os contextos locais e para a sociedade em geral, que atribui às equipes de investigação novas formas de ação pedagógica e de relação com as comunidades.

Essa ressignificação, contudo, não foi produzida sistematicamente, mas marcou de forma tácita o futuro dos projetos, até se anunciar de maneira tangencial nos relatórios de pesquisa de alguns colégios ou registrar-se como um efeito não previsto das atividades investigativas dos professores e estudantes.

Nesse sentido, um dos efeitos mais significativos dos projetos curriculares interdisciplinares foi o fato de se terem aberto as fronteiras da escola e, desta maneira, os atores escolares entrarem em contato com as realidades de suas cidades a ponto de se perguntar pelo papel que a escola deve desempenhar na solução das diversas problemáticas locais:

CURRÍCULO NA CONTEMPORANEIDADE 265

Os estudantes de 9º e 10º ano, através do trabalho social que realizam com as comunidades do município, puderam demonstrar assim que, além do problema do lixo, existe uma problemática ambiental complexa em torno da água, uma vez que o município não conta com sistema de esgotos e com uma rede de tratamento de águas. Desse modo, abriu-se um espaço para refletir sobre o papel que a escola deve desempenhar na solução das diversas problemáticas exploradas (Relatório da Escola Normal Superior Santa Ana de Baranoa).

Os atores escolares, por esse mesmo caminho, tomaram consciência de que a solução das problemáticas locais não pode estar divorciada de uma ação democrática e de uma posição crítica diante das administrações locais:

A investigação revelou-se assim um exercício constante de diálogo entre a experiência e a teoria, uma vez que é o contato com a realidade que gera a necessidade de teorizar e não o contrário. O projeto torna manifesta a relação existente entre as problemáticas cotidianas e as inconsistências dos agentes políticos locais, levando a esperar que a escola possa apoiar as dinâmicas que são geradas a partir das instâncias locais em função do meio ambiente. Nesse sentido, passaria a desempenhar um papel de apoio e assessoria às agências municipais e de reeducação da comunidade, que levaria em consideração os saberes prévios para vinculá-los a um projeto cultural coletivo. É interessante, então, a visão do alunado que começa a perceber os problemas dos projetos de desenvolvimento do município, começando a assumir, a partir da comunidade educativa, uma posição crítica ante a administração pública (Relatório do Colégio Francisco de Paula Santander).

A abertura da escola aos contextos locais, por outro lado, a leva a realizar uma espécie de mediação que permite o reconhecimento de outros atores, a validação de seus saberes, a reconstrução de suas histórias ligada à história da cidade e recria a percepção do entorno cotidiano:

> Nesse sentido, os estudantes empreenderam várias atividades para a coleta da informação, entre elas [...] uma observação do comportamento dos cidadãos no transporte público da cidade e um registro dos relatos de seus avós e de pessoas da terceira idade sobre o transporte na cidade. Desse modo, as estudantes começaram a reconhecer e compreender a cidade. Percebem assim que a cidade é um sistema, que nem sempre existiu a necessidade do transporte, como demonstravam seus avós, e que a história de Barranquilla não é uma história abstrata, mas encarna a história dos antigos bairros (Relatório do Colégio Helena de Chauvin).

Dessa maneira, a escola possibilita um encontro entre os saberes locais e os saberes escolares, em função da construção e apropriação de um espaço público e dos códigos que o constituiriam. A cultura escolar começa, então, a se encarnar nos rituais e práticas acadêmicas que favorecem tal encontro, e os professores, como membros dessa cultura, começam a reconhecer que seu trabalho tem um conteúdo político essencial:

> Participar no projeto RED, fazer parte dele e permanecer nele é um imenso sucesso, quando se considera que uma das particularidades desse projeto é o fato de a vinculação a ele ser eminentemente voluntária; o que implica um esforço maior, que eu denominaria de convicção ético-pedagógica. Isso é compreender que estamos diante de uma necessária mudança de paradigma, em que o professor não deve ser apenas um transmissor de conhecimentos, mas gestor e mediador na produção cultural de seu entorno, diante de um

CURRÍCULO NA CONTEMPORANEIDADE

mundo globalizado em que o singular e o diferente fazem parte das tensões do cotidiano (Relatório do Liceu Nacional de Bachillerato).

E assim, a escola seria chamada a se constituir num espaço de reflexão dos cidadãos e de construção de cidadanias no cenário altamente complexo das sociedades atuais:

> Os cidadãos, de algum modo, devem assumir o desenvolvimento de sua cidade e a escola deve possibilitar a apropriação desta; a escola não pode continuar a transmitir conteúdos curriculares e culturais desarticulados da realidade dos estudantes, mas deve oferecer uma educação comprometida com sua formação, com mentalidade democrática e participativa, educados para a convivência social, com uma elevada valorização do planeta e respeitando os direitos humanos. Deve desenvolver competências que lhes permitam a apropriação de valores políticos e atitudes relacionadas com o aproveitamento e a conservação dos espaços e objetos de uso coletivo; tomar a cidade como fonte de informação para facilitar a aprendizagem das mensagens culturais através das artes, da história, da geografia, dos processos industriais e comerciais. Competências, em suma, para o questionamento e a investigação, para trabalho em equipe, que permitam explorar a criatividade e construir uma compreensão complexa da realidade [...]. O Estado, a sociedade e a escola em conjunto devem preparar os habitantes da cidade para que estes decidam qual é o modelo de vida urbana que desejam, mediante a formação de cidadãos e cidadãs conscientes de seus direitos e responsabilidades, para encarar os desafios do fenômeno da globalização. A escola não pode assumir sozinha a crise em que se encontra imersa nem tampouco pode resolvê-la a partir de seu interior (Relatório do INEM Luis López de Mesa de Villavicencio).

À maneira de conclusão provisória

Em nosso percurso através do *PIC*, o Programa RED veio decantando alguns traços que o caracterizam e o diferenciam de outras propostas. Sobretudo, veio consolidando rupturas com outras formas de conceber e vivenciar a escola, de entender a formação dos professores e os modos de fazer investigação educativa. Algumas dessas rupturas são:

- Eliminar a tradicional separação entre escola e vida. Antes de tudo, consideramos a escola como um lugar de vida e para a vida, e por isso se procura enfraquecer as fronteiras entre o mundo que rodeia a escola, seu entorno, e a atividade escolar. Desse enfraquecimento surge a primeira ideia inovadora: formular e organizar o currículo a partir de fenômenos da vida real dos atores (professores e estudantes).

- Eliminar a separação entre conhecimento cotidiano e conhecimento escolar. A partir da ruptura anterior, se reconhece que a vida local entra na sala de aula mediada pelos imaginários de crianças e professores sobre ela e se converte em discurso que permite tematizar "a realidade" (Freire, 1969, 1971). Paralelamente à entrada da vida cotidiana, das realidades locais, entram os saberes locais, bem como as tradições locais, o ancestral, "o nosso" para dialogar com os saberes que possuem carta de cidadania antiga na sala de aula (matemática ou ciência). Outorgar carta de cidadania aos saberes locais implica reconhecer seu valor na formação de identidades, na conservação e recriação de nossas culturas e na promoção das diversidades.

O ingresso das realidades e dos saberes locais na escola só pode ocorrer através de processos de investigação que permitam que crianças e professores conheçam o contexto e construam categorias conceptuais em torno dele. Assim, a terceira ruptura consiste em formular um processo educativo em torno da investigação e da problematização do local em um processo que Paulo Freire definiu como "tomada de consciência". O currículo deixará de ser pensado exclusivamente pelos professores universitários como os códigos da cultura que os professores do ciclo básico devem transmitir e os estudantes devem aprender. Será organizado em torno da pergunta: O que queremos saber sobre o nosso entorno?

A organização do currículo em torno de perguntas de investigação que se articulam uma com a outra e entre um período e outro do ano letivo de forma harmoniosa, pensada e estruturada pelos professores com a participação dos estudantes estabelece uma ruptura profunda com qualquer proposta tradicional de currículo, uma vez que deve se abrir para as possibilidades de uma lógica de investigação na qual o conhecimento que se produz é um conhecimento social novo e não meramente a reconstrução de um já existente que deve ser apropriado. O saber sobre o mundo local, produzido de forma sistemática e organizada através de processos de investigação igualmente sistemáticos e organizados, será um saber novo para a escola e para a comunidade.

Para obter uma visão complexa dos entornos locais e dar-lhes significado a partir de diferentes enfoques, é necessário o trabalho de equipes de professores que consigam formular-se uma pergunta comum e procurem dar resposta a ela a partir de sua própria tradição disciplinar, com a condição de compartilhá-la com os outros membros da equipe. Do contrário, só se chegará a "montar retalhos" e não visões holísticas.

A ruptura do "feudalismo escolar", que promove a participação democrática de vários professores redimensiona os saberes, propiciando o ingresso das diferentes disciplinas na construção complexa do objeto de estudo e de sua compreensão.

O trabalho em equipe exige que seus membros planejem o trabalho e, para tanto, devem estabelecer metas, atribuir responsabilidades, calcular tempos, recursos, capacidades, programar as atividades, verificar os êxitos; em outras palavras, trabalhar formulando, planejando, desenvolvendo e avaliando projetos. Projetos que devem ser curtos, claros, precisos, passíveis de ser realizados pelos estudantes em um período acadêmico (entre 10 e 20 semanas). Essa ruptura com a rotina e a monotonia constitui um fator decisivo de ressignificação da escola para seus habitantes.

Por outro lado, levar a cabo um projeto de investigação sobre um tópico local em um curto período só é possível com o trabalho cooperativo de professores e estudantes em um autêntico encontro entre gerações que implica tanto a orientação do professor como seu exemplo. Exemplo que pode ocorrer igualmente no acerto ou no erro, pois quando se cometem e se reconhecem os erros, com certeza a aprendizagem será mais rica.

Essa proposta de trabalhos de investigação sobre os entornos locais na escola como articuladora do currículo requer a flexibilidade da organização escolar para variar tempos, espaços, recursos, atores, ações, mas também SABERES; pois não só os saberes escolares são pertinentes e suficientes para entender o mundo: outros saberes podem entrar na escola e, com eles, também os seus portadores.

A gestão do projeto implica uma alteração do currículo, não apenas dos grupos envolvidos, mas de toda a escola; portanto, a gestão curricular e a gestão institucional são al-

CURRÍCULO NA CONTEMPORANEIDADE

teradas, uma vez que processos abertos de ação que aceitam metas e caminhos diversos não podem ser administrados com lógicas rígidas de horas/dia, dias/semana e semanas/ período. Por isso, a participação de outros atores nos processos de busca da informação e construção do saber necessariamente implica mudanças nas formas de participação dos estudantes, dos pais e da comunidade nos órgãos de governo.

Considerar os professores como intelectuais que produzem o saber pedagógico (Giroux, 1997) para orientar a prática pedagógica exige que se passe das boas intenções que pretendem ser obtidas através de "investigações" conclusivas em processos de formação do professorado para ser encarnadas na vida escolar. Contar com um professor pesquisador é muito diferente de gerar as condições que tornem tal missão possível em escolas "comuns e convencionais" que vivem outros ritmos e devem responder às múltiplas demandas do sistema e da sociedade. Por isso, uma cooperação de médio e longo prazo entre a Universidade e a Escola exige não apenas condições mínimas nas duas instituições, mas compromissos vitais entre os participantes, fato que, em nossa experiência, foi sendo obtido pelos vínculos que os professores dos diversos grupos (escolas e instituições) criamos entre nós mesmos e pelos vínculos de todos com os estudantes, as comunidades, as instituições e os projetos.

Aprendemos que o estudo do entorno local não é conflitante com o ideal de formar cidadãos do mundo; ao contrário, crianças e professores desenvolvem uma sensibilidade de "reconhecer a humanidade no desconhecido, no outro" (Nussbaum, 1999, p. 161), que sendo próximo é estranho, e que muitos outros, em terras distantes, também merecem ser reconhecidos como parte da humanidade. Esse reconhecimento também dá sensibilidade para sentir os problemas como próprios e impele a participar de sua solução, pois "não é que o local seja melhor por si só, mas que esta é a maneira mais sensata de fazer bem" (ibid., p. 164).

Do mesmo modo que outros projetos inovadores que pretendem questionar os saberes oficiais e as maneiras como o mercado impõe sua dinâmica às escolas, nossa proposta também tem dificuldades para se desenvolver, pois as disposições oficiais regidas pelas lógicas da eficácia e da eficiência impedem possibilidades de criação e busca, impondo critérios de organização das escolas e de valorização da qualidade que só reconhecem resultados parciais mensuráveis que sufocam o sentido da vida escolar. Diante dos refinados métodos de controle e da cegueira oficial, cabe uma resposta de resistência ativa que, baseada no compromisso dos professores e em seu sentido da educação pública, torne possível o trabalho compartilhado que vise oferecer horizontes diferentes dos que o mercado oferece aos jovens de nossos povos.

Um compromisso acadêmico, ético e político de buscar outras alternativas para nossos povos constitui o motor que nos impulsiona. Nesse sentido, compartilhamos nosso posicionamento com algumas propostas apresentadas na América Latina, pois acreditamos na escola e a valorizamos, estamos comprometidos com a democratização da sociedade e com a socialização do conhecimento, defendemos a participação da comunidade nas decisões, rejeitamos os princípios pedagógicos estabelecidos pelo neoliberalismo, procuramos respeitar o universo cultural do estudante e romper as barreiras entre a cultura popular e a erudita (Moreira, 2002). Esperamos que nossa proposta e nossas experiências tornem possível o diálogo e a cooperação com outros grupos que trabalham por objetivos semelhantes.

Referências bibliográficas

ACEVEDO, M.; JURADO, F.; MIÑANA, C.; RODRÍGUEZ, J-G. La investigación en el programa RED. *Memorias del seminario la investigación en la escuela*. Bogotá: Programa RED, Universidad Nacional de Colombia, 1998. p. 15-40.

BERNSTEIN, B. *La estructura del discurso pedagógico*: clases, códigos y control. Madrid: Ediciones Morata, 1994.

CASTRO, S.; GUARDIOLA, O. Universidad y conocimientos subalternos: desafíos para la supervivencia cultural. *Nómadas*. Bogotá: Universidad Central, n. 16, p. 183-191, 2002.

FREIRE, P. *Educación como práctica de la libertad*. Bogotá: Convergencia, 1969.

_____. *Pedagogía del oprimido*. Bogotá: Studio 3, 1971.

GARCÍA CANCLINI, N. *Consumidores y ciudadanos*: conflictos multiculturales de la globalización. México, D.F.: Grijalbo, 1995.

_____. *La globalización imaginada*. Buenos Aires: Paidós, 2000.

GIROUX, H. *Los profesores como intelectuales*. Barcelona: Paidós, 1997.

HORD, S.M. *Working together*: cooperation or collaboration. Austin. Texas: Research and Development Center for Teacher Education, 1981.

HUERGO, J-A.; FERNÁNDEZ, M.-B. *Cultura escolar, cultura mediática*: intersecciones. Bogotá: Universidad Pedagógica Nacional, 2000.

MARTÍN-BARBERO, J. La crisis de las profesiones en la sociedad del conocimiento. *Nómadas*. Bogotá: Universidad Central, n. 16, p. 177-181, 2002.

MIÑANA, C. Interdisciplinariedad y currículo. Un estado del arte. *Interdisciplinariedad y currículo*: construcción de proyectos escuela-universidad. memorias del v seminario internacional. Bogotá,

Junio 19-23 de 2000. Bogotá: Programa RED, Universidad Nacional de Colombia, 2002, p. 1-48.

MOCKUS, A. et al. *Las fronteras de la escuela*: articulaciones entre conocimiento escolar y conocimiento extra escolar. Bogotá: Cooperativa Editorial Magisterio, 1995.

MOREIRA, A. F. B. El campo del curriculum en Brasil: perspectivas y reformas. *Interdisciplinariedad y currículo*: construcción de proyectos escuela-universidad. memorias del v seminario internacional. Bogotá, Junio 19-23 de 2000. Bogotá: Programa RED, Universidad Nacional de Colombia, 2002, p. 49-74.

MORIN, E. *Introducción al pensamiento complejo*. Barcelona: Gedisa, 1994.

NUSSBAUM, M. *Los límites del patriotismo*. Barcelona: Paidós, 1999.

PÉREZ-GÓMEZ, A. Comprender la enseñanza en la escuela. Modelos metodológicos de investigación educativa. In: GIMENO, J.; PÉREZ, A. *Comprender y transformar la Enseñanza*. 4. ed. Madrid: Morata, 1995.

PROGRAMA RED, UNIVERSIDAD NACIONAL DE COLOMBIA. *Currículo, interdisciplinariedad y trabajo cooperativo*: proyectos escuela-universidad en educación ambiental y educación urbana. Proyecto de Investigación. Bogotá, 2000.

RODRÍGUEZ, J-G. La escuela: casa de estudio. *Alegría de Enseñar*, Ministerio de Educación Nacional, Colombia, n. 31, p. 12-19, 1997.

_____. *Imbricación y aprendizaje mútuos*: una perspectiva de la extensión universitaria. Comunicação apresentada no Encuentro sobre Extensión Universitaria organizado por la Asociación Colombiana de Universidades — ASCÚN. Bogotá, 2002.

SMULYAN, L. *Collaborative Action Research*: historical trends. New Orleans. Paper apresentado no Annual Meeting of the American Educational Research Association, 1984.

VATTIMO, G. *El pensamiento débil*. Madrid: Ediciones Cátedra, 1990.

_____. *La sociedad transparente*. Barcelona: Paidós, 1994.

WITTROCK, B. Las tres transformaciones de la universidad moderna. *La universidad europea y americana desde 1800*: las tres transformaciones de la universidad moderna. Barcelona: Pomares-Corredor, 1996.

Escolas*

Beatriz Sarlo

Primeiro tempo, 1850

Sarmiento, em *Recuerdos de provincia*, escreve: "todas as traduções que tenho feito têm por objetivo prover a instrução primária de tratados úteis". Nesse livro, o autor apresenta as credenciais com que postula a presidência da Argentina. Ocupa as últimas páginas com suas traduções e suas obras para a educação pública, bem como com as escolas que diz ter criado e de que se lembra com uma insistência romântica, que hoje nos parece inadequada. Não é usual nos recordarmos de escolas com a nostalgia do amor: "Oh!, meu colégio, como eu gostava de ti! Teria morrido em tuas portas para proteger tua entrada! Teria renunciado a qualquer outro prazer para prolongar um pouco mais tua existência!"

---
* Traduzido por Silvana Cobucci Leite.

Que é isso? Que são esses excessos sentimentais e esses exageros de amante apaixonado? Sarmiento, que está bem longe de desejar sua própria morte, não julga que seja inverossímil afirmar, seriamente, que teria dado sua vida diante das portas de uma escola de meninas que criara na província de San Juan em 1839. Tampouco lhe parece um artifício pouco acreditável declarar que ele, que escreve *Recuerdos de provincia* para propor-se a seus contemporâneos como futuro presidente, teria renunciado a tudo, ou seja, à política, ao jornalismo, à literatura, se essa renúncia lhe garantisse a continuidade daquela escola, fechada aos dois anos, porque seu criador precisou cruzar a Cordilheira e fugir para o Chile como perseguido político.

Teria dado a vida para continuar com sua pequena escola, que devia ser uma experiência estranhamente sofisticada em San Juan, uma aldeia *criolla* atravessada pelos furacões do conflito. Não só sofisticada, como quase irreverente em relação aos costumes da época, já que se tratava de uma escola para meninas, que Sarmento imaginava, depois de alguns anos, convertidas, pelo estudo e pelas ideias (não pelos trabalhos manuais nem simplesmente pelo catecismo), em "matronas romanas". Com certeza, outro exagero: matronas romanas em San Juan, onde até a pirâmide comemorativa da Revolução de Maio estava em ruínas. De qualquer modo, Sarmiento desejava "matronas romanas" que educassem seus filhos nas virtudes cívicas, ou seja, que produzissem o tipo de indivíduo adequado às instituições que deveriam ser implantadas quando Juan Manuel de Rosas fosse afastado do poder. Mas, convenhamos, a trajetória que vai de uma escola primária em San Juan à produção familiar de homens com virtudes políticas é comparável a uma elipse que une pontos distantes, excêntricos e, em anos anteriores a 1850, totalmente improváveis.

CURRÍCULO NA CONTEMPORANEIDADE   279

A excentricidade e a improbabilidade justificam tanto o sentimentalismo como a nostalgia de Sarmiento. De fato: ele poderia ter continuado em San Juan, dirigindo apaixonadamente a pequena escola de meninas criada em 1839, se a Argentina desses anos tivesse sido outra (e se Sarmiento também houvesse sido outro homem).

As províncias miseráveis e turbulentas, cujas guerras levaram Sarmiento ao exílio, nada queriam nem podiam saber de uma pequena escola para meninas. Simplesmente, não constituíam o lugar apropriado, nem o momento parecia sê-lo. Visionário, como todo reformador, e sentimental, como todo romântico, Sarmiento chora pelo que não teve, embora, ao escrever essas frases impregnadas por clichês, tenha em mente não a sala de um diretor de escola, mas o gabinete de Presidente da República. Seja como for, quem se emociona não é um hipócrita, mas sim um homem "sensível" que recorre às expansões da alma para indicar a seus leitores que essa e qualquer outra pequena escola promovem condições culturais que tornarão possível uma república nas províncias argentinas.

Sempre que se lê Sarmiento, tem-se a impressão de que o exagero dá o *tom*: o autor não caminha em direção ao exagero; dele parte para modulá-lo. É esse o registro que o autor melhor conhece. O exagero é o tom da crítica severa, da denúncia, da fantasia, do desespero e da indignação, do orgulho e da jactância. Esses sentimentos estão presentes nas exclamações com que Sarmiento evoca sua pequena escola. Ela foi a maquete das escolas futuras, o ensaio feito antes dos anos trinta — interrompido, saudoso, tanto uma dívida pendente como uma promessa. Sobretudo: a saudade dessa efêmera escola (com certeza quase tão pobre como uma escola rural) transforma-se no programa que une progresso, educação, imigração e república.

Segundo tempo, 1914

Em 1914, esse programa parecia cumprido e era possível avaliá-lo. Um escritor de grande êxito nesse anos, Manuel Gálvez, publicou *La maestra normal*, com o propósito tanto de criar uma (impossível) *Madame Bovary criolla*, quanto de formular uma crítica ao que a escola pública produzira como cultura e ideologia. Gálvez não pensava que dela sairiam matronas virtuosas (como na fantasia latina de Sarmiento), mas sim mulheres transtornadas e, mais ainda, corrompidas pelo positivismo e pela ciência moderna.

La maestra normal é uma denúncia da escola moderna, neutra no que se refere à religião e, portanto, perigosa em termos morais, por negligenciar os fundamentos transcendentes que só a religião pode dar aos valores.

A batalha pela educação havia durado várias décadas. Começou com uma derrota dos católicos e a aprovação da lei de educação pública, gratuita e obrigatória, conhecida até hoje como Lei 1.420. Contudo, mais de trinta anos depois, as consequências sociais e ideológicas dessa vitória institucional permitem que um romancista católico, como Manuel Gálvez, avalie os resultados da lei e das políticas educacionais que já haviam norteado a formação de várias gerações de professoras.

Raselda, protagonista de *La maestra normal*, é a prova de que a escola havia sido completamente eficaz em seu programa liberal, antirreligioso, modernizador e científico. Essa mulher foi raptada pela escola, que capturou sua consciência, dela apagou os princípios "naturais" da moral e, ainda, a integrou a um dispositivo poderoso e impessoal. Em suma, a escola normal destruiu suas crenças e suas bases tradicionais, sem dar-lhe outros princípios éticos. Refiro-me, até aqui, ao personagem de Gálvez.

CURRÍCULO NA CONTEMPORANEIDADE

O romance (impossível de ser lido hoje) tornou-se um *best-seller* escandaloso logo após sua publicação. Tinha um pouco de tudo: sedução de uma jovem, gravidez, aborto, mediocridade do ambiente provinciano de La Rioja, crise de valores, cinismo, hipocrisia, sensualidade *criolla*, literatura de costumes, romantismo da literatura sentimental. Os católicos que se escandalizaram com seu tema não perceberam que Gálvez escrevera, para ser lido pelas próprias professoras primárias (essas mulheres que faziam parte do novo público), uma condenação da filosofia educativa que havia definido sua formação: "na escola, nunca lhe falaram de Deus, e alguns professores até mesmo lhe ensinaram a desprezar a religião. Agora, acreditava que o ensino, em vez de lhe dar forças para dominar os instintos, a predispusera ao mal, ao retirar-lhe o apoio das eficazes defesas que a religião tem contra o pecado".

Uma escola sem Deus, cuja neutralidade religiosa encobre a impiedade dos princípios da razão e da ciência que transmite a mulheres que, tanto por seu sexo como por sua origem, não estão em condições de julgar o que recebem. Uma escola tão eficaz, como máquina ideológica, que tem o poder de impulsionar o Mal e secar as fontes religiosas da moral cristã. Em consequência, uma escola que, embora equivocada, cumpre todos os objetivos a que se propõe. Em suma, uma instituição que dá forma às consciências.

Cegos e céticos ante os princípios morais, os pedagogos da escola pública também desconhecem as fontes nacionais de nossa cultura. Sua inclinação cientificista tem o vício do europeísmo, que os leva a desprezar as origens da literatura argentina e os grandes poetas, como Lugones, que souberam ler essas origens. Uma animada discussão sobre o *Martín Fierro* prova que a culpa pela desnacionalização se encontra nas escolas normais, cujas professoras, de um pedantismo comparável apenas à sua ignorância, preferem Espronceda a José Hernández. Essa negação das origens fortalece a hipótese de que a escola ensina tanto a descrença, quanto gostos antinacionais.

O que de todo modo fica bem claro é a eficácia da escola para conformar os que passam pelas aulas. Para Gálvez, ela deve ser reformada não porque não funcione, mas sim porque funciona bem demais. Sarmiento, então, pode descansar em paz, pelo menos até que os revisionistas de seu programa cultural não passem a dominar.

Terceiro tempo, 1971 (1997)

A ilustração de capa de *El Carapálida*, de Luis Chitarroni, é uma fotografia escolar. Melhor dizendo, um fragmento dessas típicas fotos de fim de curso, tiradas com os alunos organizados em pirâmide, junto com uma professora. Um deles segura um cartaz em que se inscrevem, para a recordação e a saudade, a série e o ano. Nessa foto, o nome da escola foi suprimido: lê-se apenas "escola", de modo genérico, mas com alto grau de representatividade. O ano é 1971; a série, a sétima. Esses meninos (trata-se de uma escola exclusivamente masculina) tiraram sua última foto do ensino fundamental. Embora o fim de ano ainda não esteja próximo, o diretor da escola começou a preparar, conscientemente, o *souvenir* da infância.

Chitarroni escreve modulando os diferentes sons da escola: a fonética em processo de transformação dos meninos ("colmillo" já é, em 1971, "colmisho"); o cuidadoso repertório auditivo de sobrenomes e apelidos; as frases feitas e sem sentido do catecismo patriótico; os diversos dialetos das

CURRÍCULO NA CONTEMPORANEIDADE   283

professoras e professores, que oscilam entre as falas da periferia e as aprendidas na instituição que lhes ensinou o uso de um já remoto ideal de língua; os insultos em seus diferentes graus de permissão e proibição. Paralelamente a esses sons, uma profusão de ruídos: puxões, golpes, suspiros de enfado e arrotos. Chitarroni descreve, beirando o cômico, a oralidade desse mundo pré-adolescente.

Talvez não intencionalmente, *El Carapálida*, com a maestria que se encontra nas boas ficções, apresenta uma escola de periferia em que já começaram a atuar forças que não estavam nem no programa do século XIX, nem na crítica nacionalista e católica do início do século XX.

A escola de *El Carapálida* está atravessada pela indústria cultural, pela televisão, pela música pop, pelos grafiti. "Viu na lousa da escola um desenho de um submarino amarelo com duas legendas: acima, 'A imaginação no poder'; abaixo, 'Fica decretado o estado de felicidade permanente'. Avançou alguns passos, desconcertado, e viu murais extravagantes com letras, com os modelos de letra impostos por Peter Max há três ou quatro anos: letras gordas e coloridas, garatujas e distorções psicodélicas. O retrato do 'famoso do momento' não destoava; ao contrário, parecia adequar-se perfeitamente".

A cultura da sociedade e especialmente a cultura dos meios de comunicação de massa entram nessa escola, como em todas as outras. O romance escolar transforma-se em romance da cultura pré-adolescente e dos mal-entendidos radicais entre esse mundo surdamente conflitante e quase gótico (há um morto que reaparece, por exemplo) e um mundo passado — o da instituição que começou a perder seu sentido. Em 1914, a escola era um espaço poderoso; na visão que Chitarroni oferece, em 1971, a escola é um espaço pressionado de fora, fragmentado e incerto por dentro. *El Cara-pálida* é nosso *Grand Meaulnes* da última parte do século XX. Se no romance, de 1913, de Alain Fournier, o pai era também professor e recebia por essa dupla autoridade o respeito de todos os meninos, a começar por seu filho; se em *Le Grand Meaulnes*, a escola podia preservar, naturalmente, o lado romântico da aventura, em *El Carapálida* já se mostra a fissura que separou (para sempre?) a escola da vida dos que nela se encontram.

Sem mediações entre a cultura das crianças e a cultura da escola, os professores fazem esforços impossíveis, como a cômica visita ao Grande Escritor, em que a crítica recai mais sobre sua ridícula formalidade que sobre a professora que não consegue entendê-lo nem se dar conta de que ali há muito pouco para entender. Enquanto isso, as crianças, completamente alheias, perambulam pelo bairro, interessadas apenas no que lhes diz respeito. A escola perdeu a autoridade laica (ou qualquer outra) que Manuel Gálvez criticava. Longe de ser eficaz, não consegue transmitir quase nada.

Quarto tempo, 2002

E agora, o quê? O que Chitarroni trabalhou como tema de seu romance concretizou-se inteiramente em uma realidade local que compartilha com outros países do mundo a crise da cultura escolar. Se fosse só isso, talvez outras políticas poderiam propor outras soluções que enfrentassem o problema de uma escola infinitamente menos atraente que os meios audiovisuais, bem como de uma escola que sofreu, tanto como qualquer outra instituição, a falência de todos os critérios de autoridade (quer autoritários, quer democráticos), oscilando entre a aceitação benevolente e irrefletida do modismo da cultura juvenil e sua crítica racional e, por vezes, hipócrita. Mas não se trata apenas disso, mas da escola na Argentina *de hoje*.

Sobre esse país castigado, não diremos nenhuma palavra além das que dizemos todos os dias. Talvez apenas umas poucas frases: a pobreza atingiu agora as classes médias, essa camada que parecia inabalável e que apoiava (e sustentava) a escola, porque a história de sua ascensão como classe se enlaçou com cada capítulo da história educativa. Como consequência do que acabamos de escrever: pela primeira vez, em 150 anos, os filhos poderiam ter menos educação que seus pais.

Contudo, a crise envolve outros aspectos. Por um lado, as ditaduras militares impuseram sua marca de autoritarismo em uma escola que viveu a transição democrática mais como a oportunidade de uma revanche do democratismo, pautada na subserviência ao modismo da cultura juvenil, do que como a ocasião para se pôr a par do que estava ocorrendo com a cultura da escola e com a cultura de seus alunos. Por outro lado, a situação econômica coloca o sindicalismo docente numa posição defensiva, tanto em relação aos salários como às condições de trabalho, que deveriam ser rediscutidos inteiramente, se a discussão fosse possível nas condições injustas que respondem por esses mesmos salários.

Além disso, o país delegou totalmente a educação às províncias e municípios que, com frequência, não cumprem os acordos e, em vários casos, provocam verdadeiras situações de emergência por inépcia, malversação e desperdício. Finalmente, a universidade pública se comporta como se não fizesse parte do sistema educativo e pensa seus problemas como se a autonomia fosse um direito de extraterritorialidade.

A escola é um lugar de pobreza simbólica, ao qual os alunos das classes médias vão porque não existe outro remédio e os alunos das camadas populares vão porque nele se distribui um pouco de comida ou de assistência e porque é um lugar mais seguro que as ruas dos bairros periféricos. Cada um se arranja como pode, aprendendo e ensinando o que pode. Nessas condições, e sobretudo nas escolas destinadas aos mais pobres, o ensino passa a ocupar um plano secundário, porque é preciso resolver outras urgências e porque as famílias dessas crianças têm poucas possibilidades de pressão cultural sobre o sistema.

A justiça e a equidade de uma nação medem-se pelos seguintes aspectos: o que se demanda de seus habitantes e o que se lhes oferece, a quem se demanda e a quem se oferece, assim como o que se toma para distribuir. Tudo isso está grotescamente distorcido na Argentina. A escola perdeu tanto como outras áreas. Só que tal perda tem consequências que se prolongarão até mesmo quando forem encontradas soluções e alguém que estiver disposto a adotá-las, não obstante as resistências corporativas ou as limitações impostas. Destruída pela ausência de políticas que a façam retornar a um lugar de irradiação de saberes, a escola não garante, hoje, a igualdade de oportunidades. Isso significa que, mesmo que ninguém tenha expressamente pretendido, mas com a participação censurável de muitos, a escola deixou de cumprir sua promessa democrática.

Primeiras aproximações a uma pedagogia mundial*1

James G. Ladwig

Introdução

O presente ensaio é uma tentativa de abordar o que considero um dos problemas mais profundos da escolarização da modernidade. Ou seja: que sabemos a respeito do esforço por tornar as escolas socialmente justas? Para conferir a essa questão um caráter histórico, poderíamos expressá-la da seguinte forma: tendo em vista o que sabemos sobre a escolarização e as tentativas de incrementar a equidade, onde nos situamos, na trajetória histórica, claramente associável à modernidade, de tentar tornar a escolarização justa? Fazer uma pergunta como essa traz à tona vários paradoxos e ironias, na medida em que o esforço por promover de fato uma escolarização justa ainda é um dos temas mais pragmaticamente controvertidos, mais eticamente perturbadores, mais tecnicamente complexos e mais politicamente duvidosos que os

---

* Traduzido por Beth Honorato.

educadores, os responsáveis pelas políticas educacionais e os pesquisadores do mundo contemporâneo enfrentam.

Neste ensaio, vou articular três conjuntos relativamente novos e bastante discrepantes da literatura, passíveis de serem associados à questão da construção de escolas socialmente justas (embora, em geral, não sejam aproximados). Quando integradas, as três correntes da pesquisa oferecem um caminho para que se examinem, de forma radicalmente nova e proveitosa, discussões e práticas curriculares do passado. Os três conjuntos da literatura focalizam: (1) a escolarização como uma instituição cultural mundial, (2) interpretações, com base na história, do sujeito pós-colonial e (3) conquistas autênticas no processo de reestruturação da escola.

Para desenvolver essa análise, discuto, em primeiro lugar, cada uma das três tendências da pesquisa, incluindo alguns comentários sobre a pesquisa da qual se originam e sobre as discussões teóricas às quais esses conceitos oferecem respostas. A partir daí, busco apresentar aproximações iniciais ao que talvez possa constituir uma pedagogia mundial já em curso, assim como procuro destacar a necessidade de investigações posteriores, no contexto dos estudos sociológicos contemporâneos da escolarização.

Três Pontos de Partida

A escolarização como uma instituição cultural mundial

Através do planeta, em quase todos os mais de duzentos refúgios geográficos que chamamos de Estados-nação, sistemas de ensino foram criados para servir a uma infinidade de

CURRÍCULO NA CONTEMPORANEIDADE 289

propósitos, desejos e povos. Embora a escolarização seja, ao mesmo tempo, uma instituição global e local, com conflitos locais e significados locais (uma noção apreendida habilmente por Robertson (1995) na aglutinação de global e local no conceito de *glocalização*), ela hoje pode ser reconhecida, como nunca havia sido, como uma das principais instituições envolvidas na formação de uma cultura mundial. Em todos os locais em que se materializam, as escolas espalham-se como sistemas de raízes rizomáticas, não visíveis, da relva subtropical. Assim sendo, a literatura sobre globalização, que enfoca especificamente o desenvolvimento de instituições culturais mundiais, é da maior importância.

John Meyer, John Boli, George Thomas e Francisco Ramirez são indispensáveis ao desenvolvimento dessa linha de análise da escolarização. De acordo com Meyer e seus colaboradores, as características essenciais dos *Estados-nação culturalmente constituídos* e seus respectivos sistemas institucionais (como os sistemas escolares) são: (1) isomorfismo e mudança isomórfica, (2) "condição de ser ator" [*actorhood*] racional (para os Estados), (3) desacoplamento e (4) estruturação expansiva (Meyer, Boli, Thomas e Ramirez, 1997). Conquanto cada uma dessas qualidades tenha, em si mesma, recebido considerável atenção, evidenciarei em especial o que Meyer e colaboradores afirmam sobre desacoplamento e estruturação expansiva, duas propriedades especificamente relevantes para o desenvolvimento intranacional da escolarização como uma instituição cultural mundial.

> O desacoplamento é o nível global equivalente ao conceito *instituições frouxamente articuladas*, de Meyer e Rowan (1979). Desacoplamento indica até que ponto instituições fundadas na razão, como as escolas, raras vezes fazem o que oficial e supostamente deveriam fazer. Segundo Meyer e Rowan:

O desacoplamento é endêmico porque os Estados-nação são modelados segundo uma cultura externa que não pode naturalmente ser importada em grande escala como um sistema totalmente funcional [...]. A cultura mundial contém muitas variantes dos modelos dominantes, o que leva à adoção eclética de princípios conflitantes. Os processos de difusão funcionam em diversos níveis e por meio de uma variedade de elos, o que gera incoerências. Alguns elementos externos são mais fáceis de serem copiados do que outros e vários elementos externos são inconsistentes com as práticas, demandas e estruturas de custos locais. Pior ainda, os modelos culturais mundiais são altamente inconsistentes, o que em princípio impossibilita sua concretização (Meyer et al., 1997, p. 154).

Desse modo, não há dúvida de que parte desse desacoplamento é uma consequência do uso de um racionalismo idealizado. Em poucas palavras, esse racionalismo idealizado compreende pelo menos duas etapas. Em primeiro lugar, modelos sistêmicos de prática são inicialmente idealizados, o que os faz parecer mais racionais internamente do que de fato são. Em segundo, esses modelos idealizados são transplantados para um contexto local complexo em que se ampliam suas inconsistências internas e se evidenciam suas premissas culturais importadas. Pode-se argumentar que esse racionalismo idealizado é passível de ser visto como a principal fonte das extensamente difundidas afirmativas de não transferibilidade e de exclusividade local, elaboradas no contexto de análises comparativas.

É fundamental reconhecer esse desacoplamento, tanto porque ele antecipa uma preocupação previsível em torno da não transportabilidade de soluções tecnicamente definidas (e o faz bem), como porque a ideia de desacoplamento está firmemente fundamentada no reconhecimento das realidades e das práticas políticas dos Estados-nação e dos sistemas esco-

CURRÍCULO NA CONTEMPORANEIDADE 291

lares. Por exemplo, ao discutir por que esse desacoplamento é endêmico, Meyer e colaboradores ressaltam que falar ou legislar sobre assuntos racionais é mais fácil do que de fato implementar coisas racionais nas escolas:

> É mais fácil criar um ministério com políticas apropriadas de ensino ou de proteção das mulheres do que construir escolas e organizar serviços sociais que implementem essas políticas. É mais fácil planejar o desenvolvimento econômico do que gerar capital ou habilidades técnicas e profissionais que tornem o desenvolvimento uma realidade (Meyer et al., 1997, p. 154).

Portanto, embora seja possível reconhecer que as escolas se adaptam a uma instituição cultural mundial, tal afirmativa não leva ninguém a acreditar que alguém está de fato, racionalmente, desenvolvendo essa forma particular de globalização.

Admitir o desacoplamento de sistemas estatais traz à tona o problema de explicar por que os sistemas escolares são tão difundidos. Afinal de contas, se esses sistemas são tão nitidamente irracionais de um ponto de vista externo, por que motivo construí-los ou mantê-los? Nesse sentido, para Meyer e colaboradores, a dinâmica da mudança isomórfica e o ímpeto cultural da "condição de ser ator" racional para os Estados servem como conceitos analíticos para a questão da expansão transnacional das instituições culturais mundiais. *Grosso modo*, esses dois conceitos levam-nos, de alguma maneira, a acreditar que os Estados estão aceitando a mentalidade da classe média que sempre busca "manter-se à altura" ou "não ficar por baixo". Conquanto esse quadro explicativo seja uma questão polêmica para os teóricos da globalização, para aqueles mais diretamente preocupados com a escolarização em um determinado Estado, o problema da estruturação expansiva tem um significado mais central.

A estruturação expansiva das instituições culturais mundiais é fundamental, visto que essa expansividade é justamente o que, a princípio, torna possível pensar o desenvolvimento de uma escolarização justa. Ou seja, a estruturação expansiva é um conceito elaborado com o objetivo de apreender a indiscutível expansão dos sistemas de governo em um determinado Estado. Na própria escolarização, isso é evidente na expansão vertical e horizontal das escolas (o período durante o qual as pessoas permanecem nas escolas aumenta, ao mesmo tempo que maiores proporções de uma determinada população nacional passam a frequentar as escolas), tema crucial de análise na sociologia da educação.

Nos estudos sobre as instituições culturais mundiais, a escolarização é apenas um dos sistemas internos de um Estado. Ao longo de toda a história, enquanto cada sistema já existente expande-se, mais e mais sistemas são implementados para governar uma porção cada vez maior da vida humana. (Os teóricos habermasianos chamariam isso de colonização do mundo da vida e os foucaultianos de expansão dos sistemas de governo.) Qualquer que seja o modo de caracterizar esses processos de expansão, as implicações da estruturação expansiva são significativas para qualquer pessoa que deseje acreditar que a escolarização poderia um dia ser socialmente justa, em especial quando confrontada com a questão do "impacto" da globalização.

De acordo com Meyer e colaboradores:

> A enorme expansão das estruturas do Estado-nação, das burocracias, das pautas de trabalho, das receitas e das capacidades reguladoras, desde a Segunda Guerra Mundial, indica que existe algo muito errado nas análises que afirmam que a globalização diminui a *soberania* do Estado-nação [...]. A globalização com certeza apresenta novos problemas para os Estados,

CURRÍCULO NA CONTEMPORANEIDADE

mas igualmente fortalece o princípio cultural mundial de que os Estados-nação são os principais agentes encarregados de identificar e gerenciar esses problemas em nome de suas sociedades. A expansão da autoridade e das responsabilidades dos Estados provavelmente gera estruturas fragmentadas e difíceis de manejar, mas não fraqueza. Talvez o Estado moderno tenha uma autonomia menor do que no passado, mas não há dúvida de que hoje também tem mais a fazer, e nunca a maioria dos Estados foi tão capaz de fazer mais do que no momento (Meyer et al., 1997, p. 157).

Portanto, no mínimo duas questões devem ser lembradas ao perguntarmos de que maneira podemos tornar a escolarização mais justa. Primeiramente, uma pergunta dessa amplitude traz à tona o papel da escolarização como um aparelho de Estado, vinculando a escolarização ao que Bourdieu (1998) chama de "campo burocrático". Assim sendo, a tecnologia básica da escolarização e de suas estruturas baseiam-se, fundamentalmente, em disposições sem dúvida burocráticas — burocráticas no sentido weberiano de que a burocracia emana de uma racionalidade de meios e fins, ou seja, o que Weber chamou de *zwechrationalitate*. Em tempos de currículos centrados em padrões, de apelos para coerência nas políticas educacionais, de educação centrada em resultados e de responsabilidade, é crucial não nos esquecermos de que todas essas "reformas" têm por base uma forma de racionalidade que é orientada por metas, autodisciplinar, bem como fundada na capacidade dos indivíduos de compartimentar a vida, transformando-a em gerenciamento de tempo segundo a relação meios-fins. O motivo por que "nunca a maioria dos Estados foi tão capaz de fazer mais do que no momento" deve-se ao fato de a escolarização ter tornado as populações governáveis por meio da burocracia (Hunter, 1994; Popkewitz e inúmeros outros).

Em segundo lugar, na medida em que grande parte de nossas discussões anteriores sobre escolarização, desigualdades educacionais e justiça ressaltou a impossibilidade de desenvolvermos a justiça educacional em uma estrutura social injusta, a expansão da estruturação aumenta a possibilidade de repensarmos realisticamente, em termos sociais mais amplos, a questão educativa. Ou seja, visto que os Estados "têm mais a fazer hoje do que no passado", é concebível que atravessemos, propositadamente, os limites dos vários sistemas de governo do Estado, para governarmos os vínculos entre normas sociais, saúde e intelecto, *inter alia*.

No entanto, o mais importante nas análises sobre o desenvolvimento da escolarização como uma instituição cultural mundial é que Meyer e outros têm formulado uma noção muito mais específica relativa ao que constitui essa cultura mundial de crescimento ostensivo. Não surpreendentemente, Meyer e seus colaboradores, assim como Bourdieu e Weber no passado, acreditam que a cultura associada à instituição de ensino é decisivamente burocrática:

> As forças culturais que definem a natureza do universo compreendido pela razão, bem como a ação de atores humanos de acordo com leis naturais definidas pela razão, desempenham um importante papel causal na dinâmica social, interagindo com sistemas de estratificação e intercâmbio econômico e político para gerar uma cultura altamente expansionista [...]. Nesse complexo cultural, uma natureza desmistificada, obediente a leis e universalista forma a moldura comum dentro da qual a vida social está implantada. Nessa moldura, leis morais unitárias e propósitos espirituais estão claramente diferenciados da natureza. Os direitos e deveres espirituais antes relativos a um deus vigoroso e intervencionista estão no momento situados nos seres humanos e em suas comunidades,

tornando os indivíduos os principais portadores de ações propositadas e responsáveis. Como atores legítimos que atuam por si mesmos e pelos outros, os indivíduos orientam suas ações, acima de tudo, em direção ao progresso pautado na razão (Meyer et al., 1997, p. 168).

Falar sobre "o universo compreendido pela razão e a ação de agentes humanos de acordo com leis naturais definidas pela razão" é atentar para um modo de existência no qual ações humanas "racionais" são o objeto de avaliações e análises explícitas. Quando direcionada para os seres humanos, em termos gerais e individuais, *essa* organização racional da ação humana baseia-se decisivamente na separação entre objetos e seres humanos. Historicamente instaurada no inconsciente coletivo, essa imagem da cultura mundial em desenvolvimento mostra o comportamento burocrático pseudo-racional e as análises weberianas de *zweckrational* ou da racionalidade meios-fins como a principal dinâmica na vida institucional.

A característica weberiana dessa análise é de suma importância porque, embora Meyer e seus colaboradores estejam afirmando que a cultura mundial se desenvolve paralelamente à (ou como parte da) globalização da instituição da escolarização, não é verdade que esse desenvolvimento global abra caminho para a homogeneidade cultural em um nível societário. Segundo Meyer e seus colaboradores,

> o desempenho fiel e vigoroso dessa estrutura cultural produz autoridade coletiva: atores apropriados legitimam-se mutuamente [...] [Mas] [...] A estrutura distinta da "condição de ser ator" que caracteriza a sociedade mundial desafia os limites nesse aspecto, por diversas razões. Em primeiro lugar, nenhum ator universal (estado mundial) tem controle central ou capa-

cidade repressiva para restringir a ação nos níveis inferiores. Em segundo, acredita-se que os atores universalmente legitimados da sociedade mundial tenham metas semelhantes, o que aumenta a competição por recursos. Em terceiro, a legitimada "condição de ser ator" está presente em vários níveis (nacional, organizacional ou grupal, e individual) que competem parcialmente entre si. Quarto, as contradições e inconsistências internas nos modelos culturais mundiais tornam determinados tipos de lutas inevitáveis na sociedade mundial. Juntos, esses fatores geram conflitos, mobilizações e mudanças bastante difundidos (Meyer et al., 1997, p. 168-169).

Dessa maneira, mesmo se uma existência humana monocultural fosse racionalmente idealizada pela instituição cultural mundial, o desacoplamento no interior desse sistema institucional cultural mundial tornaria a homogeneidade cultural tanto implausível, como praticamente impossível. Tendo em vista que os próprios seres humanos sujeitam-se à burocratização do *eu* na escolarização, a capacidade básica da racionalidade burocrática de diferenciar instituições para cuidar de lados compartimentados das sociedades tem sua contraparte na capacidade dos indivíduos de diferençar partes do nosso *eu*. Portanto, avaliar a distribuição do capital educacional segundo critérios racionais de justiça é simultaneamente plausível e justificável, mas nunca completamente humano.

Os analistas que revelam a lógica moderna e expansionista da justiça distributiva, historicamente associada à escolarização, estão corretos em sua avaliação de como a tecnologia da escolarização funciona. Entretanto, seria um erro conjecturar que essa história e as buscas contemporâneas de seu *télos* poderão em algum momento definir totalmente as pessoas. Se as análises pós-estruturalistas sobre a escola

CURRÍCULO NA CONTEMPORANEIDADE

mostraram-nos alguma coisa, foi que a procura de progresso educacional e as metas de justiça social são globais, mas não universais, e, portanto, compatíveis com o reconhecimento dos limites da escolarização. Desse modo, a despeito do desprezo pelo raciocínio tecnológico e da angústia existencial em torno do *techne*, não há nenhum motivo para abandonar o uso explícito da tecnologia da escolarização, com todo seu intento normativo, evidente na compreensão de que até mesmo os projetos de justiça social têm efeitos disciplinares. Considerar a escolarização como parte de um sistema global de instituições baseadas em uma cultura mundial em desenvolvimento é, em grande medida, como provavelmente Habermas diria, reconhecer um assunto inacabado.

O eu pós-colonial como um híbrido cultural

Outra justificativa para que a homogeneidade cultural mundial seja vista como bastante implausível encontra-se nos estudos pós-coloniais sobre identidade, cultura e processos hoje conhecidos pelo nome de hibridismo cultural. Atualmente, há inúmeras variações e usos desse conceito. Contudo, para os fins deste ensaio, gostaria simplesmente de me referir ao hibridismo como um termo usado para descrever as formas pelas quais determinadas pessoas carregam consigo várias formas de identidade, de subjetividades, se preferirmos, formas essas que são, elas mesmas, definidas em relação a vários conjuntos de relações sociais históricas.

Uma colega australiana, Parlo Singh, em sua discussão sobre as intersecções de suas identidades, apresentou-se como um exemplo dessa forma de hibridismo, caracterizando-se como outrora indiana, islâmica, neo-australiana, mulher, feminista, uma pessoa de cor (não *negra*, de acordo com o vocabulário australiano). Não há dúvida de que qualquer das identidades que supostamente pretendam ser representadas por uma simples denominação (mulher islâmica) se torna bastante confusa quando justaposta com várias outras identidades de um determinado indivíduo (os fundamentos analíticos/teóricos que amparam essa expressão performativa podem ser encontrados em Singh, 1995). Quando essa questão é colocada em seu contexto histórico apropriado, no qual a realidade da hibridização cultural ao longo de toda a história humana é totalmente reconhecida, torna-se bastante evidente o quanto teóricos sociais como Stuart Hall estão corretos quando optam por referir-se a todos nós, seres humanos, como *mestiços [mongrels]*.

O termo hibridismo cultural subentende pelo menos três fatos, que têm um significado decisivo para a prática curricular e pedagógica. Em primeiro lugar, como a ascendência biológica do termo sugere, não há nenhum motivo para supor que alguma cultura de fato se reproduza totalmente. Seja qual for a forma de continuidade histórico-cultural existente, ela é, na verdade, bastante acidental e descontínua. Portanto, o propósito tradicional do currículo é, por definição, falso (ou, na melhor das hipóteses, parcial). Em segundo lugar, não existe o sujeito racional unificado que se associa ao funcionamento burocrático das escolas (ou pelo menos ainda não encontrei nenhum sujeito racional unificado). Em terceiro lugar, de acordo com o que os dois primeiros fatos sugerem, os híbridos culturais têm demonstrado, de uma maneira muito vívida, como várias de nossas mais estimadas aptidões são literalmente *simuladas* ou *apreendidas* conforme as exigências culturais de determinados contextos sociais. Por conseguinte, na medida em que houver pelo menos dois papéis ou

CURRÍCULO NA CONTEMPORANEIDADE

posições apreendidas pelos indivíduos — como no caso da distinção entre crianças e adultos —, os seres humanos adotarão pelo menos mais de uma subjetividade. Em um mundo em que as identidades e subjetividades são definidas segundo múltiplas linhas organizacionais, institucionais, nacionais, étnicas, de gênero, materiais e outras, não há praticamente nenhuma dúvida de que os seres humanos são, na verdade, criadores múltiplos.

A importância de reconhecer o hibridismo nas práticas culturais dos modelos curriculares e instrumentos pedagógicos da educação institucional poderia ser melhor abordada se percebêssemos, de modo mais direto, a hipocrisia dessa instituição chamada de "escolarização". Ao referir-se ao processo pedagógico como uma "violência simbólica", Pierre Bourdieu e Jean-Claude Passeron adotaram o olhar moderado e cristão dos educadores ingleses, fixado em uma realidade que ainda está por ser amplamente aceita. Essa opinião, todavia, torna-se, no todo, mais difícil de evitar quando nos deparamos com uma semelhança analítica entre a análise que Bourdieu e Passeron (1970/1977) fazem da pedagogia e os *insights* pós-coloniais referentes ao híbrido colonial: "a articulação do espaço ambivalente em que o rito do poder é encenado no espaço do desejo, tornando seus objetos ao mesmo tempo disciplinares e disseminatórios — ou [...] uma transparência negativa" (Bhabha, 1994, p. 112).

Falar sobre similaridades analíticas não é, devo enfatizar, perder de vista diferenças históricas, temporais e espaciais bastante distintas. Bourdieu e Passeron esforçam-se por evidenciar que a violência simbólica da escolarização não passa despercebida aos estudantes, que tanto sofrem como aceitam essa violência. Pode-se considerar que o claro reconhecimento da probabilidade objetiva das chances de uma pessoa na vida educacional está associado à posição analiticamente equivalente do colonizado (os estudantes mais culturalmente distantes do arbitrário cultural sancionado na escolarização). Autores como Bhabha apresentam pontos de referência históricos que não podem ser facilmente desprezados em análises das crianças e da pedagogia. A meu ver, a descrição eloquente e elaborada de Bhabha relativa ao hibridismo colonial diz-nos tanto sobre a colonização de nossos filhos quanto sobre a maldade cometida, tempos atrás, em terras bem distantes dos centros imperiais.

Para comprovar isso, quando Bhabha fala sobre a relação entre os colonizados e os colonizadores na passagem descrita a seguir, reflita um pouco sobre a relação entre o aluno e o professor:

> Se os efeitos discriminadores permitem às autoridades vigiá-los, sua diferença que prolifera foge desse olhar, escapa dessa vigilância. Aqueles que são discriminados talvez possam ser instantaneamente reconhecidos, mas eles também forçam um re-conhecimento da imediação e da articulação da autoridade — um efeito perturbador que é familiar na hesitação repetida que aflige o discurso colonialista quando ele contempla seus sujeitos discriminados; a *inescrutabilidade* dos chineses, os ritos *inenarráveis* dos hindus, os hábitos *indescritíveis* dos hotentotes. Não que a voz da autoridade fique sem palavras. É que, na verdade, o discurso colonial alcançou o ponto em que, face a face com o hibridismo de seus objetos, a *presença* do poder revela-se como algo diferente do que suas normas de reconhecimento afirmam (Bhabha, 1994, p. 112, grifos no original).

Não é isso semelhante ao momento em que comportamentos extravagantes, supostamente autodestrutivos, dos jovens da classe trabalhadora tornam-se impossíveis de compreender? O mesmo que o espaço-presença no qual o silêncio aparentemente contraproducente das mulheres adolescentes torna-se extremamente difícil de nomear? O mesmo que a dignidade gravada no olhar humilhado de um ancião aborígine que não confrontará nem aquiescerá? Vários autores pós-coloniais, como Bhabha, ressaltam, com entusiasmo, que os colonizados deixam sua marca, de modo forçado, nos colonizadores, de uma maneira em geral não observada nem reconhecida nos pressupostos tradicionais de direcionalidade nas relações de poder. Para mim, passa-se algo similar, no relacionamento genérico que ocorre entre o professor e o aluno. Que poderia expressar mais essa verdade do que assistir à brutalidade colonial no âmago de nossos esforços supostamente mais cultivados? Neste momento, em que é forte o impulso para dar ouvidos a todas as justificativas da opressão, aos rótulos sobre os rótulos, ao dedo acusador, autodefensivo, apontando para o erro do Outro, será surpreendente que tão poucos aceitem de imediato que a imposição do arbitrário cultural do conhecimento escolar seja simbolicamente, culturalmente, violência?

Tanto é assim que, quando analistas culturais como McCarthy falam sobre o papel do romance pós-colonial, penso nos alunos para os quais a reprovação foi orquestrada.

> Mas os fundamentos da literatura pós-colonial não devem ser situados apenas na periferia; eles com certeza devem ser situados também na metrópole. A complexa natureza humana de um povo terceiro-mundista já culturalmente arruinado e construído pela metade espalhou seus tentáculos para o Primeiro Mundo. O romance pós-colonial é basicamente uma criação de forças da modernização cultural — uma lógica desestabilizadora e uma lógica integradora, ambas intensas e ao mesmo tempo domésticas e estrangeiras. Os viajantes pós-coloniais do México, da Nigéria ou de Bombaim saúdam

Londres, Paris, Toronto ou Nova York com intenções nitidamente anunciadas de vaguear por algum tempo (McCarthy, 1998, p. 152).

Conquanto não haja dúvida de que essa forma de observação e análise pós-colonial seja sobre histórias e contextos particulares (embora diversos, eles são particulares), o significado desse trabalho, para mim, é que ele diz mais sobre as verdadeiras condições humanas gerais do que a maioria das atuais teorias educacionais (ocidentais) generalizadas. Quanto mais a estruturação expansiva de nossos Estados-nação continuar a exigir índices de participação, retenção e conclusão escolar sempre crescentes, mais os alunos desestabilizarão, ampla e continuamente, a lógica integradora das escolas. Obviamente, alguns alunos irão fazê-lo mais do que outros.

Realização autêntica no interior da reestruturação escolar

Ironicamente, talvez, acredito que é a partir do centro do sistema mundial de ensino que os maiores fracassos e exemplos de desacoplamento abrem caminho para um questionamento radical sobre como a escolarização poderia cumprir, para a maioria de suas populações, hoje dominantemente urbanas, ao menos suas promessas sociais mais modestas. Estou falando sobre os movimentos de reestruturação escolar nos Estados Unidos, da década de 1980 a meados da década de 1990. Foi do interior desse movimento que, nos últimos tempos, vieram algumas boas notícias, não esperadas, sobre equidade.

Como já se comprovou, existe um padrão tradicional de realização educacional nos sistemas escolares dos países industrializados que pode ser melhor caracterizado, no meu ponto de vista, como a criação de desigualdades educacionais.

Ou seja, quaisquer conquistas sociais e educacionais, relacionadas com a equidade, que tenham sido promovidas por esses sistemas, têm sido contrabalançadas pelo fato de que as expansões sistêmicas horizontais e verticais concorrentes propiciam o avanço de estudantes tanto de grupos desfavorecidos como de grupos privilegiados. Esse padrão é, evidentemente, bem conhecido pelos sociólogos da educação que cunharam termos como *inflação credencial* e *elevação da linha zero* para definir sistemas em que conquistas substantivas são, em termos práticos, menos importantes do que a qualificação formal. Assim, os efeitos dos ganhos nominais acabam se perdendo nas economias globais de vantagens relativas.

Dessa maneira, quando os Estados Unidos começaram a buscar *realizações autênticas* mais aparentes dentro das escolas, um certo ceticismo saudável foi intelectualmente prudente. Além disso, foi precisamente a partir dessa busca de realização autêntica que Fred Newmann e seus colaboradores desenvolveram, no antigo Centro sobre Organização e Reestruturação de Escolas (Center on the Organization and Restructuring of Schools — CORS), pesquisas que abriram caminho para animadoras notícias, as melhores que já derivaram de pesquisas realistas sobre reforma educacional. Em resumo, Newmann e seus colaboradores descobriram uma melhoria substancial e produtiva nos resultados apresentados pelos alunos *e* alguns dos resultados educacionais mais equitativos (talvez mesmo *os* mais equitativos), nunca antes documentados em pesquisas educacionais do mundo anglo-saxônico (Newmann & Colaboradores, 1996).

Mesmo depois de qualificar tecnicamente todas essas descobertas, chamá-las de *notícias animadoras* é, para mim, um eufemismo. Considerando-se a tradição de fracasso em reformas educacionais, essas notícias são quase tão boas quanto as que se poderia realisticamente esperar.

Como parte da agenda global do CORS, o Estudo de Reestruturação Escolar, relatado em Newmann e associados (1996), foi conduzido paralelamente às análises do Estudo Longitudinal Educacional Nacional (US National Educational Longitudinal Study) de 1988 (NELS, p. 88), um estudo da Reforma Escolar de Chicago — uma das mais ambiciosas e abrangentes reformas já feitas nos Estados Unidos — e um Estudo Longitudinal de Reestruturação Escolar em que se focalizaram questões de comunidade profissional, políticas e aprendizagem organizacional (para uma visão geral desses estudos, ver Newmann & Wehlage, 1995; Lee & Smith, 1995, 1997; Bryk, Easton, Rollow & Sebring, 1994; e Lois, Kruse & Colegas, 1995).

Na verdade, esse conjunto de estudos aborda inúmeras questões relacionadas à reestruturação escolar, mas, a meu ver, o que é mais significativo é que todos eles relatam descobertas que correspondem a padrões de resultados nunca vistos antes. Ou seja, empregando tanto meios aparentemente *autênticos* de avaliação do desempenho do aluno quanto mecanismos convencionais de testagem, os estudos do CORS mediram práticas pedagógicas e curriculares responsáveis não apenas por melhores resultados, mas também por efeitos mais equitativos — pelo menos em termos de *status* socioeconômico e raça (ou seja, os tradicionais padrões de ampliação da iniquidade não se verificaram quando se realizaram práticas pedagógicas aparentemente *autênticas*).

Do ponto de vista do reformador americano, de tendência até certo ponto evangélica, talvez essas novidades sejam vistas como um moderado alívio para a sua consciência. Contudo, do ponto de vista de um sociólogo do conhecimento escolar, que desde muito cedo se dedicou às análises bernsteinianas de classificação e enquadramento, as desco-

CURRÍCULO NA CONTEMPORANEIDADE

bertas de Newmann encerram mais dúvidas do que respostas. Ou seja, uma vez que a natureza do que foi chamado de *pedagogia autêntica* vem à tona, os padrões sociais dos desempenhos dos alunos passam a ser cada vez mais notáveis, mas o nível em que as questões especificamente pedagógicas permanecem sem respostas é frustrante.

De acordo com Newmann e seus colaboradores, supõe-se que três características básicas componham a *pedagogia autêntica*: "a construção do conhecimento", "inquirição continuada" e "conexão com o mundo além da sala de aula". Em termos observacionais, *a construção do conhecimento* foi medida considerando-se o grau em que os alunos desenvolveram reflexões de ordem superior ou foram solicitados a fazer trabalho analítico. A *inquirição continuada* foi em grande parte uma questão relacionada com a profundidade do conteúdo e com o grau em que os alunos tiveram de demonstrar, com coerência linguística, conhecimento profundo. A *conexão com o mundo além da sala de aula* foi simplesmente uma questão referente ao grau em que o *trabalho dos alunos* tinha alguma relevância direta com o *mundo real* fora da vida escolar (para informações mais detalhadas, consultar Newmann & Colaboradores, 1996).

Em outras palavras, de acordo com termos empregados originalmente por Bernstein, esse tipo de currículo *valorizou especificamente* formas de conhecimento da pequena burguesia e da nova classe média. É precisamente essa forma de conhecimento que Bernstein, de maneira tão persuasiva, mostrou ser distante e pouco significativa para os alunos das classes trabalhadoras. Portanto, se ficarmos com as ferramentas da nova sociologia do currículo, estamos às voltas com um enorme quebra-cabeça. No entanto, como afirmei em minhas discussões anteriores sobre a cultura mundial e os hibridismos pós-coloniais, acredito que haja uma maneira mais interessante de compreender as descobertas dos reformadores educacionais pequeno-burgueses, dos que trabalham com o conhecimento nos Estados Unidos. É a essa tarefa que me dedico a seguir.

Primeiras aproximações a uma pedagogia mundial

Uma das reclassificações mais importantes a ser levada a cabo por meio do conceito de *realização autêntica* é a desnaturalização do compromisso normativo com disposições acadêmicas burocráticas que o constructo sugere, tal como se vê na obra de Newmann e colaboradores. Afinal de contas, não há nada mais socialmente construído do que os conceitos "reflexões de ordem superior" ou "necessidade de tornar, de alguma maneira, o conhecimento relevante" (para que constituísse, de algum modo, um problema, o conhecimento teve que ser tornado inicialmente irrelevante). Visto que a *realização autêntica*, de acordo com a definição de Newmann, é sem dúvida um tipo de conhecimento especificamente valorizada por alguns educadores, não há porque não chamá-la pelo que ela é sociologicamente: uma forma de capital cultural específica das estruturas burocráticas do Estado. Como tal, essa espécie de conhecimento pode ser reconhecida como uma forma de capital cultural fundamentalmente crucial nos conflitos que ocorrem no campo do poder, conforme Bourdieu (ver Bourdieu, 1998).

A principal questão que deriva da pesquisa do CORS, nessa reformulação é: por que motivos os alunos passaram a ver essa forma de conhecimento (e as habilidades e aptidões necessárias para tornar esse conhecimento público) como absolutamente valiosa e desejável? É precisamente essa pergunta que a pesquisa do CORS não consegue responder.

O conceito de escolarização como instituição cultural mundial é fundamental para essa interpretação desnaturalizada, porque ressalta até que ponto essas formas burocráticas de conhecimento e aptidões estão se tornando capitais globais. Em determinados aspectos, o que um dia foi verdadeiro a respeito apenas dos assim chamados centros dos sistemas mundiais é hoje verdadeiro em toda parte, e praticamente não há dúvida de que o Estado-nação tem-se tornado, crescentemente, o espaço central da arena em que serão travadas as lutas por justiça e equidade. Nesse sentido, o conceito de escolarização como uma instituição cultural mundial situa tanto a escolarização como o Estado-nação nesse espaço central.

O que se sugere é que os alunos americanos da década de 1990, diferentemente dos alunos de Bernstein da classe trabalhadora do Reino Unido, poderiam ter tido acesso a esse conjunto de práticas de conhecimento, sem dúvida burguês, por meio da adoção de adequadas práticas instrumentais de subjetividade demandadas pelo hibridismo cultural. Ou seja, nas situações em que, em algum momento, os conceitos de integridade e de um eu verdadeiro possam ter criado tensões com a mercadorização de nossos eus, desconfio que a pós-modernidade cobrou, dos estudantes dos industrializados anos 1990, um preço justo. Usando uma terminologia teórica mais apropriada, poder-se-ia postular, lançando mão do conceito de hibridismo cultural hoje disponível, que o grau em que os estudantes mais afastados do arbitrário cultural da escola ganham acesso a esse arbitrário é regulado pelo grau em que os estudantes se envolvem em formas de hibridismo cultural autoconsciente. Em termos mais específicos: quanto mais empregamos, de modo autoconsciente, vários códigos culturais, mais fácil se torna o desempenho nesse código burocrático específico (nesse contexto, a autoconsciência está implicada na "condição de ator" racional da cultura mundial designada anteriormente).

Entretanto, mesmo com essas reinterpretações, resta ainda uma pergunta bastante importante, deixada sem resposta pela pesquisa do CORS. Será que os dados da pesquisa do CORS não conseguem dizer, de alguma forma, quais foram os tipos de práticas de ensino empregados pelos professores para que estudantes de distintas origens culturais se engajassem nas práticas burguesas da *pedagogia autêntica?* Ainda: que práticas funcionaram para quem? Essas duas últimas perguntas encontram-se no centro de meu esforço por redirecionar as linhas de pesquisa dominantes para propósitos mais socialmente justos, o que é visível em grande parte de meus recentes estudos sobre reforma escolar.

Conclusão: sobre a distribuição do arbitrário cultural da escolarização

> *"A liberdade fortalece a estabilidade [...] certos direitos são universais."*
>
> Presidente Clinton na China,
> 29 de junho de 1998

> *"Não há direitos individuais até que e a menos que sejam apoiados e mantidos pela sociedade."*
>
> John Dewey, na China, 1919

O atual interesse em compreender a relação entre ensino e "globalização" fez com que vários teóricos educacionais destacassem a necessidade de repensar nossas análises sociais sobre a escolarização. Embora concorde com a conclusão de que de fato precisamos repensar nossa visão sociológica da escolarização, os comentários do presidente Clinton e de John Dewey, acima justapostos, oferecem algumas indicações refe-

CURRÍCULO NA CONTEMPORANEIDADE

rentes a por que me parece incorreto sugerir que as observações contemporâneas a propósito da natureza da "globalização" são, na verdade, a força motriz de tal necessidade. Tanto um quanto o outro são porta-vozes americanos, ambos em pronunciamento na China. O que é surpreendente na retórica de Clinton, na China, é que ela já havia sido antecipada por Dewey mais ou menos 80 anos antes. (Na realidade, a posição política da administração Clinton era, em grande medida, o que Dewey tinha em mente ao analisar e criticar a retórica política então vigente). Independentemente de o foco estar na expansão da liberalização do livre-comércio capitalista ou na expansão do liberalismo político, parece-me que o panorama econômico e político da escolarização no globo não passou por nenhuma mudança cataclísmica considerável. Não obstante, também é indubitável que os aspectos culturais da globalização ressaltaram os limites de nossa imaginação sociológica e demonstraram como esses limites são vínculos com o verdadeiro panorama econômico e político do qual nós ainda não saímos.

Existem inúmeros exemplos de teóricos que se dedicam a compreender as novas demandas do capitalismo em sua fase pós-fordista. Alguns especialistas, por exemplo, apresentaram a proposição de que um foco central na identidade social precisa ser mantido, como uma espécie de alavanca política contra a influência colonizadora do novo capitalismo. Tendo em vista a incrível rapidez com que as mais novas formas de capital começaram a incorporar antigas concepções radicais de aprendizagem, desenho organizacional e reforma democrática do trabalho, os analistas da atual reforma do trabalho e a literatura correspondente sem dúvida aceitariam que o novo capitalismo se beneficia de radicalismos passados, na medida em que uma comparação *prima facie* da nova reforma capitalista do trabalho apresenta uma semelhança notável com antigas agendas socialistas e esquerdistas.

Em resposta, vários especialistas apresentaram uma análise elaborada e detalhada sobre como essa observação *prima facie* precisa ser aceita com certa reserva, levando-se em consideração como a organização do trabalho do novo capital envolve poderosos meios de crescentes vigilância e submissão sócio-organizacional. Nesse caso, apelos ao foco na identidade social seguramente afinam-se com uma ampla agenda sociopolítica de oposição e, ao mesmo tempo, com as formas binárias de pensamento de oposição, há muito associadas a uma teoria social reconhecidamente radical.

Nos presentes apelos do novo capital por "organizações de aprendizagem" e reforma do trabalho "fundamentada no conhecimento", a inter-relação entre o desenvolvimento do novo capitalismo e sistemas escolares é óbvia. Do ponto de vista de uma pessoa comum, o fato de a escolarização aparentemente visar à reprodução e à produção do conhecimento sugere um vínculo bastante direto com as exigências do novo capital. E, de um ângulo mais especializado, a longa tradição de examinar a escolarização com as lentes da teoria social e da sociologia do conhecimento ressaltou, repetidamente, as formas pelas quais a distribuição e a produção do conhecimento no interior dos sistemas escolares inter-relacionaram-se com as demandas e a organização das economias.

Infelizmente, essa visão do vínculo entre o novo capitalismo e a escolarização macula uma das importantes interpretações de como as escolas produzem e legitimam a inequidade social. Ou seja, embora algumas visões do "conhecimento" sejam indubitavelmente bem amplas e complexas, o foco no "conhecimento" como um meio central de intercâmbio no interior do novo acordo entre a educação e a economia obscurece que a escolarização funciona em um nível bem mais profundo que o senso comum e noções técnicas do conheci-

CURRÍCULO NA CONTEMPORANEIDADE   311

mento, como fatos, teorias ou proposições. É esse nível mais profundo de pressupostos culturais básicos que a análise institucional mundial deve, a meu ver, abordar. Um dos principais avanços da sociologia do conhecimento escolar foi o *insight* arguto de que as escolas, de fato, **não** funcionam bem na distribuição do conhecimento técnico *per se*; e, por conseguinte, o conhecimento técnico no currículo **não** é a base primária da desigualdade educacional. Há vários exemplos, em todo o mundo, de sistemas escolares que oferecem, de modo amplo, formas rigorosamente definidas de conhecimento técnico (como nos currículos vocacionais). Essa distribuição, todavia, muito pouco ajudou a mudar, em qualquer parte, as estruturas de poder. (Observe que o uso do conhecimento técnico para o governo da escolarização é de fato um outro assunto.)

O ponto de vista de que a produção educacional de desigualdade social funciona inequivocamente por meio da produção de disposições culturais corresponde, com certeza, a uma proposição que a sociologia do conhecimento escolar formulou adequadamente. Sempre que se tem um determinado corpo de "conhecimento", a ele correspondem uma *estrutura* e um *enquadramento,* que funcionam, fundamentalmente, através de disposições culturais muito implícitas, esclarece a sociologia do conhecimento escolar.

Nesse sentido, a visão da escolarização como instituições incorporadas na circulação social de várias formas de capital expande dramaticamente as análises socioeducacionais contemporâneas do novo capitalismo. A visão de um crescimento global colonizador do novo capitalismo, associada ao reconhecimento hoje consensual de um crescente sistema global de ensino e de uma instituição cultural mundial cada vez maior, torna-se ainda mais ameaçadora. Pois, se os mecanismos por meio dos quais o novo capitalismo incorpora seus trabalhadores e se os sistemas escolares que produzem esses trabalhadores/cidadãos são, na realidade, centralmente dependentes de bem mais do que as demandas técnicas de conhecimento, qualquer reivindicação de foco na identidade social pode ser considerada como quase inconsequente. Se a reforma do novo capitalismo, no final do século XX, implica uma cultura global concomitante (como se tem afirmado em vários momentos), o acesso aos recursos controlados por esse novo capital deve, seguramente, ser transacionado em oposição a formas culturais que não se amoldam ao novo capitalismo. A imagem formada por meio dessa linha de raciocínio nada fica a dever à visão orwelliana da homogeneização da espécie humana.

Todavia, há, como espero ter mostrado, pelo menos dois importantes *insights* sociais subenfatizados nessa visão ultra-ameaçadora do futuro dos seres humanos. Por um lado, concepções pós-coloniais contemporâneas dos processos de hibridização cultural sublinham o grau em que a colonização cultural nunca foi concluída. Por outro, e de modo similar, as críticas aos desenvolvimentos do capitalismo global provavelmente assumem que o capitalismo tem tido mais sucesso do que realmente ocorre. Embora eu não tenha dúvidas de que o lado cultural do capitalismo se expandiu bem além das fronteiras do hiper-individualismo, da mercadorização e do consumismo, típicos da sociedade americana, estou certo de que em alguns contextos, alguns países, a expansão do capitalismo é hibridizada, assimilada em uma cultura local mais forte.

Na Austrália, por exemplo, mesmo em face de uma forte retórica neoliberal em defesa do capital, os debates e os compromissos referentes a justiça social continuam a ter significativa influência sobre as políticas governamentais e educacionais. Similarmente, a expansão global do discurso dos direitos humanos tem ocorrido lado a lado com a expan-

CURRÍCULO NA CONTEMPORANEIDADE   313

são do capital, em parte porque ambos recorrem a noções relativas ao indivíduo racional secular, tal como articulado por Meyer e colaboradores.

Assim, é importante começar a fazer perguntas sobre o que se passará a seguir. Que pode ocorrer se, em algum momento, de fato encontrarmos formas de tornar as sociedades e a escolarização justas? Que pode ocorrer depois que a comunidade humana global assimilar culturalmente um *determinado* conjunto de direitos humanos? Enquanto a teoria social e a ação política têm de responder a perguntas mais imediatas sobre táticas, os atuais avanços na teoria social e na pesquisa educacional oferecem um pano de fundo contra o qual os filósofos educacionais podem reexplorar radicalmente princípios normativos básicos que venham a subsidiar adequadamente qualquer intervenção social no novo capitalismo, ou colaboração com esse novo capitalismo.

Penso ser necessária uma visão fria, calculada, dos atuais desenvolvimentos do capitalismo. Embora entenda os medos e as preocupações com a globalização econômica, creio que esses desenvolvimentos oferecem uma oportunidade para que os sistemas de governo sejam agressivamente pressionados no sentido de que cumpram a promessa da modernidade. Assim fazendo, penso que, no final das contas, avançaremos mais do que se simplesmente assumirmos uma postura de crítica oposicionista.

Que tem isso a ver com pedagogia? Mesmo com todo o ímpeto e frenesi com que políticos e educadores reivindicaram a reforma escolar, nenhuma das mudanças do final do século XX nos sistemas escolares conseguiu ir além da problemática central da sociologia do conhecimento escolar. Ou seja, há mais de trinta anos, quando Michael F. D. Young (1971) defendeu a necessidade de se compreender o papel do currículo e da pedagogia no amplo e complexo conjunto de relações que vinculam o ensino às estruturas de poder da sociedade, ele antecipou o que vários reformadores neoliberais da escola hoje utilizam como a sagrada fórmula da reforma escolar: ou seja, o que ocorre dentro das salas de aula é fundamental para percebermos como poderíamos fazer as escolas funcionar de maneira diferente. As últimas tentativas de Bernstein (2000) de situar suas análises nesse quadro global e o trabalho de Muller (2000) evidenciaram que o que está em jogo na "nova ordem mundial" são a distribuição de conhecimento e as estruturas de conhecimento (talvez o mais importante).

Daí a evidente necessidade de se analisar e compreender ainda mais o trabalho pedagógico da pesquisa sobre a reforma educacional liberal (com "l" minúsculo). Apesar de compreendermos como as escolas distribuem desigualmente estruturas de conhecimento, sabemos muito pouco sobre como as escolas poderiam de fato distribuir, de modo diferente, formas de capital centradas no conhecimento. As descobertas da pesquisa da "Pedagogia Autêntica", realizada nos Estados Unidos, fornecem alguns dos únicos *insights* que podem de fato nos favorecer o avanço na discussão. Enquanto todos os progressivismos do século XX valerem-se dos mesmos idealismos dos quais os defensores do livre-comércio falam (compromissos idealistas com a liberdade individual e sujeitos racionais a-históricos), continuarão a oferecer apenas paliativos, na periferia do campo do poder. Contudo, se reconhecermos que a imposição de um arbitrário cultural pode realmente ser distribuída, não apenas usada como um filtro, se reconhecermos também que esse arbitrário não pode criar uma cultura homogênea, então a tentativa de especificá-lo tecnicamente e até de medi-lo assume um *télos* bem diferente. Se a escolarização de fato distribuir o habitus e os

CURRÍCULO NA CONTEMPORANEIDADE

capitais associados com a Pedagogia Mundial de modo mais equitativo, a população poderá engajar-se muito mais ativamente em um debate verdadeiramente global sobre o futuro de nossa sociedade coletiva.

Nota

1. Uma versão anterior deste ensaio foi apresentada no 10º Congresso Mundial das Sociedades de Educação Comparada (10th World Congress of Comparative Education Societies), na Cidade do Cabo, em julho de 1998, com o título *World Curriculum and the Postcolonial Subject*.

Referências bibliográficas

BHABHA, Homi K. *The location of culture*. London: Routledge, 1994.

BOURDIEU, Pierre. Rethinking the State: genesis and structure of the bureaucratic field. In: BOURDIEU, Pierre. *Practical reason*: on the theory of action. London: Polity Press, 1998. p. 35-63.

BRYK, A. S.; EASTON, J. Q.; ROLLOW, S. G.; SEBRING, P. A. The State of Chicago school reform. *Phi Delta Kappan*, v. 76, n. 1, p. 74-78, 1994.

McCARTHY, Cameron. *The uses of culture*. London: Routledge, 1998.

MEYER, John W.; ROWAN, Brian. The structure of educational organizations. In: MEYER, J. W. et al. *Environments and organisations*. San Francisco: Josey-Bass, 1978, p. 78-109.

MEYER, John W.; BOLI, John, George M.; RAMIREZ, Francisco O. World society and the Nation-State. *American Journal of Sociology*, v. 103, n. 1, p. 144-181, 1997.

LEE, V. E.; SMITH, J. B. Effects of high school restructuring and size gains in the achievement and engagement for early secondary students. *Sociology of Education*, v. 68, n. 4, p. 141-270, 1995.

LEE, V. E.; SMITH, J. B. How high school organization influences the equitable distribution of learning in mathematics and science. *Sociology of Education*, v. 70, n. 4, p. 128-150, 1997.

LOIS, K. S.; KRUSE, S. D.; Colegas. *Professionalism and community*: perspectives on reforming urban schools. Thousand Oaks, CA: Corwin Press, 1995.

MULLER, J. *Reclaiming knowledge*. New York: Routledge e Falmer, 2000.

NEWMANN, F. M.; WEHLAGE, G. G. *Successful school restructuring*: a report to the public and educators. Madison, WI: Center on Organization and Restructuring of Schools, Wisconsin Center for Education Research, University of Wisconsin-Madison.

NEWMANN, Fred M.; Colaboradores. *Authentic achievement*: restructuring schools for intellectual quality. San Francisco: Josey-Bass Publishers, 1995.

ROBERTSON, Roland. Glocalization: time-space and homogeneity-heterogeneity. In: FEATHERSTONE, Mike; LASH, Scott; ROBERTSON, Roland (Eds.). *Global modernities*. London: Sage, 1995, p. 25-44.

SINGH, Parlo. Voicing the *other*, speaking for the *self*, disrupting the metanarratives of educational theorizing with poststructural feminisms. In: SMITH, R.; Wexler, P. (Eds.). *After-postmodernism*: education, politics and identity. London e New York: The Falmer Press, 1995, p. 182-206.

YOUNG, M. F. D. An approach to the study of curricula as socially organized knowledge. In: YOUNG, M. F. D. (Ed.). *Knowledge and control*: new directions for the sociology of education. London: Collier-Macmillan, 1971.

Revisitando o progressivismo:
Ethos, política, Pathos*

Johan Muller

Introdução

Qualquer análise desapaixonada da reforma da política de escolarização, que se promove em grande parte do mundo, não pode deixar de notar a direção surpreendentemente uniforme que ela está seguindo. (Não reivindico amplitude, mas peço que considerem Estados Unidos, Reino Unido, Noruega, Austrália, Nova Zelândia e os países da África representados pela Associação para o Desenvolvimento da Educação na África (Association for the Development of Education in Africa — ADEA) [consultar ADEA, 2000]. Essa reforma (ou reação, como alguns poderiam dizer) vem-se realizando em oposição ao rótulo educacional conhecido como *progressivismo* — primeira e única ideologia abrangen-

---

* Traduzido por Beth Honorato.

te da escolarização, associada ao que Ulrich Beck (2000) chama de primeira etapa da modernidade. Há algo extremamente irônico em relação a isso. Como David Tyack (1974) ressaltou, a pedagogia "tradicional" nunca procurou autodenominar-se, porque jamais imaginou que houvesse alguma alternativa — ela era "o melhor sistema", um modelo essencialmente impossível de ser reformado em um mundo em que o modelo e o próprio mundo não se distinguiam. Quando os reformadores surgiram, primeiramente na Europa Central e depois, de forma bem sucedida, no início do século XX nos Estados Unidos, com Dewey, procederam com compreensível zelo revolucionário — ou romântico — (ambos frequentemente mesclados).

É necessário ter em mente que o forte impulso subjacente ao progressivismo, como movimento educacional, foi a justiça social. Nesse período, já se tornara evidente que o industrialismo e a escolarização de massa, associados, estavam produzindo uma classe trabalhadora deseducada e desqualificada. Grande parte da atenção do progressivismo centrava-se, então, na produção de resultados educacionais equitativos para as crianças da classe trabalhadora, que não se beneficiavam dos gastos públicos, como hoje está mais do que claro.

Na medida em que o progressivismo começou a se desenvolver, tanto como teoria quanto como prática, ele se estendeu para além do espectro ideológico. Tyack (1974) identificou quatro importantes tendências:

- Os *progressivistas administrativos* pragmáticos procuraram orientar as reformas em direção a uma eficiência administrativa pautada na ciência. As preocupações voltaram-se para desempenhos, avaliação e responsabilidade.

- Os *progressivistas pedagógicos* pragmáticos (ou recons- trucionistas) foram os próprios deweyanos, incluindo John e Evelyn Dewey e William Kilpatrick, o "melhor aluno" de Dewey e incansável defensor do "método de projetos", o avatar da aprendizagem pelo método da resolução de problemas, da integração curricular e da aprendizagem em serviço, dentre outras coisas.

- Para a esquerda vieram os *progressivistas educacionais* libertários, ativistas radicais centrados na criança que, na maioria das vezes, surgiram em escolas alternati- vas, mais notadamente, talvez, na Escola *Summerhill*, de A. S. Neill.

- Para a esquerda de todos vieram os *reconstrucionistas sociais*, como Counts, do Teachers'College, que tenta- ram unir o progressivismo de Dewey ao socialismo.

Ainda que distintas, política e pedagogicamente, essas versões do progressivismo podem ser associadas ao que Bernstein (1996, p. 68) denomina de "modelos de competên- cia". Para esse autor, "a despeito de suas diferenças, eles compartilham uma preocupação com o desenvolvimento (liberal/progressivista), o reconhecimento (populista) e a mudança (radical) da consciência". Em outras palavras, o foco do progressivismo foi, a princípio e acima de tudo, o *progresso* radical. Seu pressuposto inspirador — a "ideia mais escandalosa" do progressivismo — foi, similarmente ao que Charles Simic (2000, p. 9) afirmou sobre o modernismo, "é possível começar do zero e ser totalmente original [...]". Isso se manifesta na crença no "eterno retorno", perceptível no progressivismo que, em sua emergência, considerou "o me- lhor sistema" original uma fraude. O futuro prometido pelo progressivismo passou, então, a depender da substituição completa e total do antigo sistema, em todas as suas manifestações, pelo novo, o melhor sistema *autêntico*. A salvação ficou dependente de um rompimento, como o corte da guilhotina, com o passado.[1] Até hoje, essa mudança social ou mudança de "paradigma" é defendida pelos progressivistas com o apoio de uma dicotomização (ou/ou), o que certamente faria Kuhn (e Lenin, no que se refere a esse aspecto) tremer, face a tal romântica ingenuidade.[2]

Há algum mérito na visão de que o progressivismo, como movimento educacional, foi um fenômeno exclusivamente norte-americano, algumas vezes até provinciano. Sem dúvida, o inglês nada teve com uma denominação semelhante. Contudo, seu movimento "centrado na criança", como outras reformas europeias dessa época, originou-se da mesma cepa das reformas Gentile, discutidas posteriormente neste ensaio. Na África do Sul, a despeito de possíveis referências anteriores, a Associação Nova Educação (New Education Fellowship — NEF), um grupo internacional de adeptos do progressivismo, organizou em 1934 uma enorme conferência com sessões em Johanesburgo e na Cidade do Cabo. Quatro mil pessoas participaram; houve trezentas palestras e vinte e cinco partipantes estrangeiros, dentre os quais o proeminente John Dewey, que falou três vezes no evento. A conferência foi aberta pelo Ministro da Educação Hofmeyr e pelo Vice-Primeiro-Ministro Smuts. Este último elogiou a individualidade da "nova educação", tida por ele como um suporte fundamental contra a "padronização do proletariado".

A NEF reuniu um grupo extremamente heterogêneo, chegando mesmo a incluir Graf von Durckheim-Montmartin, que exaltou as virtudes da juventude hitlerista para uma "educação de grupo disciplinada" (Malherbe, 1937, p. 41). Eiselen e Verwoerd também proferiram palestras na confe-

CURRÍCULO NA CONTEMPORANEIDADE 321

rência, bem como Malinowski, Hoernle e Monica Wilson. Tanto a tendência geral do progressivismo quanto as tensões no interior do movimento foram evidentes na estrutura da conferência. Significativamente, Dewey afastou-se de sua rota de modo a distanciar suas afirmativas das atribuídas a "algumas escolas e alguns professores supostamente progressivistas" (Malherbe, 1937, p. 25).

Para Dewey — e igualmente para Gramsci e Gee, como veremos posteriormente — a nova ênfase educacional no desenvolvimento não poderia implicar um currículo completamente centrado no aluno ou em atividades. A direção, mesmo nesses primeiros debates, deveria ser o tema em questão, como Dewey esforçou-se por ressaltar: "sob o pretexto de não violar a liberdade e a individualidade, negligencia-se a responsabilidade de oferecer as condições necessárias ao desenvolvimento" (Malherbe, 1937, p. 25). Em termos mais eloquentes: "porém, o desenvolvimento envolve um ponto de chegada, bem como um ponto de partida que se mova constantemente em direção ao ponto de chegada [...]" (Malherbe, 1937, p. 25). Gee explora essa questão de uma maneira exemplar, como veremos logo a seguir.

Nessa celebração do progressivismo na África do Sul, é preciso lembrar que a educação universal de massa — e, portanto, as possíveis falhas do progressivismo — ainda estavam de certo modo distantes. Quando ocorreu a Conferência, a segregação racial vigente tornava muito reduzidas as oportunidades educacionais para as crianças negras. O progressivismo era difundido apenas por educadores brancos, nas mais liberais escolas para brancos. Assim, não é de surpreender que o movimento de liberação, na década de 1990, quisesse precisamente o que estava sendo negado às massas — a educação progressivista. Isso fica evidente nos manifestos da Educação do Povo (People's Education) — todos exibindo a certeza de que tudo na escola tradicional era política e educacionalmente falido, enquanto tudo na nova escola representava o surgimento de uma justiça social reparadora.

Porém, a tendência global sofreu uma reviravolta e o progressivismo, no momento atual, é visto como inegavelmente obsoleto: o progressivismo educacional, na prática e na teoria, está perdendo terreno rapidamente (Eberstadt, 1999). Teoricamente (alguns diriam ideologicamente), a base conceitual do progressivismo tem sido frontalmente atacada em uma série de escritos recentes. Os livros de Hirsch (2000) e Ravitch (2000) têm sido particularmente influentes. Hirsch esforça-se por mostrar que o naturalismo presente no progressivismo, do qual se origina a ideia de aluno criativo e ativo e de professor facilitador, está menos enraizado no pragmatismo de Dewey do que no romantismo do século XVIII. Como MacDonald (1998) afirma causticamente, "se a criança fosse, como diz Wordsworth, um 'Poderoso Profeta! Abençoado o profeta!', então, quem precisaria de professor?". A autora acrescenta de modo irônico: "mas o Poderoso Profeta surge de escolas centradas no aluno, cada vez mais ignorante e pouco curioso à medida que as escolas se tornam mais vazias". Quem se importa, pergunta MacDonald, quando "tudo, menos o conhecimento" constitui o arrogante credo antiintelectual do progressivismo?

Mas as pessoas, de fato, importam-se cada vez mais. Comparações de avaliações nacionais e internacionais têm mostrado alguns resultados surpreendentes (a África do Sul ficou em último lugar no Terceiro Estudo Internacional de Matemática e Ciências (Third International Mathematics and Science Study — TIMSS). A conclusão mais benevolente a

CURRÍCULO NA CONTEMPORANEIDADE   323

que se chega é que, em avaliações ortodoxas de rendimento, as previsões do progressivismo não são corroboradas. Mesmo no âmbito do consenso progressivista (consultar Taylor e Vinjevold, 1999), aceita-se cada vez mais que:

- A instrução ativa e efetiva, classicamente proscrita pelo progressivismo, como o principal obstáculo à aprendizagem autêntica, faz uma diferença sensível para o aprendizado.

- O professor, então, retorna, não como facilitador ou gestor, mas como um especialista em instrução.

- Isso significa a volta da importância do conhecimento escolar, tanto na elaboração do currículo quanto na orientação da instrução. Como Dewey afirmou na Cidade do Cabo, "a nova educação precisa dar maior, e não menor, atenção à disciplina escolar" (Malherbe, 1937, p. 25).

Por que a mudança radical de opinião? Seria isso suficiente? Essas perguntas são abordadas a seguir.

O problema com o progressivismo

O reconhecimento do papel da instrução na aprendizagem bem-sucedida — e, portanto, da destacada importância do professor e do conhecimento do professor — é, como disse antes, cada vez mais enfatizado por alguns líderes do progressivismo, como Linda Darling-Hammond (Muller, 2000b).

Em um recente comunicado oficial (Spencer Deans,[3] 2000), os decanos de dez Escolas de Educação dos Estados

Unidos fizeram um apelo em favor da "superação das divisões ideológicas" e listaram o que eles julgam que de fato funciona, apoiados nos trinta anos de pesquisa sobre a reforma escolar nos Estados Unidos:

- expectativas e padrões elevados;
- currículos baseados em padrões elevados;
- avaliações baseadas em padrões;
- diretores competentes;
- ambiente escolar estável;
- envolvimento dos pais;
- professores que dominam conhecimentos específicos e conhecimentos pedagógicos;
- fluxo contínuo; e
- micro e macrorresponsabilidade.

Essa relação é, na verdade, ortodoxa e reflete as conclusões descritas anteriormente (Muller, 2000b). Os decanos estão, evidentemente, tentando levar a discussão para um plano em que a pesquisa, não a ideologia, seja o fator decisivo, o que não será tão fácil assim. Eles classificam as posições segundo as opções "liberal" e "conservador" — um reflexo progressivista bifurcador que é teimosamente inflexível. Além disso, em vários lugares, eles próprios são considerados o problema, não a solução. Suas insistentes críticas às faculdades de educação centram-se não em sua suposta incompetência, mas em sua ideologia como Hirsch (2000) argumenta, as críticas condenam a forte defesa de ideias românticas, não a incompetência. Rejeitam uma retórica demasiadamente competente a serviço da ideia de que o conhecimento específico de uma disciplina tem importância apenas secundária. Em resumo, as faculdades e os departamentos de educação são, em grande medida, acusados de serem o espaço ideológico do progressivismo.

Essa generalização é provavelmente muito radical. Os próprios Spencer Deans estão, certamente, afastando-se dessa postura. No entanto, a controvérsia no campo é frequentemente reafirmada:

> Você poderia pensar que as teorias educacionais progressivistas e tradicionais representam programas concorrentes que visam a alcançar uma meta consensual e que os acadêmicos saudariam a obtenção de bons resultados, da mesma forma que os pesquisadores médicos saúdam evidências de que um tratamento curativo é mais eficiente que outro. Não obstante, você estaria errado. No mundo educacional, essas duas correntes de pensamento são consideradas, na verdade, como sistemas alternativos morais e filosóficos, como crenças conflitantes. Que é uma mera evidência frente a convicções tão inflexíveis? (Traub, 2000)

Resumindo, "o melhor sistema" proposto pelo progressivismo nunca foi tão criticado. Os progressivistas têm reivindicado a supremacia moral e política da justiça social, mas seus oponentes afirmam que é justamente isso que o progressivismo não oferece. O terreno está fatalmente politizado e, quase infalivelmente, cada um dos lados atribui ao outro rótulos políticos ou ideológicos.

A oposição ao progressivismo não se unifica em um paradigma coerente e é com certeza um engano chamá-la de "tradicionalista" ou "conservadora". Hirsch prefere o rótulo "classicista" que — acurado como deve ser, tendo-se em mente o cânone literário — parece complicar ainda mais o problema. Nesse meio tempo, contudo, um corpo de pesquisas empíricas, sempre crescente, aponta primordialmente para uma direção:

A educação cada vez mais se parece com uma verdadeira ciência social; práticas instrucionais específicas jamais foram tão isoladas. E o resultado é mais que claro: um estudo após o outro tem mostrado que os métodos de instrução tradicionais, que Chall chama de "centrados no professor", geram melhores resultados acadêmicos que os métodos progressivistas "centrados no aluno". (Traub, 2000; ver também Chall, 2000)

A confusa rixa pública que, nos Estados Unidos e em outros países, se tem encaminhado relutantemente para um debate público racional, amparado em resultados das pesquisas, não é particularmente edificante. Não se admite mais um debate alimentado fundamentalmente por posicionamentos políticos. Faz-se necessária uma forma de recontextualizar as questões, para que a discussão se afaste dos rancores decorrentes de estratégias políticas do tipo "fazer sucesso às custas do outro".

A próxima seção examinará o modo como um progressivista particularmente perspicaz, James Gee, lidou com algumas das críticas feitas ao progressivismo.

Imersão

Em uma crítica bastante conhecida, afirmou-se que as teorias progressivistas "na realidade funcionam contra as supostas metas de justiça social — emancipação e fortalecimento do poder" e que o "progressivismo educacional é um meio seguro de preservar o *status quo* social" (Hirsch, 2000). Nos Estados Unidos, essa acusação dirige-se particularmente à escritora feminista negra Lisa Delpit, tendo sido também levantada contra o progressivismo da África do Sul (Moore e Muller, 1999; Muller, 2000b).

Por que motivo? De acordo com Gee (1999), a crítica se deve ao fato de que a pedagogia progressivista na verdade esconde, dos alunos de grupos oprimidos, as "regras do jogo", deixando-os sem um "andaime" visível que os permita continuar a subir. Gee une essa primeira crítica a uma segunda, que lhe é relacionada. Para o autor, as estratégias confessionais da pedagogia progressivista fazem com que os alunos exibam sua vida íntima e, portanto, fiquem suscetíveis à vigilância e à disciplina. Essa crítica foucaultiana é familiar, sendo encontrada em trabalhos de Walkerdine (1988) e Gore (1997) e, na África do Sul, de Ensor (1995). Nessa perspectiva, o progressivismo bloqueia o acesso de alunos de grupos não privilegiados à estrutura do conhecimento, mas os submete à regulação moral da classe média. Por um lado, promove a permissividade que gera o fracasso; por outro, promove a "suave coerção" que gera o controle social. Juntas, essas duas críticas conferem ao progressivismo o papel maquiavélico de instrumento de controle de classe.

Enquanto a maioria dos progressivistas discorda dessa interpretação, Gee aceita-a parcialmente. Argumenta que a crítica identifica a face escura do progressivismo e que o progressivismo (ou qualquer reforma educacional) é uma faca de dois gumes, o que demanda algum complemento que ilumine o lado virtuoso, a seu ver ainda viável. Para mostrar como isso seria possível, Gee considera, em primeiro lugar, a maneira como aprendemos na vida cotidiana. Principiamos pelo reconhecimento de um padrão e seguimos sempre em frente, "farejando", por analogia. Contudo, nosso faro, por si só, não nos leva aos grupos de padrões, culturalmente determinados (significados situados), de nossa comunidade. Visto que esses grupos de padrões são potencialmente infinitos, nossa experiência requer orientação para alcançar os que são tidos como apropriados; portanto, "experiência e orientação (restrição, direção) estão inextricavelmente conjugados". Dewey concordaria.

Aprender na escola não é algo diferente. Vamos supor que precisemos adquirir conhecimentos sobre "luz". Os significados e os padrões culturais da experiência cotidiana diferem dos da física. Portanto, precisamos ser imersos nos grupos de padrões da física, mas há também uma "necessidade absoluta de orientação (restrição, direção), como um complemento para nos situarmos na experiência". Sem dúvida, isso não implica, necessariamente, um controle explícito: a maioria dos "andaimes", afirma Gee, é aparente e tácita. Não obstante, a orientação é o que é e, no caso da escolarização, é o professor que responde por ela.

Até agora, as concessões às críticas são modestas. Já se argumentou que os pedagogos progressivistas sempre foram obrigados a desprezar sua regra de invisibilidade para garantir uma aprendizagem bem sucedida (Davis, 1996). Na última parte de seu artigo, contudo, Gee vai além, admitindo que o professor é apenas um outro componente da "estrutura do andaime". Valendo-se da distinção vygotskyana entre conceitos espontâneos (cotidianos) e não espontâneos (científicos), afirma que uma pessoa somente "apreende" conceitos não espontâneos por meio de "instruções explícitas" que se concentrem: (a) na expressão das ideias por meio de palavras; (b) no uso consciente e intencional de novos conceitos; e (c) na relação entre formas e significados. Nesse contexto, o professor liberta-se da "estrutura do andaime" e torna-se indispensável para a orientação direta. Parece ser disso que se necessita para imobilizar a face escura e permitir o florescimento de uma progressão virtuosa.

Gee apresenta-nos três situações de aprendizagem de conceitos. As duas primeiras são essencialmente semelhan-

CURRÍCULO NA CONTEMPORANEIDADE

tes e o professor, na segunda situação (escola), apenas oferece o que as agências semióticas da comunidade fazem no cotidiano (instrução I). Na terceira, contudo, há algo a ser aprendido (conceitos não espontâneos), o que requer uma intervenção ativa que não se encontra na vida cotidiana. A instrução (instrução II), nesse caso, torna-se uma forma de instrução qualitativamente diferente daquela oferecida pela comunidade, porque a "linguagem cotidiana, na criação de padrões e associações, é menos cuidadosa no que se refere a diferenças e relações sistemáticas subjacentes, que de fato são fundamentais para a ciência". Conquanto Gee não afirme isso, é necessário deixar claro que a instrução II exige que o professor:

- saiba mais e de modo mais crítico do que o aluno (tenha domínio do conteúdo);
- conheça os conceitos que precisam ser aprendidos; e, portanto,
- propositadamente, conduza o aluno em direção a uma meta predefinida.

Com isso, inúmeros princípios fundamentais da educação centrada-no-aluno são rompidos e começamos a nos mover em direção a um modelo mais centrado-no-professor, caminhando de uma fraca classificação do currículo para uma classificação mais forte. Desse modo, distanciamo-nos da pedagogia progressivista e aproximamo-nos do professor mais especializado, do professor com objetivos definidos, que as pesquisas empíricas sobre a reforma escolar têm valorizado.

Aumentei um pouco o que Gee admite, buscando apoiar um progressivismo menos "puro", porém mais justificável. Meu argumento é que esse progressivismo fortalecido, embora se expresse na lição da instrução I, não é suficiente, como o terceiro exemplo torna evidente. O argumento a favor da instrução II fere mortalmente a "ênfase do progressivismo na eliminação das fronteiras entre a escola e a 'vida'". Meu ponto de vista é que o progressivismo — com sua ênfase na escolarização como prática e na pedagogia concebida estreitamente como ensino — perde de vista o conhecimento e sua aquisição, que é a principal meta da aprendizagem. De modo mais enfático: o progressivismo não tem uma teoria de conhecimento explícita e, por conseguinte, não tem uma teoria explícita de currículo ou de aprendizagem. Sem isso, não podemos construir uma pedagogia pós-progressivista.

Complexidades da China

O mesmo não pode ser afirmado dessa fonte permanente de inspiração para a esquerda, Antonio Gramsci. Como o sistema educacional deveria servir à causa da nova sociedade e como o Estado já assumira a responsabilidade pelo ensino público, o afastamento em relação à "escola antiga" e o movimento em direção a uma "escola comum" mostraram-se indispensáveis. Esse foi o ponto de partida de Gramsci (1986). A escola comum deveria atender à classe trabalhadora e, por meio dela, à sociedade toda. Ao mesmo tempo, Gramsci discordou das propostas da Reforma Gentile de 1923, assim como das ideias de Montessori, do "método Dalton" (entusiasticamente promovido na Cidade do Cabo por Louise Kruger, mulher de Harold Rugg) e, ainda, de todas as espécies de um progressivismo emergente. Para Gramsci, a reação contra a escola antiga era demasiadamente extrema: "A escola ativa [seu eufemismo para o progressivismo] está ainda em sua fase romântica, na qual os elementos da luta contra

CURRÍCULO NA CONTEMPORANEIDADE

a escola mecânica e jesuítica tornaram-se indevidamente exagerados" (Gramsci, 1986, p. 32-33). Essa opinião é, no mínimo, surpreendente. Vejamos como esse revolucionário chegou à sua postura pedagógica.

A tarefa da escola é "acostumar [os alunos] a raciocinar, a pensar abstrata e esquematicamente, mantendo, ao mesmo tempo, a capacidade de sair da abstração e mergulhar na vida real e imediata, a observar em cada fato ou dado o que é geral e o que é particular, a distinguir o conceito do exemplo particular" (Gramsci, 1986, p. 38). A escola antiga fazia isso afastando os alunos do folclore, que compreendia tanto uma visão mágica e pré-científica quanto uma visão pré-cívica. A condição para esse afastamento era a atividade teórica e prática (ou trabalho) por parte dos alunos. Contudo, essa interpretação foi elevada pelos novos pedagogos à condição de uma verdade universal, o que acabou resultando em ênfase na atividade à custa da instrução. Antes de mais nada, a diferença entre a escola (ciência e civismo) e a vida cotidiana (folclore) não desaparece no período industrial, e continua sendo do professor a "obrigação de acelerar e regular a formação da criança de acordo com o anterior [a escola] e em conflito com o posterior [a vida cotidiana]" (Gramsci, 1986, p. 36). Elaborando a questão, "em conflito com o posterior" sinaliza uma significativa ruptura entre a vida e a escola.

Em um julgamento cuja severidade é rivalizada apenas pelo rigor das críticas contemporâneas ao progressivismo, Gramsci (1986, p. 36) vai adiante e afirma: "Se o corpo docente não for adequado e o vínculo entre instrução e ensino for dissolvido, se o problema do ensino for abandonado em favor de esquemas de materiais didáticos que celebrem a atividade, o trabalho do professor irá tornar-se, consequentemente, ainda mais inadequado". Em outras palavras, se os professores tiverem um conhecimento insuficiente da disciplina que lecionam e se o progressivismo afastá-los para um papel secundário, marginalizando sua função e exaltando a dos alunos, a aprendizagem será posta em risco — exatamente a mesma conclusão do Comitê de Avaliação do Currículo 2005 (Curriculum Review 2005 Committee — DoE, 2000f).

Mas, que precisa o professor fazer? Que tipo de instrução precisa oferecer? A resposta tem dois lados. Primeiramente, tem a ver com os "fatos". Assim como nossos progressivistas modernos, Gentile criticou o ensino de fatos. Puro engano, afirma Gramsci (1986, p. 41): "é notável que a nova pedagogia tenha concentrado sua ira no 'dogmatismo' no campo da instrução e na aprendizagem de fatos concretos — ou seja, precisamente no campo no qual um certo dogmatismo é praticamente indispensável [...]". Como assim? O que aprendemos na escola, acrescenta Gramsci, é a maneira de ordenar fatos e objetos no mundo. De onde vêm esses fatos a serem ordenados pelos alunos? Do professor. O bom professor informa os alunos (apresenta-lhes fatos) *e* os ensina a ordenar os fatos. O professor medíocre — na escola antiga, pelo menos — dá a conhecer uma bagagem de fatos concretos que o aluno ativo pode aprender a ordenar por si só. Contudo, no momento, "com os novos currículos, que coincidem com o rebaixamento geral do nível da profissão de professor, não haverá mais nenhuma 'bagagem' a ser ordenada" (Gramsci, 1986, p. 36). Gramsci desdenharia completamente o ponto de vista de Gee, segundo o qual adquirimos os fatos, digamos, da matemática, pela "imersão" dos alunos nos problemas matemáticos, da mesma maneira que obtemos os fatos sobre o mundo por meio de nossa imersão no mundo. Para Gramsci, "não há nenhuma unidade entre escola e vida" (Gramsci, 1986, p. 35).

CURRÍCULO NA CONTEMPORANEIDADE

Portanto, os professores devem divulgar os fatos; porém, mais importante ainda, devem divulgar um comportamento disciplinado para a vida. Como isso pode ser feito? Na escola antiga, os professores ensinavam grego e latim não porque quisessem que os alunos aprendessem a falar esses idiomas, mas "porque o interesse real era o desenvolvimento interior da personalidade [...] para inculcar determinados hábitos de diligência, precisão, postura (até mesmo postura física) [...]" (Gramsci, 1986, p. 37) — em outras palavras, os hábitos intelectuais e físicos, "uma segunda — quase espontânea — natureza" (Gramsci, 1986, p. 38). Toda pessoa precisa transformar-se no famoso filósofo gramsciano, o ideal democrático cívico do comunismo, apropriadamente considerado. Ensinamos os fatos da história, não porque queremos que os alunos assimilem os fatos, mas para que eles possam assimilar, quase inconscientemente, "uma interpretação historicizada do mundo e da vida" (Gramsci, 1986, p. 39). Essa é a aprendizagem quase inadvertida de comportamentos importantes — "a experiência lógica, artística, psicológica [era] adquirida imperceptivelmente, sem uma autoconsciência contínua" (Gramsci, 1986, p. 39) — ou seja, essa é a verdadeira tarefa escolar pedagógica do professor. Pense nela como uma interpretação mais abrangente e generosa da instrução II proposta por Gee. Todavia, a diferença ainda permanece marcante: para Gramsci, os comportamentos, não obstante o principal propósito da educação, devem ser abordados apenas de modo inconsciente e indireto, por meio do ensino dos fatos. Já para os progressivistas, os fatos devem desaparecer e os comportamentos devem tornar-se o ponto de entrada para cada lição, como propõe Gardner, a ser abordado posteriormente.

A reforma curricular progressivista, na visão de Gramsci, tenta resolver o problema errado. Ela enfrenta a forma do currículo e não o seu conteúdo. Em última análise, Gramsci insiste em que abandonemos o latim e o grego para introduzir a ciência, a matemática, a linguagem e a educação cívica, usando-as todas da mesma forma. Elas são as portadoras "apropriadas" de todas as aptidões intelectuais importantes no mundo atual. A preocupação em inculcar essas habilidades e comportamentos não é, nem deveria ser, o foco da educação.

Quando isso ocorre, vamos contra a "relevância" no currículo e no ensino vocacional — uma diversificação da escola comum, de sua missão e de seus produtos. Consequentemente — e esse é o ponto crucial de toda a análise —, as distinções de classe vão se tornar mais agudas e ampliadas. Isso é precisamente o que os estudos empíricos sobre o progressivismo contemporâneo têm persistentemente indicado. A crítica mais insistente ao progressivismo foi inicialmente feita por Gramsci; nenhum outro foi mais enfático: "o aspecto mais paradoxal de tudo isso é que esse novo tipo de escola surge e é defendido como sendo democrático, embora de fato destine-se não apenas a perpetuar diferenças sociais, mas a cristalizá-las em complexidades chinesas" (Gramsci, 1986, p. 40).

Resumindo: Gramsci aceitaria o ponto de vista de Gee de que o papel do professor, desvalorizado pelo progressivismo, deveria ser mais evidenciado. Para Gee, esse papel tem a ver com a conformação ("direção") do fluxo de experiência que se ganha por meio da imersão. Para Gramsci, porém, o papel consistiria, fundamentalmente, em fornecer a "bagagem", os fatos, a matéria-prima a ser modelada e ordenada. Em outras palavras, mesmo Gee, em sua audaciosa recuperação do papel do professor, concebe-o em termos de habilidades e procedimentos apenas, não em termos de conhecimento, como Gramsci faz. O resultado é que o currículo progressivista se mostra, inevitavelmente, incompleto.

Tudo, menos o conhecimento

> As escolas têm relação com muitas coisas, como, por exemplo, educadores (progressivistas) [...] autorrealização, manifestação de alegria, ajustamento social ou sensibilidade multicultural — mas a única coisa com a qual elas não têm a ver é com o conhecimento [...] os educadores ocasionalmente vão permitir que saiam palavras de suas bocas, porém sempre assumindo uma postura comprometida, como em situações de "construir o próprio conhecimento" ou "contextualizar o conhecimento". O simples e velho conhecimento, do tipo que se encontrava nos livros, aquele pelo qual Fausto vendeu a alma, esse não existe mais [...]. O dogma pode ser resumido na seguinte frase: tudo, menos o conhecimento. (MacDonald, 1998)

Como vimos anteriormente, Gee mete-se em apuros porque, para a instrução I, ele pode reter a proposição progressivista ortodoxa segundo a qual a vida e a escola — o conhecimento pertinente do cotidiano e o conhecimento escolar — são em princípio isomórficos, ao passo que, para a instrução II, essa hipótese tem de ser parcialmente refutada. Vejamos mais de perto como essa importante proposição progressivista conforma o currículo progressivista.

A "disciplina escolar" é o seletor e o ordenador do conhecimento no currículo tradicional. É um conjunto que propõe o que deve ser aprendido e quando. Para o progressivismo, essa é uma descrição enganosa, visto que superenfatiza os fatos (o conhecimento). Na verdade, "a disciplina é um conjunto de habilidades, casos e fatos semelhantes que foram agrupados como um objeto de estudo" (*Engines for Education*, 2000). Há duas coisas a observar nessa definição. Em primeiro lugar, ela sem dúvida prioriza as habilidades a serem desenvolvidas, evidenciando a tradicional disposição contra os fatos, já mencionada por Gramsci. Tanto é assim que, na verdade, com base nessa definição, física é concebida exclusivamente em termos de habilidades: "'ocupar-se da física' envolve um conjunto de habilidades que vão desde o ajuste do compasso de um pêndulo à construção de aceleradores de partícula" (*Engines for Education*, 2000).

Em segundo lugar, essa organização da experiência escolar acaba sendo praticamente a mesma que a do "domínio", seu equivalente na vida cotidiana: "Um domínio é, como a disciplina, um conjunto de habilidades, casos e fatos" (*Engines for Education*, 2000), mas é melhor por ser mais interessante para os alunos. "Alguns exemplos são política, caminhões e animais [...]. Qualquer um desses domínios pode ser usado como veículo para ensinar as disciplinas física, biologia ou história". Portanto, não há nada especial na organização do conhecimento escolar que não possa ser aperfeiçoado tomando-se como modelo a organização do conhecimento cotidiano: essa é a principal convicção dos especialistas em currículos progressivistas. Trata-se de um equívoco, como mostrarei a seguir.

Primeiramente, examinemos a que se assemelha uma abordagem radical do domínio. O exemplo mais famoso é de Howard Gardner (2000). Tudo o que precisamos ensinar a nossos filhos, diz ele, tem relação com a verdade, a beleza e a moralidade; na medida em que a profundidade é preferível à extensão, podemos ensinar a primeira por meio da evolução, a segunda por meio de *As Bodas de Fígaro*, de Mozart, e a terceira por meio do Holocausto. Podemos penetrar nesses domínios por meio de uma variedade de pontos de entrada, deduzidos de sua teoria das inteligências múltiplas — narrativa, estética, numérica, existencial, interpessoal ou prática.

CURRÍCULO NA CONTEMPORANEIDADE

Não é de surpreender que a prática seja a forma privilegiada, embora Gardner avise solenemente: "o envolvimento prático com o Holocausto deve ser tratado com cuidado, especialmente com as crianças" (citado por Eberstadt, 1999).

Gardner garante-nos ser um "craque" em padrões elevados. Mas, como podemos saber? Sem nenhuma estipulação de conteúdo, como saberemos o que os alunos aprenderam? Na verdade, supõe-se tacitamente que o conteúdo e a abrangência são adequados. Ou seja, esse tipo de currículo subdeterminado pode ter êxito, mas apenas se o professor tiver um roteiro intelectual bem articulado relativo ao que deve ser coberto e se os alunos forem oriundos de lares em que tenham sido bem preparados para responder a essa suposta liberdade — em outras palavras, somente nas escolas organizadas pela classe média e preparadas para a classe média: "parece, portanto, que a ideologia educacional progressivista voltou ao seu ponto de origem. Nascida perto da virada do século, com a pretensão de erguer o oprimido, sobrevive hoje como a ideologia de escolha da, pela e para a elite educacional" (Nathan Glazer, citado por Eberstadt, 1999).

Recolocando a progressão no progressivismo

Voltamos, portanto, à questão que deu origem ao progressivismo: que tipo de currículo e de pedagogia aperfeiçoará ao máximo as oportunidades de aprendizagem dos alunos de grupos não privilegiados? Até agora, as evidências empíricas, assim como as discussões sobre Gee e Gramsci, enfatizaram que o professor mais diretivo é com certeza um ponto de partida. Mas é suficiente? Minha resposta é não. A discussão da seção anterior mostrou que uma forte ênfase na aprendizagem e no ensino como atividades práticas ilumina o que professores e alunos deveriam *fazer*, em detrimento do que eles deveriam *saber*. Para não cairmos novamente na armadilha dos "fatos", a questão referente ao que os alunos deveriam saber traduz-se no seguinte: como o conhecimento deveria ser organizado no currículo para otimizar a aprendizagem?

O recente relatório da Comissão de Avaliação, formada para examinar o Currículo 2005 (C2005) (DoE, 2000f), oferece uma resposta.

Inicialmente, o relatório estabelece a distinção entre as duas diferentes formas pelas quais o conhecimento pode ser demarcado e ordenado: a demarcação lateral e a demarcação vertical.

A *demarcação lateral* define que grupos de conhecimentos se integram e quais não. O plano e o desafio do currículo resumem-se na *coerência conectiva* (integração) — em como assegurar a articulação coerente entre os grupos. Os princípios norteadores são: contiguidade, relevância em termos de vida cotidiana e interesse. A tarefa dos planejadores é conceber mecanismos que os promovam. Como vimos antes, os domínios são organizadores de assuntos que selecionam unidades de conhecimento com base puramente no interesse e na relevância. No C2005, eles são chamados de organizadores de programas. Da mesma maneira, a função dos "pontos de entrada" de Gardner é permitir a seleção de unidades de conhecimento com base em sua relevância para um tipo determinado de atividade cognitiva ou habilidade. No C2005, eles são chamados de organizadores de etapas. Como vimos nas críticas apresentadas, não há nenhuma garantia de que os alunos alcancem estágios conceituais essenciais na medida em que percorram os grupos de conhecimentos relevantes. Os progres-

CURRÍCULO NA CONTEMPORANEIDADE

sivistas admitem, então, como vimos tanto na pesquisa empírica quanto na proposta de Gee, trazer de volta a orientação do professor. Surge, todavia, um problema: como o professor sabe quais são os estágios conceituais essenciais, ou que tipo de conhecimento seria mais relevante para entendê-los?

Nesse contexto, uma diferente noção de relevância vem à tona — "relevante para o desenvolvimento conceitual". Os instrumentos de coerência conectiva não ajudam. Por isso, a segunda forma de demarcação e ordenação deve ser levada em conta. A *demarcação vertical* estabelece qual conhecimento, no âmbito de cada grupo de conhecimentos, deve ser aprendido, em que sequência e com que nível de competência. O desafio do plano curricular aqui é de *coerência conceitual* — como assegurar uma evolução coerente da aprendizagem conceitual. O princípio norteador é a relevância conceitual, que determina a sequência, a progressão e o ritmo. Embora aceitando atribuir responsabilidade ao professor, a pedagogia progressivista não tem absolutamente nada a dizer sobre relevância conceitual e coerência conceitual. O Relatório Chisholm indicou que, embora os mecanismos dos critérios de avaliação, de determinação da abrangência, dos indicadores de desempenho e dos níveis de desempenho esperados visem a estabelecer sequência, progressão e ritmo, são pouco estipulados e não oferecem a orientação necessária, tanto para o professor quanto para o aluno. Na verdade, não há nenhum mapa conceitual no C2005. Mas não se trata de uma simples omissão: isso deriva de pressupostos nucleares do progressivismo. A evidência preliminar mostra que são os filhos dos pobres, não os da classe média, os que acabam ficando em desvantagem (Taylor & Vinjevold, 1999).

O Comitê de Avaliação prossegue dizendo que diferentes áreas do conhecimento provavelmente têm necessidades distintas com respeito à coerência conectiva e à coerência conceitual e que parte da manha do projeto curricular implica garantir que um conjunto de mecanismos não bloqueie o alcance de outras demandas, como ocorria com o C2005. "Quando áreas de aprendizagem com exigências distintas de coerência conceitual (como matemática, ciência e linguagem) são conduzidas principalmente por demandas de integração, o potencial para a progressão conceitual é retardado" (DoE, 2000f, p. 42). Não pretendo aprofundar tal ponto neste ensaio. Meu principal objetivo tem sido apenas examinar esse campo em que, como Gramsci (1986, p. 41) afirmou, "[...] um certo dogmatismo é praticamente indispensável".

Essa é exatamente a conclusão derivada da maioria das reformas curriculares contemporâneas. Observe-se a recente crítica feita à reforma curricular da Noruega (Recent Trends, s.d.): "o conteúdo curricular é (hoje) prescrito, com precisão, para cada ano, dando-se especial atenção às questões de progressão". O quadro é semelhante na Austrália (Clements, s.d.) e na Nova Zelândia (Education Review Office, 2000), dois dos nossos modelos mais próximos para o C2005. Isso traz à tona o problema da culpabilidade criminal dos aproveitadores educacionais que procuram vender ideias ao mundo em desenvolvimento, no exato momento em que estão sendo desacreditadas no lugar de origem. Mas essa é uma outra história.

Resumindo o argumento desenvolvido neste ensaio, poder-se-ia afirmar que o que falta ao progressivismo é progressão. Vários foram os motivos sugeridos para isso. Hirsch acredita que o "eu natural" rousseauniano, na linha de frente da pedagogia progressivista, afasta-se de qualquer conceito de progresso que não seja autoconstruído (Stone, 1996). E se

Gramsci de alguma maneira deixou de convencer a esquerda, a pesquisa sobre a efetividade da escola e os resultados do TIMSS seguramente evidenciam os custos, tanto pessoais quanto nacionais, de mantermos o eu imaculadamente natural. Um motivo secundário para a falta sugerida anteriormente é que há um evidente limite para o que podemos afirmar sobre a aprendizagem e o ensino sem precisarmos mencionar o conhecimento. A tendência progressivista de definir todos os eventos do conhecimento como habilidades, competências e experiências não dá margem para que se fale sobre o conhecimento *como* conhecimento. Visto que o conhecimento hoje se apresenta, de maneira tão intensa, bem à nossa frente, como provavelmente sempre ocorreu, não seria o momento de adotarmos políticas e métodos pedagógicos pós-progressivistas, menos românticos, mais eficazes e mais socialmente justos?

Notas

1. Nesse sentido, a educação do povo era classicamente progressivista, como mostra Andre Kraak (1998, p. 2-4).

2. Consultar Spira (1998), que distingue de modo caricato educação progressivista de educação "essencialista" — entendendo a segunda como: "estudantes vistos como indivíduos passivos", "ensino de fatos isolados", "ensino visto como memorização" e assim por diante. A panaceia sugerida por Spira é a "aprendizagem a distância baseada na tecnologia", um método maravilhosamente oportuno, uma vez que o "aluno ativo" eliminou a necessidade da instrução "centrada no professor".

3. Spencer Deans é um grupo de decanos de escolas de educação de universidades de prestígio nos Estados Unidos, todas construídas pela Fundação Spencer.

Referências bibliográficas

ADEA. Prospective, stocktaking review of education in Africa, versão provisória de documento para a Reunião Bianual de 1999.

APPEL, S. *Positioning subjects*: psychoanalysis and critical educational studies. Westport, Conn: Bergin & Garvey, 1996.

BALL, S. J. Educational reform and the struggle for the soul of the teacher, *Education Policy Studies Series*. n. 17, p. 1-38, 1999.

BERNSTEIN, B. *Pedagogy, symbolic control & identity*. London: Taylor & Francis, 1996.

BERNSTEIN, B. From pedagogies to knowledges, 2000. Disponível em: <http://www.biblebelievers.org.au/education.htm>. (Mimeo.)

CLEMENTS, M. A. The national curriculum in Australia. [No date.] Disponível em: <http://www.ecel.uwa.edu.au/gse/erp/vol-23no1/clements.html>.

EBERSTADT, M. The schools they deserve: howard gardner and the remaking of elite education. *Policy Review*, n. 97, 1999. Diponível em: <http://policyreview.com/oct99/eberstadt.html>.

EDUCATION REVIEW OFFICE. *In time for the future*: a comparative study of mathematics and science education. Wellington, New Zealand, 2000.

Educational researcher, n. 29, p. 6.

Engines for education, 1994.

Disponível em: <http://www/ils.nwu.edu/~e_for_e/nodes/NODE-219-pg.html>.

GARDNER, H. Paroxysms of choice. *NYRB*, XL, v. 11, n. 16, p. 44-49, 2000.

GEE, J. P. *Progressivism and the "code"*: a paper, 1999.

Disponível em: <http://www1.appstate.edu/~moormang/www-board2/messages/123.html>.

GRAMSCI, A. *Selections from the prison notebooks*. London: Lawrence & Wishart, 1986.

KRAAK, A. *Competing education and training policies*: a "systematic" *versus* "unit standards" approach. Occasional Papers, 1, HSRC, 1998.

MACDONALD, H. Why Johnny's teacher can't teach. *City Journal*, n. 8, p. 2. 1998.

Disponível em: <http://www.city-journal.org/html/8_2_al.html>.

MANNO, B. Outcomes based education: how the governors' reform was hijacked. *Independence Issue Paper*, Independence Institute, 1997.

Disponível em: <http://i2i.org/suptdocs/issupprs/ismanno.htm>.

MOORE, R.; MULLER, J. The discourse of "voice" and the problem of knowledge and identity in the sociology of knowledge, *British journal of the sociology of education*, v. 20, n. 2, p. 189-206, 1999.

MOORE, R.; YOUNG, M. Knowledge and the curriculum, 2000. (Mimeo.)

MOSLE, S. *New York Times*. Resenha de *Left Back* por Diane Ravitch, 2000.

Disponível em: <http://www.sandi.net/comm/articles/nytimes/nytimes.000827.left.htm>.

MULLER, J. *Reclaiming knowledge*: social theory, curriculum & education policy. London: Routledgefalmer, 2000a.

MULLER, J. *The sound & fury of international school reform*: a critical review, 2000b. (Mimeo.)

No author. Recent trends in Norwegian educational reforms. [No date.]

Disponível em: <http://www.lil.no/biblioteket/forskning/arb82/82-02.html>.

SAXE, D. W. A review of E.D. Hirsch Jr's. *The schools we need and why we don't have them*. New York: Doubleday. *Network News and Views*, v. 11. 1996.

SIMIC, C. Working for the dictionary, *NYRB*, 19 out. 2000, p. 9.

SPENCER DEANS. Addressing the problem of failing schools, 2000. (Mimeo.)

SPIRA, J. L. Integrating principles of progressive education into technology-based learning. *Commentary*, 1998.

Disponível em: <http://horizon.unc.edu/TS/commentary/1998-10.asp>.

STONE, J. E. Developmentalism: an obscure but pervasive restriction on educational improvement. *Education Policy Analysis Archives*, n. 4, p. 8. 1996.

Disponível em: <http://www.olam.ed.asu.edu/epaa/v4n8.html>.

TAYLOR, N.; VINJEVOLD, P. *Getting learning right*. Johannesburg: JET, 1999.

TRAUB, J. The curriculum crusades. *Salon*, 2000a.

Disponível em: <http://salonmag.com/news/feature/2000/05/31/curriculum/print.html>.

TRAUB, J. What no school can do. *The New York Times Magazine*, 16 jan. 2000b.

TYACK, D. B. *The one best system*. Cam. Mass: Harvard University Press, 1974.